Simon Kamm
Portugal

W0084078

Simon Kamm

Portugal

Ein Länderporträt

Ch. Links Verlag, Berlin

Dieses Buch widme ich meinem Vater Urs Kamm

Die Deutsche Nationalbibliothek verzeichnet diese
Publikation in der Deutschen Nationalbibliografie;
detaillierte bibliografische Daten sind im Internet über
www.dnb.de abrufbar.

1. Auflage, Juni 2014
© Christoph Links Verlag GmbH
Schönhauser Allee 36, 10435 Berlin, Tel.: (030) 44 02 32-0
www.christoph-links-verlag.de; mail@christoph-links-verlag.de
Umschlaggestaltung vorn unter Verwendung eines Fotos der Straßenbahn
im Stadtteil Bairro Alto in Lissabon, im Hintergrund der Fluss Rio Tejo:
© Imago/Imagebroker
Satz: typegerecht, Berlin
Druck und Bindung: Druckerei F. Pustet, Regensburg

ISBN 978-3-86153-783-0

Inhalt

Vorwort 9

Von einer Weltmacht zum ärmsten Land Westeuropas 15

Ankunft in Europa 23

**Am Rande Europas –
»Wo das Land aufhört und das Meer beginnt«** 33

Begegnung in London 33

Die etwas anderen Südländer:
Was die eigensinnigen Portugiesen ausmacht 38

Iberische Hassliebe: Das eigenartige
Verhältnis der ungleichen Nachbarn 46

Portugiesisch: Die unbekannte
»heimtückische« Weltsprache 54

Kleines Land, große Kontraste (561 mal 218 Kilometer) 63

Hauptstadt und Land: Der Rest ist
bei weitem nicht nur Landschaft 63

»Liebeserklärungen« zwischen Nord und Süd 72

Regionale Schnappschüsse 79

Portugal zum Genießen und Verzweifeln:
Einblicke in die *alma lusa*   87

Rebellen ohne Grund: Über fehlenden
Bürgersinn und Zivilisiertheit   87

Über das portugiesische Zeitverständnis
und die Arbeitskultur. Und die heimische
Kunstgattung namens *desenrascanço*   95

Nationale Identität und Patriotismus:
»Über meine Familie und mein Land
rede nur ich schlecht, sonst keiner!«   106

Der besondere Stellenwert des Essens:
Vom portugiesischen Magen zum
portugiesischen Charakter   111

All das ist traurig. All das ist Fado! –
Wie die Portugiesen ihr Schicksal besingen   119

Kulturelle Wahrzeichen Portugals:
Über Dichter und Verwandlungskünstler   127

Fliesenbilder einer fast 900 Jahre alten Geschichte   135

»Portugal. Since 1143.« – Über die Urportugiesen
und die Bildung der nationalen Identität   135

Aufbruch zu unbekannten Ufern: Die ruhmreiche
Vergangenheit als Seefahrernation und Kolonialmacht   141

»Über Meere, die nie zuvor befahren«   144

Das Goldene Zeitalter und der
schleichende Untergang des Imperiums   155

**Der eingezäunte Garten Salazars –
und der beschwerliche Weg zur Demokratie** 163

Stolz und allein: das Motto der
autoritären Diktatur des Estado Novo 164

Zensur, Staatspolizei und das Wort »Freiheit« 169

Der letzte neutrale Hafen:
Helden, Spione und andere Geschichten 172

Der Anfang vom Ende – Kolonialkrieg 177

Eine typisch portugiesische Revolution
und das Ungewisse danach 184

Viel Staub unterm Teppich:
Zwischen Bruch und Kontinuität 195

**Im Schnelldurchgang nach Europa:
Alte Probleme & neue Krise** 201

Die Boom-Jahre: Zwischen Fortschritt und Beton 203

Die »Wiederentdeckung« des Meeres 207

Portugals neue EU-Generation:
Ein Bruch mit der Vergangenheit 210

Anhang 215

Ein paar historische Daten, die es sich zu merken lohnt 215

Basisdaten Portugal 216

Karte 217

Literatur 218

Nützliche Links 219

Dank 220

»Sieh mal nach«, sagte Larry.
»Sieh nach, wo dieses Portugal ist.«
»Da!«, rief ich nach einer kurzen Irrfahrt
über die Weltkarte triumphierend.
»Genau wie sie im Fernsehen sagen,
es liegt in Europa!«
(Rui Zink, *Hotel Lusitano*)

Vorwort

Den Beginn meines Portugalabenteuers verdanke ich meinen Eltern, vor allem meinem Vater, der nach fast acht Jahren Mexiko-City von seiner Firma auf die andere Seite des Atlantiks versetzt wurde: in ein Land namens Portugal. Ich war damals zwölf Jahre alt und hatte keine Ahnung, wo dieses Land überhaupt lag. Ja, ich hatte noch nicht einmal davon gehört! In Europa, erfuhr ich. Lange ist es her – das war 1993.

Zwanzig Jahre später (wer hätte das gedacht) wohne ich immer noch hier, wenn auch mit kurzen Unterbrechungen. Meine Freunde, Portugiesen wie auch Ausländer, geben sich bass erstaunt. Viele von ihnen sind zwar mit mir zusammen hier aufgewachsen und lieben das Land über alles, sind aber schon längst über alle Berge, weil sie irgendwann gemerkt haben, dass dies nicht der Ort ist, an dem man leicht Karriere macht oder gar reich wird.

Zumindest nicht im materiellen Sinne.

Und dennoch kommen sie alle Jahre wieder aus Zürich und Berlin, aus Costa Rica, München oder New York zurück an diesen »am Meer gesäten Garten« und erfreuen sich an den Reizen und Vorzügen dieser Gestade. Wie kleine Kinder mit großen Augen vor den unerklärlich überbrachten Weihnachtsgeschenken stehen, staunen sie und haben ein seliges Lächeln aufgesetzt, wenn sie Heimkehrer sind. Dieses Land, diese Heimat, dieses Leben zieht einen geradezu magisch in seinen Bann – und lässt nicht wieder los.

Ich bereue es nicht, hiergeblieben zu sein. Nicht immer zumindest. Vieles hat sich seit meiner Ankunft verändert, und vieles schon zuvor. Portugal hat in den letzten 50 Jahren einen politischen, wirtschaftlichen und sozialen Wandel erlebt wie wohl kein anderes Land im westlichen Europa. Dieses kleine Land hat sich in einem atemberaubenden Tempo von einer abgeschotteten und in allen Bereichen zurückgebliebenen ländlichen Agrargesellschaft in einen modernen europäischen Staat verwandelt. Ein Werdegang, der alles andere als einfach war und dessen Schwierigkeiten und Widersprüche heute noch spürbar sind.

Denn die lusitanische Nation am Rande Europas musste sich nach einer fast 50-jährigen Diktatur und einem 500-jährigen Kolonialreich als kleines Land neu finden. Ein Teil der heutigen Probleme beruht wohl darauf, dass Tempo und Intensität des Wandels das Land einfach überrannt haben.

Sosehr man sich auch um mitteleuropäische Effizienz bemüht: Die innere lusitanische Uhr geht selbst nach 27 Jahren Europa oft noch anders, sie tickt gemächlicher – und die portugiesische Gemütlichkeit scheint manchmal einfach unvereinbar zu sein mit dem Stress der fortschreitenden Modernisierung und Globalisierung. Mitunter begegnet man dem Wandel auch mit Argwohn, hält alte Werte hoch und verflucht die Moderne – greift zugleich aber doch nach den Sternen und opfert letztlich einen Teil der lusitanischen Annehmlichkeit für eine bitter nötige Aufholjagd.

Portugal ist ein ebenso wunderbares wie sonderbares Land. Ein Land der schroffen Kontraste und Gegensätze, wo Alt und Neu, Nostalgie und Moderne aufeinandertreffen und (mal mehr und mal weniger geglückt) auch Hand in Hand gehen. Wo bewährtes Altes ebenso seinen Platz findet wie innovatives Neues, so wie die legendären, laut quietschenden Lissabonner Straßenbahnen einträchtig neben ihren modernen, leisen Nachfolgerinnen einherfahren; wo alte Autos, schwarze Auspuffwolken speiend, neben High-Tech-Mobilen, die schon seit langem »grün« fahren, an den Ampeln stehen. Portugal ist ein Land mit einer bewegten Geschichte, in dem sich der beinahe 900 Jahre während Einfluss unterschiedlicher Kulturen mit modernen Trends und Lebensstilen vermischt und einen einmaligen Kontrast geschaffen hat, ein Land, das Fortschritte und Rückfälle erlebt hat. Mein Kollege Thomas Fischer, der für die *Neue Zürcher Zeitung* aus Lissabon berichtet, hat Portugal einmal als ein Land »mit vielen Blockaden und verkrusteten Strukturen beschrieben«, das aber auch viele, wenn auch wenig bekannte Fähigkeiten hat.

Es gibt kein einheitliches Portugal und noch viel weniger »den Portugiesen«. Diese kontrastreichen Gefilde und ihre unterschiedlichen Menschen, diese eigensinnige, aber zugleich zauberhafte Mixtur als ein Ganzes zu beschreiben, stellt sich auch nach nun fast 20 Jahren Aufenthalt – oder gerade deswegen – als eine kaum realisierbare Aufgabe heraus. Wie soll man bitte ein zutiefst widersprüchliches Volk, welches so viel anscheinend Unvereinbares vereint, beschreiben? Was ist das für ein Land, dessen bisher einziger Literaturnobelpreisträger ins »spanische Exil« geht? Dessen Nationalmannschaft den schönsten Fußball Europas spielt und trotzdem allzu oft im letzten Moment scheitert? Dessen Steuerzahler Autobahnen finanzieren, die keiner nutzt? Das Anfang der 1990er Jahre ein elektronisches Mautstellensystem (*Via Verde*) erfindet und sogar exportiert, aber dem es erst mit erheblichen Mühen gelang, seine einst gewaltige Verkehrstotenrate auf »europäisches« Niveau zu drücken? Das internationale Bewunderung erntet, weil es die Nutzung erneuerbarer Energien vorantreibt, das für sein Talent und seine Fähigkeiten im High-Tech-Bereich bekannt ist (sogar die US-Raumfahrtbehörde NASA benutzt Software aus Portugal), seine Industrie sowie seine Landwirtschaft und Fischerei aber sträflich verkommen ließ?

Was ist das für ein Land, wo es mehr Handys als Einwohner gibt (143 Mobiltelefone je 100 Einwohner) und die Autoflotte zu einer der modernsten in Europa gehört – das aber im EU-Vergleich immer noch eine der größten Klüfte zwischen Arm und Reich aufweist? Was ist das für ein Fleckchen Erde, in dem es möglich ist, innerhalb einer Stunde ein Unternehmen online zu gründen, das aber Verkehrsbußen und Steuerschulden massiv verjähren lässt? Und wo der Staat mit den Bränden, die alljährlich im Sommer wüten, immer wieder aufs Neue total überfordert ist?

Was ist das für ein Land, dieses Land der »sanften Sitten«, wo es trotz Krise und harter Sparmaßnahmen weder zu einer sozialen Explosion noch zu gewalttätigen Ausschreitungen gekommen ist, wo man sich aber weiterhin tagtäglich auf dem Asphalt wie Feinde begegnet, wo man einander zu Tode fährt und wo nur wenige tatsächlich auf die Zivilisiertheit ihrer Mitmenschen vertrauen? In dem nach einer fast 50-jährigen Diktatur (die für politische Verfolgung und Folter, für das »Trauma Kolonialkrieg« und für eine Rückständigkeit steht, an der Portugal bis heute krankt) der einstige Despot Salazar im Jahr 2007 in einer TV-Show zum größten Landsmann aller Zeiten gewählt wird?

Und wie zum Teufel ist es möglich, dass in Portugal das wohl raffinierteste Geldkartensystem Europas existiert, mit dem man seine Einkäufe in zahlreichen Geschäften (sogar am Strand) bargeldlos tätigen und an jedem beliebigen Automaten Geld kostenfrei abheben kann; man auch Steuern bezahlen, Kontoauszüge abrufen, die Stromrechnung begleichen oder eine Bahnfahrkarte lösen kann? Und die Zahlungsmoral trotzdem zu einer der schlechtesten in Europa gehört – Schattenwirtschaft und Steuerhinterziehung grassieren?

Ein Land, das zwar den europäischen Zug anfänglich mit sehr viel Elan erwischt hat, um dann doch auf halber Strecke zu bleiben, ein Land, in dem sich die eigenen Leute über ein Übermaß an Schlendrian beklagen, in dem aber just eine gewisse Dosis desselben einen Teil seines Reizes im Alltag ausmacht.

So sollen hier weder Portugal noch »die Portugiesen« definiert werden – auch weil es schlicht und ergreifend unmöglich ist, sondern es sollen einzelne Merkmale, Besonderheiten und Charakterzüge aufgezeigt werden, von denen ich denke, dass sie dieses Land und seine Menschen von anderen Ländern und Völkern Europas abgrenzen und einmalig machen. Die es abgrenzen von Spanien, des Deutschen liebstem Urlaubsziel, dem großen ungleichen Bruder, in dessen Schatten man sich zwar gewöhnt hat aufzuwachsen, zu dem aber die Beziehungen über die letzten Jahrhunderte alles andere als herzlich waren.

Mit persönlichen Alltagsbeobachtungen, Erlebnissen und Erfahrungen, Geschichten und Anekdoten versuche ich in diesem Buch, ein wenig Licht auf diese eigensinnige Ecke Europas zu werfen und die für mich wichtigsten Details des portugiesischen Gesamtbildes zu beschreiben: ein intimes Porträt eines Landes, das mir zu einer lieben Heimat geworden ist. Und während ich an diesem Gemälde arbeite, weiß ich doch, dass das Bild am Ende wohl immer schiefhängen und diesem einmaligen Land und seinen großartigen Menschen nicht gerecht werden wird.

Lissabon, Mai 2014   Simon Kamm

Von einer Weltmacht zum ärmsten Land Westeuropas

»Ohne Zweifel haben wir eine Vergangenheit.
Zuviel vielleicht.
So viel, dass für die Zukunft kein Raum bleibt«.
(Manuel Alegre)

Als am 16. April 2010 der deutsche Regierungsflieger mit Bundeskanzlerin Angela Merkel an Bord wegen der über Teilen Europas hängenden Wolke aus isländischer Vulkanasche auf der Rückreise nach Berlin unerwartet in Lissabon zwischenlanden musste, brach bei mir in der Redaktion der portugiesischen Nachrichtenagentur LUSA allgemeines Gelächter aus. Nicht etwa, weil wir es lustig fanden, dass die deutsche Regierungschefin umgeleitet werden musste, sondern einfach, weil der US-Nachrichtensender CNN die portugiesische Hauptstadt mal wieder per Blindschuss auf die Weltkarte gesetzt hatte. In diesem Falle war es irgendwo im Golf von Guinea (als kleiner Punkt im Atlantischen Ozean, irgendwo vor Westafrika). »Die haben ja gar nicht so unrecht«, witzelte einer und konnte eine gewisse Kränkung nicht verbergen. »Wir gehören halt tatsächlich mehr zu Afrika als zu Europa. In Wahrheit sind wir nicht mal mehr der Arsch Europas!« Obwohl es sich natürlich auch nur um einen grafischen Fehler handelte, war dieser irgendwie typisch: spricht er doch für wenig bis gar keinen Respekt im Umgang mit der lusitanischen Nation …

Die Portugiesen sind es mehr oder weniger gewöhnt, dass ihr Land, einst die führende See- und Kolonialmacht, seit lan-

gem international keine Beachtung mehr findet, ja sogar igno-
riert wird. Es ist einfach so: Portugal, einer der ältesten Nationalstaaten Europas, Gründungsmitglied der NATO und der
EU-Währungsunion, spielt keine relevante internationale Rolle
mehr. Dass die Bevölkerung diese Nichtachtung gewöhnt ist,
heißt aber noch lange nicht, dass sie froh darüber wäre oder
sich damit abgefunden hätte. »Wie kann man uns denn ernst
nehmen«, seufzte ein älterer Kollege, »wenn man es nicht mal
mehr schafft, uns auf einer beschissenen Landkarte zu finden?«
Man verzeihe seine Ausdrucksweise.

Das Empfinden, immer weiter in die Bedeutungslosigkeit
abzudriften, wiegt schwer auf der nationalen Seele … oh ja, das
tut es. Doch viel schlimmer noch als Lissabon, einstmals der
Nabel der Welt, einfach irgendwo zu platzieren (und das Land
selbst gegebenenfalls zum Insel-Archipel zu erklären) ist es,
wenn die nun schon seit dem 13. Jahrhundert praktisch unver-
änderte Grenze zum erdrückend größeren Nachbarn Spanien
einfach vergessen wird und der iberische Klotz als ein Ganzes
erscheint – mit Hauptstadt Madrid! Dann geht gar nichts mehr!
Denn ein solcher Missgriff degradiert Portugal zur spanischen
Provinz. Und mit diesem Rückfall in die iberische Personalunion der Jahre 1580–1640 hört der Spaß nun endgültig auf,
Freunde! Immerhin hat man die letzten Jahrhunderte nicht
ohne Grund damit verbracht, genau dies mit sehr viel Beharrlichkeit zu verhindern, und die portugiesische Eigenständigkeit
mit Schweiß und Blut bewahrt …

Portugal war schon immer ein weit entfernter Vorort Europas, isoliert und auf sich allein gestellt: Vom weiten Atlantik im
Süden und Westen begrenzt, spürt es östlich und auch im Norden die Flanken des großen Bruders Spanien. Es ist ein Land,
welches seit eh und je aufs verheißungsvolle Meer blickte und
damit dem restlichen Europa den Rücken zuwandte. Internatio-
nales Aufsehen erregte Portugal in den letzten Jahren eigentlich nur noch als wirtschaftlicher Krisenherd, als Teil der PIGS
(der »EU-Krisenländer« Portugal, Irland, Italien, Griechenland
und Spanien), und wird meist nur dann erwähnt, wenn es um

die Frage geht, bei welchen EU-Mitgliedern der Staatshaushalt möglicherweise gerade kippt. Oder natürlich, wenn Fußballvirtuose Cristiano Ronaldo oder der Startrainer José Mourinho wieder international für Schlagzeilen sorgen.

Während seines goldenen Zeitalters, Ende des 15. bis circa Mitte des 16. Jahrhunderts, war Portugal jedoch das reichste Land und eine der mächtigsten Nationen der Welt – eine gefürchtete und angesehene Großmacht, die Länder wie Spanien und England hinter sich ließ und der staunenden Welt zeigte, wo es langging. Doch von ihrem einstigen Weltruhm ist der lusitanischen Heimat nichts geblieben, das einstige Imperium existiert nicht mehr. Die alte Größe? Ach, die ist schon längst verflogen. Fernando Pessoa, der größte Dichter der portugiesischen Moderne, schrieb vor fast einem Jahrhundert, noch während der Ersten Republik (1910–1926), in unnachahmlicher, lyrisch-direkter Weise: »Somos hoje um pingo de tinta seca da mão que escreveu Império da esquerda à direita da geografia.« – »Wir sind heute ein Fleck trockener Tinte aus einer Hand, die von links nach rechts Imperium in die Geografie geschrieben hat.« Der Undank der Geschichte. Und die meisten Portugiesen scheinen daran immer noch (zumindest ein wenig) zu verzweifeln.

Besonders während der Herrschaft von König Manuel I. (1469–1521), so wird heute noch gern erzählt, meinte es Gott (oder auch das Schicksal) gut mit den Portugiesen. In seinem Auftrag wurden die längsten und ertragreichsten Seefahrten unternommen: Unter ihm segelten am Ufer des Flusses Tejo die Karavellen los, die der Welt (dem mittelalterlichen Europa) neue Horizonte öffneten und in ihren Bäuchen Gold, Gewürze und später auch Sklaven heimbrachten – ein unvorstellbarer Reichtum, der dem kleinen Land ein beachtliches, aber doch relativ kurzes wirtschaftliches und kulturelles Aufblühen ermöglichte. Portugal, das damals eine knappe Million Bauern, Hirten und Fischer zählte, erreichte unter dem hochgebildeten, besonnenen, aber auch für seine verschwenderische Ader bekannten König den Höhepunkt seiner Macht und herrschte zuerst fast ganz allein (dann in Absprache mit Spanien, nach einer einvernehmlichen Aufteilung der Welt) über die Weltmeere. Stolz und selbstsicher, fast unantastbar schien diese Seefahrernation zu sein. Und es gab auch allen Grund dazu: 1498 entdeckten unerschrockene Pioniere unter dem Kommando von Vasco da Gama den Seeweg nach Indien, den Columbus 1492 gefunden zu haben glaubte. Portugal wurde Weltmacht, und die erste Globalisierung nahm ihren Lauf. Zwei Jahre später landete 1500 Pedro Álvares Cabral aus Zufall (oder auch nicht) in Brasilien. Francisco de Almeida wurde zum Vizekönig von Indien ernannt (1505); Admiral D. Afonso de Albuquerque stellte die Kontrolle über die Handelswege des Indischen Ozeans und am Persischen Golf sicher und erschloss für Portugal zudem neue wichtige Handelsorte wie die Küstenstadt Malakka (Malaysia) oder Goa an der mittleren Westküste Indiens – Großtaten, die nur durch den Mut unzähliger Seeabenteurer möglich gemacht wurden. Sie wagten sich für den großen Initiator der portugiesischen Entdeckungsreisen im 15. Jahrhundert, Infante Dom Henrique, genannt Heinrich der Seefahrer (1394–1460), Stück für Stück in das *Mare Tenebrosum* (»Meer der Finsternis«) hinaus und bewiesen der mittelalterlichen Welt das zu der Zeit scheinbar Unmögliche. Kein Wunder, dass Manuel I. als »König Manuel der Glückliche« (*o Venturoso* oder *o Afortunado*) in die Geschichtsbücher einging. Und warum sollte es anders sein? Mit Ausnahme seiner Ehen, die ihn zweimal verwitwet zurückließen, hat ihn Fortuna zeitlebens mit Glück und Gelingen überhäuft. Wenn man dazu noch bedenkt, dass er unter normalen Umständen (d. h. ohne den unerwarteten Tod des Thronfolgers Dom Afonso, der 1491 mit 16 Jahren vom Pferd stürzte) gar nicht die Krone aufgesetzt bekommen hätte, so gewinnt die Rede vom »Glückskind« nur mehr an Bedeutung. Die Reichtümer, die ihm aus den überseeischen Eroberungen zuflossen, erlaubten ihm, dem gesamten Hof und den führenden Schichten ein Leben in Saus und Braus. Er entfaltete einen Luxus, der in Europa seinesgleichen suchte – nicht nur wenn er ausritt und sich dabei von Elefanten, Nilpferden und anderen exotischen Tieren eskortieren ließ, die aus Indien und Afrika als Geschenke einflussreicher Potentaten kamen. Vermögend genug war er aber auch für seine Leidenschaft: den Bau von Kirchen, Klöstern, Schlössern und Burgen – wobei das Mosteiro dos Jerónimos (Hieronymuskloster) im westlichen Lissabonner Stadtteil Belém zugleich Symbol des damaligen unvorstellbaren Reichtums wurde. Es ist ein großartiger Bau, hell leuchtend und von fragiler Dekoration, der gewöhnlich als Juwel des nach ihm benannten »manuelinischen Baustils« oder *Manuelinik* bezeichnet wird – und mit dem sich die lusitanische Seefahrernation ein eigenes Denkmal setzte. Überreich mit maritimen Symbolen geschmückt, erinnert diese besondere Interpretation der Spätgotik an Portugals Hauptbeschäftigung im 15. und 16. Jahrhundert: die Welteroberung.

Inspiriert wurde dieser einzigartige Bau- und Dekorationsstil von den neuen Eindrücken, die die Seeleute aus der fernen Welt mitbrachten: Maritime Ornamente wie Segeltaue, Knoten, Pflanzen, Muscheln, Korallen, gewundene Seile oder Anker winden sich auch heute noch an Wänden, Portalen und Fenstern, schmücken Klöster, Kirchen und Paläste. Weitere, sehr charakteristische Motive sind das Kreuz des Christusritterordens und die Armillarsphäre, ein mittelalterliches astronomisches Gerät, das in vielfachen Abwandlungen an fast allen Bauten zu finden ist und den Entdeckern als Navigationsinstrument diente.

Die Arbeiten am Hieronymuskloster begannen 1501/02 und endeten fast ein Jahrhundert später. Der Bau des imposanten Meisterwerks wurde durch die *Vintena da Pimenta* finanziert, eine Steuer von fünf Prozent auf all das Gold aus den afrikanischen Gebieten und fernöstliche Gewürze und Edelsteine, die reichlich in die Hauptstadt des Imperiums flossen. Wer hätte zu Manuels Lebzeiten denken können, dass nur einige Jahrzehnte später ein blutjunger und unerfahrener König, der von kriegerischen Abenteuern und neuen heroischen Eroberungen für Portugal und das Christentum besessen war, mit einer unüberlegten Kamikaze-Expedition nach Nordafrika all dies (das ganze Weltreich und – wer weiß – die ganze Zukunft Portugals, wie zumindest heute mitunter noch argumentiert wird) verspielen sollte? Ein fataler Fehltritt, mit dem, so sind sich viele Portugiesen sicher, der Undank der Geschichte, den sie heute noch beklagen, begann. Zumal nicht einmal 60 Jahre nach dem Tod des »Glückskönigs« der Erzfeind Spanien seine Ansprüche auf die portugiesische Krone geltend machen konnte und von 1580 bis 1640 die Macht an sich riss. Portugal wurde zur autonomen spanischen Provinz degradiert, und die stolzen Lusitaner mussten in den nächsten 60 Jahren (was in dieser Zeit mehr als ein ganzes Leben bedeutete) eine in allen Bereichen zunehmende Kastilianisierung erdulden. Als spanisches Anhängsel kam Portugal dazu noch ins Visier von Spaniens Feinden: Die Portugiesen mussten hilflos und ohnmächtig zusehen, wie England und Holland, die inzwischen zu Seefahrernationen aufgestiegen waren, ihnen wichtige und einträgliche Teile des Kolonialreiches wegschnappten.

Während dieser fatalen und auch brutalen spanischen Fremdherrschaft verlor Portugal die Oberhand über die Weltmeere und büßte stark an politischem und wirtschaftlichem Einfluss ein. Und all das ist nur einem starr- und eigensinnigen Jüngling namens Sebastião (1554–1578) geschuldet, der als Enkel des Königs Dom João III. auf die Welt kam.

Sebastiãos Vater war kurze Zeit vor seiner Geburt verstorben, und man hoffte innigst auf einen männlichen Thronfolger des Hauses Avis (1383–1580), die zweite Königsdynastie, die Portugal in Richtung Blütezeit gelenkt und auch durch sie geführt hatte. Schon vor seiner Geburt wurde das Kind zum *Desejado*, dem »Ersehnten«, ausgerufen. Mit drei Jahren zum König gekrönt, übernahm Dom Sebastião mit nur 14 Jahren 1568 offiziell die Macht. Die fanatischen Jesuiten, die ihn erzogen, füllten sein junges Knabenköpflein mit allerlei mittelalterlichverblendetem Schwachsinn. Der zierliche blonde Jüngling soll sogar gelobt haben, keine Frau anzurühren, bis er nicht den Islam besiegt hätte. Fakt ist, er hinterlässt keinen Thronnachfolger, obwohl es an Anwärterinnen nicht gemangelt haben soll.

Sein Kamikaze-Unternehmen begann, als er sich entschloss, von nichts als törichtem Ehrgeiz geleitet und gegen den Willen seiner Ratgeber, einen verspäteten Kreuzzug nach Nordafrika zu starten. 1578, mit 24 Jahren und ohne jegliche militärische Erfahrung, versammelte der königliche Kindskopf alle Männer, die er kriegen konnte, und setzte vom südlichen Lagos aus mit einem Heer von 18 000 Mann nach Marokko über. Nach vier Tagesmärschen unter der sengenden afrikanischen Augustsonne (seine Rösser waren noch seekrank von der Überfahrt, und seine Ritter brutzelten in ihren Rüstungen) traf er in der Wüste auf eine maurische Übermacht und wurde in der Schlacht von *Alcácer-Quibir* jämmerlich geschlagen. Fast der ganze Jungadel Portugals ging in dieser Schlacht zugrunde, und das Lösegeld für die Überlebenden ruinierte das Land. Auch Portugals »Hoffnungsträger« kam nicht zurück.

Der schmähliche Tod des Knabenkönigs traf Portugal wie ein Schlag und hieb eine tiefe Wunde in das portugiesische Selbstwertgefühl. Trauer und Resignation machten sich breit. Ab diesem Moment, da sind sich viele Portugiesen heute noch einig, hat Gott oder das Schicksal – vorher so gnädig mit Portugal – dem Land für immer den Rücken zugekehrt. Und nur damit kann auch der langsame Niedergang des Weltreiches begonnen haben, der zur heutigen Bedeutungslosigkeit ausgeartet ist.

Was wäre gewesen, wenn? Diese Frage wiederkäut der lusitanische Magen sehnsüchtig. Immer und immer. Doch El-Rei Dom Sebastião wurde für seinen wahnwitzigen Feldzug nicht verteufelt. Da ihn angeblich niemand sterben sah und sein Leichnam auch nie gefunden wurde, entstand ein wahrer Erlösermythos um den »Verschollenen«. Denn eines schönen Tages, so besagt die Legende des *Sebastianismo*, wird der blonde Jüngling selbst oder als Reinkarnation in Gestalt eines charismatischen Führers aus dem Nebel zurückkehren, um Portugal eine neue Blüte zu bescheren. Und alles wird so gut sein wie früher und für immerdar. Oder wer weiß – vielleicht noch besser: Denn wenn der »Ersehnte« schon einmal dabei ist, gründet er selbstverständlich ein neues, dauerhaftes portugiesisches Weltreich, das Fünfte Imperium, und das lusitanische Volk wird sich endlich wieder seiner Bestimmung widmen können. So hat es schließlich nicht nur Gonçalo Anes Bandarra, ein von der Inquisition verfolgter Schuster und Mystiker aus dem Städtchen Trancoso (Distrikt Guarda), prophezeit, sondern im 17. Jahrhundert auch der bedeutendste Theologe Portugals und unübertroffene Rhetoriker Pater António Vieira.

Für Nichtportugiesen ist das kaum zu verstehen, vielleicht sogar lächerlich, für Portugiesen aber seit Jahrhunderten alltägliches Seelenbrot. Und ein Gespenst, welches Portugal bis auf den heutigen Tag noch des Öfteren heimsucht. Der Traum der Rückkehr eines messianischen Königs, der nun seit über 400 Jahren in irgendeinem gottverlassenen marokkanischen Wadi verschollen ist, mag zwar mit der Zeit schon längst ausgeträumt sein, doch seine Auswüchse beeinflussen immer noch das Gemüt. Demnach soll der *Sebastianismo* (d. h. die Sehnsucht nach einer besseren Zeit) für die passive Wartehaltung, Rückwärtsgewandtheit und den lähmenden Fatalismus verantwortlich sein – Charaktereigenschaften und Wesenszüge, die man den Portugiesen ja gern nachsagt. Eins ist aber sicher: Als Ausdruck nationaler Identität erscheint dieser Mythos vom »verschollenen« oder »verborgenen« Erlöser immer dann in der gesellschaftlichen Diskussion, wenn die nationale Existenz oder die Zukunft des Heimatlandes als bedroht empfunden werden – oder die Rolle der lusitanischen Nation auf der Weltbühne in Frage gestellt wird. Schon seit dem Verlust der Unabhängigkeit an Kastilien hat dieser Mythos als eine Art Strohhalm gedient, an den sich das Volk klammert, um sich in Krisenzeiten nicht aufzugeben und die Hoffnung auf bessere Zeiten zu bewahren. Es ist die Hoffnung auf eine wundersame Rettung: dass endlich jemand kommt und den Karren aus dem Dreck zieht, einem Schlamassel, der so alt ist wie die Legende vom verschollenen König selbst. Etwas Gutes wird schon passieren, so hofft man in Portugal innigst, aber natürlich ohne jeglichen Aufwand und Eigenverantwortung, wie es der portugiesische Sozialreformer und Dichter Antero de Quental (1842–1891) vor nun schon 100 Jahren zutiefst kritisierte. Bereits 1978, unter dem unmit-

telbaren Eindruck der Umwälzungen in der jüngsten portugiesischen Vergangenheit, erkannte Eduardo Lourenço, einer der
bedeutendsten Literaturwissenschaftler und Essayisten Portugals, die Notwendigkeit, sich selbst (neu) zu definieren: »Ob
wir wollen oder nicht, wir sind jetzt andere, wenngleich wir
wie selbstverständlich damit fortfahren, uns nicht nur für die-
selben zu halten, sondern sogar neue Mythen zu erfinden, um
eine Identität zu erhalten, die – falls sie überhaupt andauert –
ihre Form, ihre Struktur und ihre Beschaffenheit verändert hat.
Es ist an der Zeit, dass wir existieren und uns so sehen, wie
wir sind.« Oder wie der portugiesische Poet Alexandre O'Neill
(1924–1986) es in seinem typisch bissig-spöttischen Tonfall
meisterhaft ausdrückte: »Du hast eine ruhmreiche zukunfts-
trächtige Vergangenheit / aber lasse den Löffel nicht hängen /
denn die Suppe wird kalt.«

Ankunft in Europa

»Portugal ist kein exotisches, sondern ein ›erkennbares‹ Land:
Man weiß nur zu wenig über uns.«
(Boaventura de Sousa Santos)

Genauso hoffte man, mit der Demokratie und dem Beitritt
Portugals zur Europäischen Wirtschaftsgemeinschaft (EWG)
im Jahre 1986 Wohlstand und Bildung für alle verwirklichen
zu können. Mit der Unterzeichnung der Beitrittserklärung Portugals am 12. Juni 1985, just im altehrwürdigen Convento dos
Jerónimos in Lissabon, wurde Portugal (zeitgleich mit Spanien)
ab dem 1. Januar 1986 Vollmitglied der heutigen Europäischen
Union. Endlich würde man die andauernden wirtschaftlichen
Schwierigkeiten und den aus fast 50 Jahren Diktatur entsprun-
genen ökonomischen und gesellschaftlichen Rückstand zum
»fernen« Europa hinter sich lassen können. Und tatsächlich:
Jahre des wirtschaftlichen Booms zeigten scheinbar, dass das
Land seinen Weg zum Wohlstand und zur Parität gegenüber

dem restlichen Europa schaffen würde. Das kleine Portugal florierte und wurde schnell als Musterschüler angesehen, als Beispiel für andere potenzielle Beitrittsländer. Die Wirtschaft wuchs zwischen 1990 und 2000 über den durchschnittlichen Wert der EU hinaus und brachte damit anfängliche Kritiker und Skeptiker zum Schweigen. Unterdessen stürzte man sich in Portugal, »das einen rasanten Wandel von der ruralen zur städtischen Gesellschaft erlebte und euphorisch, aber unvorbereitet von der lusitanischen Gemütlichkeit in die Neuzeit stolperte«, in einen noch nie gesehenen Konsumrausch, wie es der Journalist und Portugalkenner Thomas Fischer in der *Neuen Zürcher Zeitung* und anderen deutschsprachigen Medien beschrieb. Der Staat investierte in umfangreiche und beachtliche Infrastrukturprojekte, die zu einem wahren Modernisierungswahn führten, während Unternehmen und Bevölkerung – angetrieben von Optimismus und sinkenden Kreditzinsen – sich auf Pump so ziemlich alles leisteten.

Portugal erlebte mit der Ausrichtung der Weltausstellung Expo '98 in Lissabon einen bedeutenden Aufschwung. Sieben neue U-Bahn-Stationen in Lissabon, eine neue Brücke über den Tejo, die Neugestaltung der Lissabonner Docklands oder die Renovierung der Lissabonner Altstadt waren nur ein paar der positiven Nebeneffekte dieses Großereignisses. Und entgegen allen Unkenrufen war die Stadt für das Weltereignis gerüstet und glänzte. Spätestens mit der gelungenen Expo '98 gelang es Portugal, der Welt zu zeigen, dass das Land (oder zumindest Lissabon) modern und europäisch war – und den Blick nun endgültig auf Europa richten würde. Wie auch schon zuvor die Wahl Lissabons zur Europäischen Kulturhauptstadt 1994 oder die Frankfurter Buchmesse 1997, deren Schwerpunktland Portugal war, lenkte die Auszeichnung des portugiesischen Autors José Saramago mit dem Literaturnobelpreis 1998 Aufmerksamkeit auf den historisch-kulturellen Wert Portugals und päppelte das nationale Selbstbewusstsein weiter auf. Der größte Coup gegen die vielen Anfechtungen gelang Portugal, als es in diesem entscheidenden Jahr 1998 die Vorgaben erfüllte, sich für den Club der elf Mitgliedsstaaten der Europäischen Währungs-union zu qualifizieren, der ab dem Januar 2002 den Euro als gemeinsames Zahlungsmittel einführte. Und dies, nachdem es zuvor noch von vielen Nordeuropäern belächelt worden war.

Aber das Gefühl des Wohlbefindens, das der Geldsegen aus Brüssel auslöste, war nur von kurzer Dauer: Ab 2000 hörte Portugal auf, mit den restlichen EU-Ländern zu konvergieren, und legte sogar den Rückwärtsgang ein. Man war mit großer Begeisterung auf Europa zugegangen, aber im europäischen Miteinander leider nicht in der Lage, sich den Umständen ausreichend anzupassen. Und vor allem: deutlich wettbewerbsfähiger zu werden. Der ersehnte ökonomische Anschluss an Europa rückte nun wieder in weite Ferne, und die anfängliche Euphorie wich schnell großer Ernüchterung. Die EU-Osterweiterung (niedrigere Löhne, besser ausgebildete Arbeitskräfte und attraktivere Standorte für Konzerne, aber auch mehr Konkurrenz bei der Umverteilung der EU-Fördermittel) und die anziehende Globalisierung machten dem einstigen Niedriglohnland Portugal einen Strich durch die Rechnung und enthüllten ein weiteres Mal die schon immer vorhandenen, aber mitunter vergessenen Schwachstellen. »Der Patient auf der Intensivstation« oder das »Armenhaus Europas«, wie das Land lange Zeit beschrieben wurde, hatte es verschlafen, mit den vielen Milliarden an EU-Fördermitteln die Wirtschaft, den Staatsapparat und besonders auch das Bildungssystem zu modernisieren. Geringe Wettbewerbsfähigkeit und die teilweise Abwanderung der auf billiger Arbeitskraft beruhenden Industrien an andere Standorte verdeutlichten die Verwundbarkeit der wirtschaftlichen Entwicklung des Landes. Zwischen 2001 und 2008, bis zum Ausbruch der globalen Finanzkrise, wuchs die Wirtschaftsleistung Portugals nur halb so stark wie durchschnittlich in den restlichen Mitgliedsstaaten. Und bei ausbleibendem Wachstum nahm die Verschuldung von Staat, Unternehmen und privaten Haushalten weiter zu.

Ein Teufelskreis – und die Rechnung ist noch immer nicht beglichen. Während die Wirtschaft in Spanien durch den Bauboom kräftig wuchs, kriselte Portugal ab der Jahrtausendwende vor sich hin. Bald ging in Portugal die Rede vom »verlorenen Jahrzehnt« um. Und die mit EU-Hilfe erbauten Autobahnen und Projekte zur Verbesserung der Infrastruktur (in denen Unmengen an EU-Geldern sinnlos versickerten) wurden als Symbole für »falsche Prioritäten und vertane Chancen« angesehen. Hinzu kamen etliche und für Portugal leider typische politische und gesellschaftliche Skandale, die das Land und damit das Selbstvertrauen zutiefst erschütterten. Einen kräftigen Schlag erlitt das Image vom modernen Portugal 2001 durch den plötzlichen, aber im Nachhinein nicht unbedingt unabsehbaren Kollaps einer über 100 Jahre alten Eisenbrücke über den Fluss Douro, der 59 Todesopfer forderte. Nach schweren Regenfällen stürzte einer der abgelebten Betonpfeiler ein und riss drei Autos und einen vollbesetzten Reisebus mit in die Fluten. Eine Untersuchung zeigte, dass die Brücke, die den Fluss bei Entre-os-Rios überspannte, bereits seit 1982 als stark einsturzgefährdet gegolten hatte. Ein empörendes Echo erzeugte dann der 2002 aufgedeckte Skandal um jahrelang vertuschte Pädophilie beim staatlichen Hilfswerk für sozial gefährdete Kinder *Casa Pia*, der sich zum längsten und abstrusesten Gerichtsverfahren in der Landesgeschichte entwickeln sollte und ganz Portugal zutiefst beschämte. Und als ob all dies nicht reichen würde: Im selben Jahr bekam Portugal als erstes Euro-Land ein Verfahren wegen eines zu hohen Defizits aufgedrückt. Dramatisch für das nationale Selbstbewusstsein, wie die schwere Rezession, die dann zwischen 2003 und 2004 folgte. Auch erneute Warnungen aus Brüssel konnten nicht verhindern, dass Portugal immer tiefer in die Schuldenfalle abrutschte. Die drastischen Auswirkungen der weltweiten Wirtschafts- und Finanzkrise brachten schließlich das geschwächte Portugal an den Rand des Abgrundes. Es war ein Dolchstoß, von dem sich die anämisch-schwache Wirtschaft nicht mehr erholen sollte: 2008 stagnierte die Wirtschaft, und ein Jahr später sackte sie um 2,7 Prozent ein. Die Staatsverschuldung geriet einmal mehr außer Kontrolle, und das Land musste schließlich 2011 unter den Euro-Rettungsschirm schlüpfen.

Portugal erhielt ein Hilfspaket über 78 Milliarden Euro, musste im Gegenzug aber harte Sparauflagen und genauso ehrgeizige wie widersprüchliche Zielsetzungen hinnehmen. Die aber wurden nach und nach Makulatur, denn die schwächere weltwirtschaftliche Entwicklung wie auch die harten Sparmaßnahmen drückten das Land noch tiefer in die Rezession.

Während die Wirtschaft absackte und die Reformbemühungen fast tadellos umgesetzt wurden, stieg die Arbeitslosenquote erheblich dramatischer an als ursprünglich erwartet. Anfang 2013 durchbrach sie die bis dato nicht für möglich gehaltene 18-Prozent-Grenze, während die Jugendarbeitslosigkeit auf über 42 Prozent kletterte. Erst Ende 2013 sollte die angeschlagene Wirtschaft wieder ein bescheidenes Lebenszeichen von sich geben, und die Arbeitslosenquote verzeichnete das erste Mal seit 2011 einen kleinen Rückgang. Der frühere Kommissionspräsident Jacques Delors hat die EU (und damit natürlich auch die europäische Integration) einst mit einem Fahrrad verglichen, das umfalle, wenn nicht gestrampelt werde. Portugal hat eindeutig in die Pedale getreten und in manchen Bereichen sogar mächtig aufgeholt – hat es aber leider dabei nie an die Spitzengruppe des EU-Pelotons geschafft, auch nicht mit den Stützrädern der Struktur- und Kohäsionsfonds, die eindeutig nicht zum besten Vorteil genutzt wurden.

Nichtsdestotrotz sind seit dem Beitritt 1986 Wirtschaft und Einkommen merklich gewachsen, und das Land hat einen rasanten Wandel fertiggebracht. Und Portugal hat seinen Patz im Feld (um beim Radsport zu bleiben) bei mehreren sozialen Indikatoren deutlich verbessern können. Doch die Zeit einer Generation hat nicht gereicht, um Portugal vom Status eines Kohäsionslandes zu befreien. Mehr als ein Vierteljahrhundert nachdem der europäische Pass ausgestellt wurde, ist die lusitanische Heimat das ärmste der 15 alten EU-Länder, und in der EU-Statistik rangiert es bereits hinter einigen der »neuen« Länder. Im Jahre 2000 erreichte das Bruttoinlandsprodukt (BIP) pro Kopf (in Kaufkraftstandard) vorübergehend zwar schon 78 Prozent des EU-Durchschnitts, aber in den darauffolgenden Jahren einsetzende wirtschaftliche und finanzielle Schwierigkeiten, verbunden mit unterdurchschnittlichem Wachstum, ließen diesen Wert zwischenzeitlich wieder abflauen. Der durchschnittliche Portugiese besitzt heute – also mehr als 27 Jahre nach EU-Beitritt – immer noch ein Viertel weniger Kaufkraft (2013 waren es 76 Prozent des EU-Mittels) als der europäische Durchschnittsbürger. Der mittlere Nettomonatslohn der Arbeitnehmer lag 2013 bei knapp 800 Euro (mit sinkender Tendenz), und der gesetzliche Mindestlohn verharrte bei miserablen 485 Euro brutto. Von deutschen, englischen oder französischen Arbeitslöhnen können die meisten Portugiesen nur träumen – es sei denn, sie wandern aus. Und obgleich sich der Lebensstandard der Mehrheit der Bevölkerung seit 1986 deutlich verbessert hat, gehört Portugal auch heute noch zu den EU-Ländern mit der größten Kluft zwischen Arm und Reich und übrigens auch zu den wenigen Mitgliedsstaaten laut EU-Statistiken, in denen das Einkommen deutlich ungleicher verteilt ist als in den USA. Zehn Prozent der reichsten Portugiesen verfügen über 40 Prozent des Nationaleinkommens, und die Gesamtheit der 25 größten Vermögen betrug 2013 zehn Prozent des nationalen BIP. Jeder fünfte Portugiese (um die zwei Millionen Menschen) lebte 2012 laut Zahlen des Nationalen Instituts für Statistik an der Armutsgrenze, die nach der Definition der EU bei 60 Prozent des nationalen Median-Einkommens liegt: in Portugal also bei 4904 Euro im Jahr – was gerade mal 400 Euro monatlich ausmacht. Wie in anderen Ländern wächst auch in Portugal die Armut im Umfeld von Großstädten, die Hilflosigkeit ist da oft größer als in durchschnittlich ärmeren ländlichen Regionen. Wie viele Portugiesen tatsächlich unterhalb dieser Armutsschwelle leben, ist schwierig zu sagen, da es diesbezüglich keine exakten Zahlen gibt und mit der Krise die neue und zum Teil verdeckte Armut deutlich zugenommen hat. Um die Kollektivdepression und -resignation einer stark von Steuern und immer tieferen Einschnitten geschundenen Bevölkerung ins Maßlose zu treiben, gab es in den letzten Jahren immer wieder als kleiner Snack für zwischendurch unzählige Affären, Skandale und andere peinliche Episoden, die teilweise hohe Figuren aus Politik und Wirtschaft betrafen und einer Bananenrepublik würdig gewesen wären. Und die – wie es hierzulande leider immer noch gang und gäbe ist – nach einem kurzen empörten Aufschrei der Öffentlichkeit recht bald in Vergessenheit gerieten. Die lahme und langwierige lusitanische Justiz lassen wir an dieser Stelle lieber mal aus, um nicht ins endlose Fluchen zu geraten.

Die Eklat-Kirsche auf dem Sahnehäubchen aus Unverschämtheiten bildete der mutmaßlich kriminelle Bankrott der Privatbank BPN im Jahre 2008. Diese hübsche kleine Episode rückte einige Figuren aus dem Dunstkreis des heutigen Staatspräsidenten und früheren Regierungschefs Cavaco Silva in ein zweifelhaftes Licht. Die Institution wurde zuerst verstaatlicht, dann mit Milliarden Euro an Steuergeldern saniert, um schließlich an zwielichtiges angolanisches Kapital verkauft zu werden.

Aber auch der politische Zirkus der letzten Jahre war alles andere als hilfreich und gab den Portugiesen den Eindruck, ach was, die Bestätigung, dass sich die Nation tatsächlich in einem »Sumpf« befinde. Ganz so, wie es der sozialistische Premier António Guterres (seit 2005 UN-Flüchtlingskommissar) hinausposaunte, als er nach der derben Schlappe bei den Kommunalwahlen 2001 das Handtuch warf. Bei den anschließenden vorgezogenen Neuwahlen kam die bürgerliche Sozialdemokratische Partei (PSD) an die Macht, doch nach zwei Jahren als Premier zischte der heute in Europa gut bekannte José Manuel Durão Barroso mir nichts, dir nichts einfach ab nach Brüssel. Immerhin wurde er im Juli 2004 zum Nachfolger Romano Prodis als EU-Kommissionspräsident bestätigt, und zu so einem hohen Amt sagt man natürlich nicht nein!

Sein unerfahrener Nachfolger hielt sich gerade ein paar Monate im Amt, bis der sozialistische Staatspräsident Jorge Sampaio im November 2004 das Parlament vorzeitig auflöste und für Februar 2005 Neuwahlen ansetzte. Und siehe, es geschah, wie es das geradezu zwanghafte Politikkarussell seit Einführung der Demokratie vorschreibt: Turnusgemäß setzten sich die Sozialisten durch und errangen zum ersten Mal in der Geschichte die absolute Mehrheit. Ihr Spitzenkandidat, José Sócrates, wurde prompt in Europa als charismatischer, selbstbewusster und reformtüchtiger portugiesischer »George Clooney« gehandelt. Einem Großteil der Bevölkerung ist er aber nicht wegen seines Aussehens in Erinnerung geblieben, sondern als anmaßender Regierungschef, der nachweisbar an einem Sonntag seinen Universitätsabschluss überreicht bekommen hatte und dessen Name in Verbindung mit einigen Affären und dubiosen Machenschaften fiel. Offizielle Ermittlungen gegen ihn gab es zwar nicht, einen Korruptionsverdacht in Verbindung mit dem Bau eines Einkaufszentrums in einem Naturschutzgebiet, den er einst als Umweltminister gebilligt hatte, wurde Sócrates aber nie los.

Doch in Portugal, das muss der Fremde auch wissen, heilt die Zeit anscheinend alles, man muss nur immer kräftig verneinen, und irgendwie wird es schon gehen. Während seiner zwei Mandate gab es außer wenig Positivem (glatter EU-Vorsitz 2007 und wichtige Einigung auf den EU-Reformvertrag, bekannt als »Vertrag von Lissabon«) auf jeden Fall genügend *jobs for the boys* (ein Volkssport, der unter Politikern jeder Couleur noch beliebter ist als Fußball) und reichlich Geld für überdimensionierte und Wählerstimmen fangende Bauprojekte. Nach einem Jahr im Exil in Paris, wo er Philosophie studierte, kommentiert er heute beim öffentlichen Fernsehen das Politikgeschehen und bereitet wohl schon seine Kandidatur für die Präsidentschaftswahlen 2016 vor. Ich gehe davon aus, dass die Wissenschaft dereinst belegen wird, dass sich der gute portugiesische Wein oder die frischen Atlantikbrisen negativ auf das Kollektivgedächtnis auswirken. Aber auch die Mitte-rechts-Regierung, die seit Juni 2011 im Amt ist, lässt kaum ein Fettnäpfchen aus. Man denke nur an das »Turbodiplom« in Politischer Wissenschaft, das der (mittlerweile zurückgetretene) beigeordnete Minister Miguel Relvas, die rechte Hand von Portugals Premier, im Jahr 2007 erwarb. Von 36 Fächern musste er nur vier absolvieren, dank der Verdienste, die ihm die Hochschule aufgrund seiner »Erfahrungen in Beruf und Politik« zuerkannte. Ebenso großes Staunen erregte der »unwiderrufliche« Rücktritt des damaligen Außenministers und Chefs der kleinen Koalitionspartei CDS-PP, Paulo Portas, im Sommer 2013. Der Gute hatte einfach mal hoch gepokert und ließ sich letztlich zum Vizepremierminister befördern. Dass dabei an den Märkten die Zuversicht in den »Musterschüler Portugal« im Nu schwand wie der Appetit im Schlachthaus, die erbrachten harten Opfer bereits nicht mehr zu zählen schienen und das Land in eine schwierige Regierungskrise stürzte – war natürlich nur ein Kavaliersdelikt. Die Liste ließe sich endlos fortsetzen. Klar ist aber, dass die Portugiesen, was die hiesige »Staatskunst« angeht, viel ertragen müssen … Aber kommen wir lieber zu etwas Erfreulichem! Die nächsten Seiten sind garantiert (fast) politikfrei.

Am Rande Europas – »Wo das Land aufhört und das Meer beginnt«

Begegnung in London

Nach über einem Monat in London durchquert man schon mal fast die halbe Stadt, um wenigstens einmal am Tag einen guten, anständigen *café* zu trinken. Den gibt es nun einmal nicht an jeder Straßenecke: Der Italiener gleich nebenan bringt's einfach nicht (es sei denn, es handelt sich um einen akuten Koffein-Notfall), und zu Fastfood-Café-Ketten geht nur der Barbar. Also versenke ich mich während der fast 30-minütigen Fahrt in Gedanken an die lusitanische Heimat und versuche, ein paar davon auf ein Blatt Papier zu kritzeln.

Wo war ich stehengeblieben? Ach ja: beim Versuch, zu erklären, warum einen dieses großartige, aber auch zutiefst widersprüchliche und rätselhafte Stück Land und die eigenwilligen Leute, die dort leben, in vieler Hinsicht so faszinieren, was die »portugiesische Eigenart« ausmacht, die so verzaubert und einen nicht mehr loslässt, und warum man Land und Leute gelegentlich trotzdem verflucht, weil sie einen in den Wahnsinn treiben und mit ihrer Art so fürchterlich aufregen. Der Notizblock verschwindet wieder in der Winterjacke und hofft auf die inspirierende Wirkung des schwarzen Wunders.

Endlich bin ich da – beim Café Barca, einem winzigen portugiesischen Restaurant-Café in der Fulham Palace Road, auf das nur ein unscheinbares rotes Schild aufmerksam macht: einfache Holztische, eine Theke voller portugiesischer und britischer Leckereien, weiße, fast etwas zu kahle Wände und schlichte Dekoration. Ein geradezu minimalistisches Ambiente, hinge da nicht die rot-grüne Flagge Portugals über dem Tresen.

»*Atão rapaz, qué feito?!*« Sr. Mário begrüßt mich herzlich, als ob wir uns schon ewig kennen würden. Warum ich denn nicht früher gekommen sei? Das Benfica-Spiel sei ja schon zu Ende. Ich zünde mir eine Zigarette im halbwegs offenen hinteren Zimmer an (die vielen englischen Verbotsschilder sind gern missachtete Makulatur), und der »kleine Schwarze« schmeckt noch besser als sonst. Im Hintergrund läuft – wie sich das in einem anständigen und typisch portugiesischen Lokal gehört – der Fernseher als ständige Geräuschkulisse. Es wird auf einmal heimatlich muffelig mitten in London, und ein bisschen Heimweh kommt auf. Doch das verfliegt schnell: Ein kurzer Blick auf die Titelseite der portugiesischen Zeitung auf dem Nebentisch und das Gebrüll aus einer von Tausenden Diskussionsrunden im portugiesischen Fernsehen reichen aus. Krise, Krise und noch ein bisschen mehr Troika. Politiker, Regierung und Opposition, Gewerkschaftsvertreter, die sich gegenseitig beschuldigen, attackieren, niemals Verantwortung für die eigenen Fehler übernehmen und wie immer stundenlang um den heißen Brei herumdebattieren. Skandal, Polemik und das ewige Gejammere, der fehlende Tatendrang, ein weiterer Komplott-Verdacht.

Ein Land, in dem, wie es der zeitgenössische portugiesische Philosoph und Soziologe José Gil anprangert, einfach »nichts passiert«, in dem »alle nur reden und keiner etwas unternimmt«, eine komplexe und von der Diktatur immer noch traumatisierte Gesellschaft, die sich in einer Art kollektiver Unverantwortlichkeit verliert. Die *saudade* – das portugiesischste aller Gefühle, so sagt man – ist gerade noch rechtzeitig verflogen, um nicht in Wehmut zu verfallen. »Immer die gleiche Scheiße, unglaublich«, höre ich meine innere Stimme murmeln, und ich erinnere mich, wie dick ich es eigentlich mit diesem Land habe. Ich nippe erneut an meiner kleinen Tasse, schreibe, streiche durch und setze neu an, starte einen wohl wieder vergeblichen Versuch, einem Fremden zu erklären, wie dieses Land tickt – oder besser gesagt: warum es in manchen Sachen einfach nicht funktioniert und auch leider niemals funktionieren wird.

So vergehen die Minuten, bis ich von einem freundlichen 50-jährigen Herrn angesprochen werde. »Bist du Portugiese?«, fragt er mich etwas verunsichert und schaut dabei auf meinen rotblonden Dreitagebart. »Ja, schon. Eigentlich gebürtiger Schweizer, aber seit …« Und ich lasse das alte Tonband mit meiner auf angenehme Hörlänge gekürzten Lebensgeschichte abspielen. Erfreut, einen Landsmann zu treffen, setzt er sich zu mir, kratzt sich den Schnauzer mit seinen rauen Händen und zündet sich einen Glimmstängel an. Wie lange ich denn schon hier sei, fragt der Herr. So beginnt es.

Man kommt locker ins Gespräch, wie es so üblich ist in Portugal – und besonders im Ausland unter Gleichgesinnten – und tauscht sich aus wie zwei alte Segler, die sich mitten auf dem Atlantik treffen. Der Wirt erkennt das heimatliche Szenario und serviert unaufgefordert frisch gezapfte Biere. Die aktuelle Nachrichtensituation wird kommentiert, debattiert und sowieso in jeglicher Hinsicht durchexerziert. »Ja, es geht einfach nie vorwärts in diesem verflixten Land«, bestätigt mein Gegenüber, stippt seinen Schnurrbart ins Glas und wird ein wenig lauter. »Schuld sind doch nur die ganzen korrupten Hurensöhne da oben!« Ich beschließe, an seiner Sprache ein wenig zu feilen, sollte ich je über ihn schreiben, und nur diesen einen Satz im Original stehen zu lassen, damit der Leser merkt, dass wir an jenem Tag nicht wie zwei blasse Lyriker in einem Berliner Stehcafé plauderten, sondern in alter portugiesischer Tradition ein Kneipengespräch nach allen Regeln der Kunst führten.

»Nicht nur die Regierung«, wettert er weiter, und ich nicke Zustimmung. »Nein, die ganze politische Klasse! Wenn man sie überhaupt so nennen darf. Das sind doch nichts mehr als Schurken, die nur auf ihren eigenen Wanst achten!« Ich mag den Mann mit seinem mir so vertrauten südländischen Teint. Sr. Mário bringt schmunzelnd eine weitere »Imperial-Runde«, die mein Gegenüber herbeigewinkt hat, und kann nicht anders, als sich kurz ins Gespräch zu mischen (Kneipengespräche über die Unfähigkeit der Regierung und der Politiker allgemein sind ebenso urportugiesisch wie der Atlantik und riechen wie dieser nach Heimat). Nachdem wir angemessen über die nationale Sachlage und ihre Vertreter hergezogen sind, muss der Besitzer zurück hinter den Tresen. Mein bärtiger Freund pocht auf den Tisch. Gut sei es, dass ich da endlich weggekommen sei, denn dort gebe es einfach keine Zukunft, besonders für junge Leute. »Natürlich«, murmelt er, »ist das auch unsere Schuld, von uns Portugiesen, die wir diese Schwachköpfe seit 40 Jahren immer abwechselnd wählen – und halt lieber Fußball oder Telenovelas schauen – und außer Sportzeitungen kaum was lesen.« Er erzählt, er wohne nun schon seit fast 20 Jahren in London, und fährt fort: »Es war die beste Entscheidung meines Lebens – auch wenn es manchmal hart ist. Meine Frau und ich haben immer schlechter verdient, und bald konnten wir unser Haus im Heimatdorf nicht mehr abzahlen.« Jetzt habe er sogar außerhalb Londons ein kleines Appartement kaufen und beide Kinder zur Universität schicken können, erzählt er mit Stolz weiter.

Mittlerweile sind wir nicht mehr nur zu zweit, denn unser Gespräch über die Unzulänglichkeiten der Heimat lockt die Portugiesen an wie der Speck die Mäuse. Zwei weitere Männer, die zuvor nur an einer Säule stehend Zustimmung signalisiert hatten, sitzen nun schon bei uns und mischen sich munter ins Gespräch ein. Der Besitzer scheint neidisch, nicht mitmachen zu können und sich stattdessen um andere Kunden kümmern zu müssen. Doch kaum ist das zweite Bier leer, da ertönt aus der winzigen Küche eine bekannte melancholische Melodie: »*O Homem do Leme*« (Der Mann am Steuerruder) von Xutos & Pontapés, einer portugiesischen Kult-Rockband, die 1978 gegründet wurde: »*Sozinho na noite / Um barco ruma, para onde vai? / Uma luz no escuro / Brilha a direito, ofusca as demais / E mais que uma onda, mais que uma maré …*«

Verhallt ist das Gezeter, und der Schnurrbartträger (kurz erkenne ich sein selbstgemachtes Seemannstattoo aus Chinatusche) malt mit den verschütteten Bierperlen auf dem Tisch unsichtbare melancholische Muster. Wie man doch sein verdammtes Portugal vermisst! Plötzlich sitzt man da und seufzt schon wieder sehnsüchtig – und der Diskurs wird ein ganz anderer: Man spricht von der Atlantikluft und den Möwen, dem Essen und der Heimat. Dem angenehmen Klima und dem Meer. »Die Wurzeln meiner Herkunft habe ich nicht verloren«, spricht der Schnauzer, »auch nicht nach so vielen Jahren. Das Dasein der Daheimgebliebenen ist doch, verglichen mit dem von uns Emigranten, wesentlich gelassener und leichtlebiger. Klar, in Portugal verdient man nicht so viel und muss jeden Cent zweimal umdrehen. Aber man genießt das Leben mehr, hat einfach eine höhere Lebensqualität!«

Auch der Wirt Mário sitzt mit am Tisch und schwelgt ebenfalls in dieser kleinen Wolke aus Heimat und Exil. Die Biere sind abgetragen, und der Tresterschnaps hat den Tisch erobert. Gutes Portugal wird hier getrunken, vom Cousin des Besitzers höchstselbst gebrannt. Das vermisse er, sagt einer in der Runde. Hier im Ausland drehe sich alles um Haus und Arbeit und Haus und Arbeit. In Portugal gehe es entspannter zu – man hätte immer noch Zeit gehabt für einen Spaziergang am Meer oder eine Partie Karten in der Stammkneipe. Wir trinken auf die entspannte portugiesische Seele. Außerdem, sagt der Wirt, habe man diese Sehnsucht nach gewissen Sitten und Bräuchen. Oder dass man auf den Straßen die eigene Sprache hört. Wir trinken auf die eigene Sprache, bevor ein Schweigen auf uns fällt. Es scheint, als hinge jeder seinem eigenen kleinen Fleckchen Heimat nach. Ich starre derart gebannt auf die Zigarette des freundlichen Herrn mit dem Seemannstattoo, dass ich glatt vergesse, mir selbst eine anzuzünden. Der zupft an seinem Schnurrbart: »Um zu leben wie in Portugal, braucht man aber das Land nicht zu verlassen. Außerdem fühle ich mich hier ziemlich wohl. Aber um begraben zu werden ...« Er macht eine Pause und sieht mir mit lächelnden Augen entgegen, wobei er sein kleines Glas langsam zum Mund führt. »Um begraben zu werden, geht's auf jeden Fall ab in die Heimat – was anderes kommt gar nicht in die Tüte!« Und wir trinken auf unsere zeitlich hoffentlich noch weit entfernten portugiesischen Gräber, bevor es wieder laut wird am Tisch, weil uns der Fernseher erneut mit Debatten und Politikergeschwätz vor der alten *saudade* gerettet hat.

Die etwas anderen Südländer:
Was die eigensinnigen Portugiesen ausmacht

»Man sieht nur mit dem Herzen gut.
Das Wesentliche ist für die Augen unsichtbar.«
(Antoine de Saint-Exupéry)

Viele Portugiesen mögen im Alltag oft eher grimmig drein-
schauen und auch sehr zurückhaltend und introvertiert wirken – mitunter auf den ersten Blick manchmal sogar regelrecht
unfreundlich. Also ein Volk weniger Worte, einsam, mit sich
selbst beschäftigt, die uralte Schwermut genießend? Nein!
Ansprechen sollte man sie, ohne Hemmungen. Die meisten
Portugiesen sind nämlich sehr zugängliche, freundliche und
entgegenkommende Menschen. Wer sich ihnen offen und mit
wahrhaftigem Interesse nähert (und ihnen keinen Grund zu
Misstrauen gibt), wird merken, dass ein Gespräch eigentlich
fast immer willkommen ist, und er wird entdecken, mit was
für einem wunderbar gutmütigen, bezaubernden, einfachen,
freundlichen und vor allem authentischen Menschenschlag er
es zu tun hat. Zeit für eine spontane Plauderei wird sich wohl
jederzeit finden, auch wenn das Gespräch eher oberflächlich
bleiben und das Thema meist die unausweichliche Lage aller
Dinge in Portugal sein wird, das Wetter oder eben und natürlich: Fußball …

Obwohl ziemlich eigensinnig, sind die Portugiesen auf ihre
besondere Art sehr humorvoll. Sie sind Meister der Selbstironie,
des Schlechtredens und ebenso des Lamentierens. Sie zeigen
sich außerdem als Experten der Stegreiflösung und Improvisation. Diese Kunstform ist in Portugal überaus heimisch und
wird *desenrascanço* genannt. Das lässt sich nur schwer übersetzen und bezeichnet die typisch portugiesische Kunst, sich selbst
zu helfen. Die Fähigkeit, einem plötzlich auftretenden Problem
eine einfache, mitunter geniale Lösung entgegenzuwerfen, nicht
selten üppig gewürzt mit List, Gerissenheit und einer ausgefeil-
ten Erfindergabe.

Dieses Improvisationstalent erklärt mitunter auch, wieso es die Mehrheit der Portugiesen trotz wirtschaftlicher Härten schafft, sich mit Minimallöhnen durchzuschlagen und so gut, wie es eben geht, die Krise auszutricksen. In Portugal scheint die Zahlenlehre einfach anderen Regeln zu gehorchen; hier lassen sich dank dieser Überlebenskunst die Groschen offenbar viel öfter umdrehen und die Euro-Geldscheine auf doppelte Größe bügeln. Die enorme Anpassungsfähigkeit der Portugiesen und ihre Befähigung, sich in schweren Krisenzeiten nicht aufzugeben, zählen neben der Auswanderung zu den vielen Gründen dafür, dass es im Land noch zu keiner sozialen Eskalation gekommen ist, wie in anderen »EU-Krisenländern«.

Ungeachtet dieser Fähigkeiten geben die Portugiesen die Hoffnung auf Glück und Wunder nicht ganz auf: So gehört Portugal zu den Ländern mit den höchsten Einsätzen bei der Euromillionen-Lotterie. Auch Glaube und Aberglaube liegen im katholischen Portugal eng beieinander, und besonders die Wundergläubigkeit ist weit verbreitet. Nicht nur haben fast jeder Ort und jede Stadt ihren eigenen Schutzpatron, auch das Anbeten unzähliger Heiliger für jegliche erdenkliche Eventualität des Lebens ist Pflicht für viele Portugiesen. Und um den Tempel des Körpers zu erhalten, fährt der gesundheitsbewusste Lusitaner gern zu den sagenhaften Heilquellen des Landes, auch wenn diese kilometerweit entfernt sind. Dort angekommen, füllt er die mitgebrachten 5-Liter-Kanister, um auch daheim vom heilsamen Wasser trinken zu können. Und wenn man Linderung für jegliche Art von Wehwehchen sucht, dann begebe man sich am besten zum Campo Mártires da Pátria, wo auch die Deutsche Botschaft und das Goethe-Institut liegen. Dort ersuche man den bekanntesten Arzt Lissabons, José Tomás de Sousa Martins (1843–1897), um Rat. Er wird es schon richten. Die Statue, die dem Mediziner errichtet wurde, ist nicht zu verfehlen, denn an ihrem Sockel stapeln sich bizarr anmutend unzählige Marmortäfelchen mit Danksagungen von Geheilten.

Doch auch wenn gar nichts hilft, man ist in bester Gesellschaft: Kaum ein anderes Volk dürfte so schicksalsergeben auf das Vorherbestimmte warten wie die Portugiesen. Seit Lissabon 1755 von einem Erdbeben heimgesucht wurde, dessen Zerstörungsgewalt jede damals vorstellbare Dimension sprengte, lungert irgendwo im Hinterkopf der Lissabonner die dunkle Ahnung, dass sich eine solche Katastrophe möglicherweise wiederholen kann. Besonders die Medien prophezeien das hin und wieder immer mal gern. Doch wenn man die Menschen in der Unterstadt, die damals dem Erdboden gleichgemacht wurde, danach fragt, bekommt man als Antwort normalerweise nicht mehr als ein Schulterzucken; die meisten scheinen nicht großartig besorgt zu sein und denken im Alltag nicht daran. Warum auch? Was soll man da schon machen? Ist eben so. Schließlich, so meinen sie, liege das Schicksal in der Hand höherer Mächte – und damit außerhalb ihres Aktionsradius. Gegen Vorbestimmung ist in Portugal kein Kraut gewachsen.

Gastfreundschaft und Hilfsbereitschaft sind andere markante Pinselstriche, die das portugiesische Gesamtwerk erst ausmachen. Selbst wenn man nicht viel hat: In einer *casa portuguesa* stehen immer »gutes Brot und guter Wein auf dem Tisch, und wenn jemand an die Tür klopft, so sitzt er mit uns am Tisch«, wie Amália Rodrigues, die weltbekannte Königin des Fado, in einem ihrer berühmtesten Lieder schon sang. Ob es tatsächlich auch überall und immer so ist, sei dahingestellt. Generell aber sind Amálias Verse schon ein Sinnbild für die lusitanische Gastfreundlichkeit: bescheiden, charmant und herzlich.

Portugiesen sind eindeutig ein Volk, welches die guten Dinge des Lebens zu schätzen weiß. Und das fängt auf jeden Fall schon beim guten Essen und Trinken an: Sie arbeiten, um zu leben, und leben nicht, um zu arbeiten. Besonders den geselligen Momenten und Festlichkeiten scheint man breite, geradezu kindlich-begeisterte Aufmerksamkeit zu schenken. Selbst am Arbeitsplatz können eine Beförderung eines Kollegen, ein Geburtstag oder eine Verlobung ein kleines improvisiertes Bankett auslösen, bei dem vom gebratenen Huhn bis zum Wein so ziemlich alles aufgetischt wird. Im gleichen Atemzug sei aber erwähnt, dass die Portugiesen zu den Europäern gehören, welche die meisten Stunden pro Woche arbeiten oder sich statistisch zumindest am längsten am Arbeitsplatz aufhalten. Was die Produktivität angeht – das ist ein anderes Thema, zu dem wir noch kommen.

Die meisten Portugiesen mögen zwar nicht so aufbrausend und laut, so temperamentvoll und fröhlich wirken, wie man es den Spaniern und Italienern nachsagt. Wer aber schon einmal in Portugal war, der weiß, dass sie das genauso können. Und wie! Wenn die Dinge gut laufen, gelingt es auch den Portugiesen, in Euphorie und Freude auszubrechen. Man denke an die Fußball-EM 2004 in Portugal, als die *seleção* von einem Freudentaumel und einem schon lange nicht mehr dagewesenen Enthusiasmus bis ins Finale getragen wurde, dann aber leider im entscheidenden Moment die Nerven gegen die Griechen verlor. Trotzdem erscheint der Portugiese, so wird zumindest immer noch gern behauptet, vielleicht als der traurigste und introvertierteste aller Südländer. Nachgesagt wird ihm ja, er sei rückwärtsgewandt, träge und schicksalsergeben: »*É assim a vida*« – »So ist halt das Leben.« Ein unter Portugiesen weit verbreitetes Gefühl sei es, dass die Chancen gegen sie stünden, dass sie sich immer in einem schon längst verlorenen Kampf gegen das Schicksal befänden.

Das hört sich etwas düster-fatalistisch und klischeehaft an, aber da ist etwas dran. In Portugal scheint immer fast alles schlecht zu sein: Zumindest bemüht man sich sehr, immer alles schlechter zu reden, als es womöglich ist. Trotz Beseitigung der Diktatur und EU-Beitritt ist eine gewisse nationale Melancholie und Kollektivdepression immer noch zu spüren. Allerdings hat sich diesbezüglich einiges verändert und ist bei weitem nicht mehr so, wie fast jeder Portugal-Reiseführer einem gern ins Ohr raunt: Das nationale Stimmungstief und die Lethargie, die einem noch heute auf den elegant gepflasterten Gassen entgegenwehen, haben nur wenig mit der altbekannten und gern als Nationalgefühl gehandelten *saudade* zu tun, der »vagen, im Aufbruch gebrochenen Sehnsucht, einer richtungslosen Richtung des Herzens …, die schon vor der Konfrontation mit der Konkretheit der Welt die Waffen streckt und strandet«, wie es der ehemalige Leiter des Goethe-Instituts in Lissabon Curt Meyer-Clason ziemlich treffend beschrieb. Wesentlich bedeutender wird die schwierige wirtschaftliche und soziale Lage sein, in der sich das Land und die Portugiesen wieder einmal befinden. Es ist vor allem ein Gefühl der Ausweglosigkeit und ein fehlendes Vertrauen in »die da oben« – aber auch in sich selbst als Volk. Auf die Frage »*Como está, tudo bem?*« – »Wie geht's? Alles klar?« wird man oft genug ein »*mais ou menos*« oder »*vai-se andando*« hören – ein »es geht so …« im Sinne von »man kommt über die Runden«.

Natürlich gibt es nicht nur mit dem Schicksal hadernde Portugiesen, sondern sehr wohl auch viele tatkräftige, positiv eingestellte Menschen mit Visionen und Tatendrang, die dieses ewige Klischeebild der Rückwärtsgewandtheit und des ewigen Lamentierens mehr als leid sind. Waschechte Portugiesen – man stelle sich das vor! – die nicht auf die Rückkehr des »Universalerretters« Dom Sebastião hoffen und die vor dem traurigen Seelengeplänkel des Fado flüchten wie Schaben vor dem Licht.

Ferner wird den Portugiesen nachgesagt, sie seien ein *povo manso*, also ein fügsames, sanftmütiges – ja gar ein unterwürfiges Volk. Und die Heimat ein Land der sanften Sitten – *um país de brandos costumes*. Trotz massiver Proteste gegen Troika und das schmerzhafte Sparprogramm verliefen die landesweiten Streiks und Massenkundgebungen im Großen und Ganzen gesittet, und es kam zu keinen gewalttätigen Ausschreitungen. Schnurrende Kätzchen statt Steineschmeißer also? Man kann sich täuschen! Wenn es darauf ankommt, und so haben sie es schon mehrmals in der Geschichte unter Beweis gestellt, bäumt sich dieses eigensinnige und überraschend tapfere Volk unerwartet auf, zeigt die Zähne und beweist sich als zäher, als man meinen möchte. Besonders wenn es um die Ehre des Heimatlandes geht oder der Nationalstolz verletzt wird, kocht das lusitanische Blut, und man mobilisiert gegen den gemeinsamen Gegner oder die Bedrohung, die das Land zu verkleinern suchen. So auch geschehen, als die US-Ratingagentur Moody's im Juli 2011, kurz nachdem Portugal unter den Euro-Rettungs-schirm geschlüpft war, die Kreditwürdigkeit des Landes auf »Ramschniveau« senkte. Die Antwort waren nicht nur eine allgemeine Empörung, sondern auch hübsch-einfallsreiche Protestaktionen.

»Moody's rate this«

Besonders entrüstet war man ob der Bewertung »Ramsch«, die der lusitanischen Heimat zugesprochen wurde: Die originale Benotung *junk* wurde auf Portugiesisch mit *lixo* (also Müll) wiedergegeben. Und so gab es prompt allgemeine Aufrufe, echten portugiesischen Müll zu sammeln und ihn in Päckchen verschnürt an den Moody's-Sitz in die New Yorker Greenwich Street zu schicken. Einige sollen tatsächlich angekommen sein. Ein ganz besonderes Souvenir bekam Moody's von der bekannten Porzellanmanufaktur Bordallo Pinheiro: die Figur des Zé Povinho – des stämmig-grobschlächtigen Otto-Normalverbrauchers aus der Provinz – der einen traditionellen *manguito* entbietet, in einem Fass mit der Inschrift der Ratingagentur. Der *manguito* ist eine obszöne Geste mit dem Arm, mit der man jemanden zum Teufel oder eben doch woandershin schickt – etwa vergleichbar mit dem ausgestreckten Mittelfinger in Deutschland.

Der Zé Povinho selbst ist die populärste satirische Figur Portugals, immer rundlich, mit Hut, Hemd und einer weiten Hose, die von dünnen Riemen getragen wird, mit schwarzem Haar und buschigem Bart. Er ist das Sinnbild des kleinen Mannes, der sich seiner Machtlosigkeit gegenüber der Obrigkeit mehr als bewusst ist. Der Kunsthistoriker José Augusto França beschreibt ihn als »Bild und Symbol des portugiesischen Volkes, fähig zu lachen und seiner selbst spottend im Gewirr der Geschichte, die ohne ihn vonstattengeht – aber stets auf seine Kosten.« Aufgrund der starken Nachfrage musste die krisengeplagte Fabrik sogar einen Gang in der Produktion hochschalten und schaffte es, sich so über Wasser zu halten. Nach kurzer Zeit war die Figur sogar in einer Geschenkbox erhältlich, in der auch eine frankierte und an Moody's adressierte Postkarte steckte, die jeder Käufer dann persönlich beschriften und an den »verhassten Feind« senden konnte. Die Firma überlegte sogar, natürlich aus reiner Solidarität, die Zé-Povinho-Figuren auch in andere »Krisenländer« zu exportieren.

Die härtesten Kampagnen wurden aber via Social Media geführt, wo mehrere sehr professionell gemachte Anti-Moody's-Videos auftauchten und sich Millionen von Portugiesen einer Bewegung mit dem schönen Namen »Fuck You Fitch. Fuck You Moody's. Fuck You Standard & Poor's« anschlossen. Eines der meistverbreiteten portugiesischen Videos im Netz hatte die Überschrift »We are not in the Moody's« – »Wir sind nicht in der Laune«, wobei das englische *mood* natürlich eine Anspielung auf den Namen der Ratingagentur war. Unterlegt war es mit folgendem Text in perfektem Englisch: »Welches Rating auch immer, wir sind hier, um zu bleiben, koste es, was es wolle!« Mit einem »Hier sind wir – da, wo das X ist« wurde der genaue Standort Portugals auf der Weltkarte gezeigt und mit stolzer Stimme daran erinnert: »Und das schon seit 1143! Könnt ihr dafür ein Rating abgeben?«. Auch erinnerte man die respektlosen US-Amerikaner an die große Vergangenheit als Seefahrer- und Entdeckernation: »Als die anderen das Ende der Welt sahen, haben wir die Neue Welt gesehen!« Oder: »Globalisierung? Die haben wir erfunden! Wir haben die Welt rund gemacht! Wenn ihr tatsächlich ein Rating abgeben wollt, wie wär's denn damit?« Irgendwann kräht sogar der portugiesische Gockel (Portugals Wahrzeichen) gegen die Ratingagentur. Punkt. Aus. Ende. Das Video wurde zu einem Phänomen, man kommentierte es einfach überall. Und natürlich war ein gewisser Stolz zu spüren. Stolz darüber, wie sich die Portugiesen in dieser gemeinsamen Sache zusammengetan und mit gemeinsamer Kraft dem Feind kräftig eins ausgewischt haben. Der Zusammenhalt und die Aktionen, die sich häuften, um die »Ehre des Vaterlandes« zu retten, waren schon ziemlich imponierend.

Leider hält so etwas nie lange an, und es wäre wünschenswert, dass sich die meisten Portugiesen auch bei anderen Gelegenheiten so ins Zeug legten. Kurz darauf aber war alles wieder wie zuvor: Business as usual.

Aber auch innenpolitische und vor allem lokale, greifbare Angelegenheiten wie Mauterhöhungen, Schließungen von örtlichen Gesundheitszentren oder dergleichen können das Fass zum Überlaufen und die Lusitaner auf die Barrikaden bringen. Dann blockiert man schon einmal, wie in den 1990er Jahren, die Brücke über den Tejo oder verharrt tagelang kampfbereit und störrisch, um seine lokalpolitischen Bestrebungen durchzudrücken. Generell geht man eher für punktuelle und greifbare Belange (bei denen der Gegner sichtbar ist) auf die Barrikaden als für hehre Ideale. »Weiche Schale, harter Kern« eben, wie der Schriftsteller José Saraiva (1917–1993) seine Landsleute treffend beschrieb. Schließlich ist es das einzige Volk der Welt, das beim Stierkampf Auge in Auge und mit bloßen Händen versucht, den Stier bei den Hörnern zu packen und zu bezwingen. Ebenso ist es ein Volk, das für seine mutigen und hartgesottenen Fischer bekannt ist. Für Männer, die heute noch täglich ihr Leben im mächtigen Atlantik riskieren, beinahe wie einst die Kabeljaufischer, die bei mörderischem Wellengang in kleinen Booten irgendwo vor der Küste Neufundlands und Grönlands herabgelassen wurden, um in tanzenden Nussschalen dem erbarmungslosen Meer zu trotzen. Oder für die Walfänger auf den Azoren, die bis Mitte der 1980er Jahre mit von Hand geschleuderten Harpunen von winzigen Barken aus Jagd auf die Meeresriesen machten (bis der Walfang auch hier endlich eingestellt wurde). Das sagt viel über die Kraft, den Mut und die Ausdauer dieses Volkes aus. Ein Volk, das eindeutig dem Herzen mehr vertraut als allem anderen.

Iberische Hassliebe: Das eigenartige Verhältnis der ungleichen Nachbarn

»Warum gehen wir beide nicht irgendwohin,
wo jeder von uns allein sein kann?«
(Laurence Sterne)

Man bewohnt zwar dieselbe Halbinsel, spricht für untrainierte Ohren ähnliche Sprachen und hat viele geschichtliche Berührungspunkte – mögen tut man sich trotzdem nicht besonders. Wer das nicht glaubt, der sollte mal den 1200 Kilometer langen Grenzverlauf zwischen den beiden iberischen Nachbarn erkunden, denn da illustrieren Burgen, Forts und kleine Städtchen, umhüllt von imposanten Verteidigungsmauern, die innigen Freundschaftsbande zwischen den beiden Liebenden. Schon früh hielt man die lästigen Kastilier am liebsten auf Distanz und grüßte, wenn man sich schon wahrnehmen musste, freundlich mit den Kanonenkugeln. Jahrhunderte später sind den meisten Portugiesen die Spanier – ganz grob ausgedrückt – einfach immer noch zu laut, zu übermütig, zu aggressiv, zu arrogant, zu direkt, zu …

14. August 1385: 120 Kilometer nördlich von Lissabon, stehen sich 30 000 Kastilier und 10 000 Portugiesen gegenüber, letztere befehligt von Dom João, Großmeister des Orden von Avis. Kastilien hat nach dem Tod 1383 des portugiesischen König Fernando I. Ansprüche auf den Thron geltend gemacht und will beide Königshäuser vereinen. Die gerade etwas mehr als zweihundert Jahre andauernde Unabhängigkeit Portugal ist gefährdet.

Doch João de Avis – Halbbruder des verstorbenen Königs – stellt sich 1383 an die Spitze des Aufstandes gegen Kastilien, und Juan I. von Kastilien marschiert daraufhin mit einer großen Armee nach Portugal ein. 1385 kommt es zur alles entscheidenden Batalha de Aljubarrota (Schlacht von Aljubarrota). Von englischen Bogenschützen tatkräftig unterstützt gelingt es dem portugiesischen Heer die Kastilier zu schlagen. Eine für die Unabhängigkeit Portugals und der Identität entscheidende Schlacht. Dom João de Avis wird zum König proklamiert, und die lusitanische Nation bewahrt ihre Souveränität gegenüber dem lästigen Nachbarn.

Ganze 4000 Kastilier sollen auf dem Feld umgekommen sein; der Rest flieht. Dieselbe Anzahl Feinde fällt in den nächsten Tagen den Ortsansässigen zum Opfer. Um die Einheit aus Heer, aufstrebendem Bürgertum und einfachem Volk im Kampf zu verdeutlichen, entsteht die Legende von der Padeira de Aljubarrota: Sieben Kastilier fliehen vom Schlachtfeld und verstecken sich im Haus der Bäckersfrau Brites de Almeida. Als die Portugiesin heimkehrt, findet sie die Haustür verschlossen vor und schöpft Verdacht. Sie durchsucht ihr Haus, entdeckt die im Backofen kauernden Soldaten, zückt den Brotschieber und erschlägt sie erbarmungslos.

Die Legende ist heute noch ein wichtiger kultureller und nationaler Bezugspunkt für die meisten Portugiesen: Eine patriotische Episode (ohne jegliche historische Belege), die man gerne *nuestros hermanos* (»unsere Brüder« werden die Spanier ironisch genannt) bei jeder Möglichkeit unter die Nase reibt.

Man weiß, dass man sich irgendwie ähnlich ist. Und doch ganz ganz anders. Obwohl sich mit dem EU-Betritt 1986 vieles verändert hat (der Austausch zwischen beiden Ländern ist riesengroß, und Portugal ist heute wirtschaftlich so abhängig von Spanien wie nie zuvor) und viele der historischen Feindseligkeiten schon längst begraben wurden, tun sich viele Portugiesen immer noch schwer, die seit Jahrhunderten währende Rivalität und Abwehrhaltung zum Erzfeind zu vergessen. Sie ist einfach zu stark im kollektiven Bewusstsein verankert. Portugiesen, die ich diesbezüglich befragt habe, sind sich ihrer Ressentiments gegenüber dem größeren und wirtschaftlich erfolgreicheren Nachbarn bewusst. Aber was hat das schon zu heißen? Ist eben so!

Meistens ist das nicht böse gemeint, und kaum ein Portugiese wird heutzutage noch feindlich gegenüber Spaniern eingestellt sein. Allerdings – ein Hauch von Argwohn und angeborenem Misstrauen ist eben doch immer noch zu spüren. Und wenn es auch keine genaue Erklärung für diese Abwehrhaltung gibt, so liefert die Geschichte doch so manches Argument: Zu oft musste man besorgt und wachsam über den Rücken nach Osten schauen. Zu oft wurde man von Spanien gedemütigt und unterdrückt. Zu oft musste man zu den Waffen greifen, um die lusitanische Eigenständigkeit zu verteidigen. Und um Himmels willen, ist das denn so schwer zu verstehen, ihr Banausen?! Ja, ihr, die ihr gern Portugal und Spanien in einen Topf werft!

Schließlich hat man jahrhundertelang die eigene Identität in deutlicher Abgrenzung zu Spanien konstruiert, wie es Portugals Literaturnobelpreisträger José Saramago (1922–2010) in der portugiesischen Literaturzeitschrift *Jornal de Letras* erläutert: »Wie jeder andere alte oder moderne Portugiese wurde ich zu der festen Überzeugung erzogen, dass mein natürlicher Feind Spanien war. Der Tatsache, dass die Franzosen unser Land besetzten, uns ausplünderten oder die Engländer, unsere Verbündeten, uns ausbeuteten, demütigten und beherrschten, maßen wir dagegen keine übermäßige Bedeutung bei. Das alles waren nichts weiter als die Kapriolen der Geschichte, die wir hinzunehmen hatten im Sinne eines pragmatischen Relativismus, eben diesem, der uns lehrt, die Dinge gegeneinander abzuwägen, das heißt Geduld zu haben!« Denn »absolut, wirklich absolut ist von unserer Warte als Portugiesen nur der Groll gegen die Kastilier, es ist ein sogenanntes Vaterlandsgefühl, in dem wir im Laufe der Jahrhunderte unermüdlich waren, und das uns, wer weiß, geholfen haben wird, über die Abgrenzung und den Widerspruch unsere eigene nationale Identität zu finden, zu stärken und abzusichern.«

Und schließlich gibt es ja auch noch den Dauerstreitfall Olivença, ein Stichwort, das bei keiner hitzigen Portugal-Spanien-Diskussion fehlen darf und auch heute noch für so manche Stichelei, sporadische lokalpatriotische Demonstrationen und vor allem für verletzten portugiesischen Nationalstolz sorgt. Denn »*Olivença é nossa!*« – »Olivença gehört uns!«, das weiß in Portugal fast jedes Kind. Es handelt sich dabei um ein 453 Quadratkilometer großes Gebiet (immerhin fast dreieinhalbmal so groß wie Liechtenstein), genauer gesagt um die spanische Kleinstadt Olivenza (oder eben doch auf Portugiesisch: Olivença), und weitere sieben Dörfer des Kreises, die vor gut 200 Jahren noch zu Portugal gehörten. Ein 12000-Einwohner-Nest, das schon genauso lange von Lissabon rechtmäßig beansprucht wird. Ein Grenzstreit zwischen zwei EU-Nachbarstaaten? In Zeiten eines Europas der offenen Grenzen? Genau! Auf jeder waschechten portugiesischen Landkarte ist dieser Konflikt gut zu erkennen, und zwar daran, dass die gestrichelte Linie, die sonst die Grenze zwischen den beiden iberischen Staaten akribisch kennzeichnet, etwa auf der Höhe der spanischen Stadt Badajoz für circa zehn Zentimeter einfach aufhört. In der Praxis bedeutet dies eine kilometerlange Lücke, die sprichwörtlich (aber auch ihrer Form nach) wie ein Dorn über die natürliche Grenze des Guadiana-Flusses in spanisches Territorium hineinragt. Ein nicht geklärter Grenzverlauf, den der US-Geheimdienst CIA 2003 in einem Bericht sogar als potenziellen Fokus regionaler Konflikte aufgelistet hat.

Grund für den Disput ist ein Friedensvertrag aus dem Jahre 1801, in dem Olivença nach einem militärischen Sieg über Portugal den Spaniern zugesprochen wurde. Doch die Portugiesen erkennen diesen Vertrag nicht an, da der eine Nichtangriffsklausel beinhaltet, welche Spanien nachweislich verletzte. Der Wiener Kongress von 1814/1815, der die Neuordnung Europas nach den Napoleonischen Kriegen festlegte, gab Portugal Recht. Spanien erklärte sich nach diesem Schiedsspruch bereit, das Gebiet zurückzugeben. Dies wurde aber nie befolgt, und seither fechten in Portugal besonders Bürgervereine im Grenzland, beseelt von Nationalgefühl, den Kulturkampf für ein portugiesisches Olivença aus. So manch einer fährt sogar hin und wieder mal rüber und entrollt in der Stadt ein paar portugiesische Flaggen und Transparente. Dass sich die Einwohner Olivenzas als Spanier fühlen und auf keinen Fall unter die Obhut Portugals zurückkehren wollen, das stört anscheinend keinen dieser Patrioten.

Madrid lächelt und kehrt das Thema unter den Teppich. Auch die Mehrheit der Spanier hat von diesen Gebietsansprüchen keinen blassen Schimmer. Diesem Anliegen wird nicht nur in Brüssel wenig Beachtung geschenkt – das Thema ist auch beileibe kein bilateraler Dauerbrenner zwischen Lissabon und Madrid, schließlich wolle man die guten Beziehungen nicht aufs Spiel setzen. Dennoch hat Portugal offiziell nie aufgegeben, das Gebiet zurückzufordern.

Aber historische Plänkeleien hin oder her: Was viele Lusitaner immer noch am meisten kränkt, ist die angebliche Überheblichkeit und Gleichgültigkeit, die viele Spanier auch heute noch an den Tag legen, wenn sie Portugiesen gegenübertreten. Denn ganz anders als Portugiesen, die jede Gelegenheit ausnutzen, um an die historischen Animositäten zu erinnern, und sich mehr oder weniger dafür interessieren, was nebenan so passiert, ignorieren die Spanier den kleinen Nachbarn schlichtweg. Er scheint ihnen einfach schnuppe zu sein. Das Interesse steigt eigentlich nur während der Osterferien, wenn scharenweise Spanier über die Grenze stürmen und innerhalb einer Woche (unter Portugiesen als *Semana Espanhola* bekannt) Portugal regelrecht überfluten, um, wie es der AP-Korrespondent in Lissabon Barry Hatton in seinem Buch *Os Portugueses* besonders pragmatisch ausdrückt, sich die »historische Abnormität, die nebenan haust« mal aus der Nähe zu betrachten. Da wundert es nicht, dass das uralte Sprichwort »*De Espanha, nem bons ventos, nem bons casamentos*« – »aus Spanien (kommen) weder gute Winde noch gute Hochzeiten« auch heute noch gebräuchlich ist.

Diese alte Volksweisheit spielt auf die schlechten Erfahrungen an, die Portugal im Laufe der Jahrhunderte bewegter gemeinsamer Geschichte mit Spanien gemacht hat, und manifestiert wie keine andere die Vorstellung von den »feindlichen Brüdern«. Genauer bezieht sie sich auf die strategischen Hochzeiten der mittelalterlichen Dynastien (Heirat gegen Frieden), die zwar ununterbrochen eingegangen wurden, aber sich meist negativ auf Portugal auswirkten.

Heutzutage findet dieser Spruch zumindest noch meteorologisch in Süd-, Mittel- und Nordportugal Bestätigung: Wenn der Wind von der Meerenge von Gibraltar her weht, fährt man als Fischer besser nicht hinaus, denn die Wellen können sich gefährlich türmen. Aber auch den Bauern im Alentejo und in der Algarve macht der heiße Südwind, der aus Spanien bläst, zu schaffen, denn er verbrennt die Ernte. Im an Spanien angrenzenden nördlichen Teil von Portugal ist es der raue, schneidende Nordostwind, der in den Gemüsegärten alles erfrieren lässt. Gute Winde kommen also nicht aus dieser Richtung, so sieht's aus.

Die spanische Antwort ist übrigens natürlich nicht minder scharf, denn ein altes Sprichwort besagt: »Entkleide einen Spanier von all seinen Tugenden, und du hast einen Portugiesen.«

Iberische Union: Zukunft oder Schnapsidee

Natürlich kann man all dies nicht verallgemeinern, und ebenso natürlich gibt es auch gute Freundschaften zwischen Portugiesen und Spaniern, ja sogar glückliche Ehen, gute Geschäftsbeziehungen und selbstverständlich auch jede andere zwischenmenschliche Beziehung, die sich denken lässt. Und entlang des Grenzstreifens, wo schon immer Handelsbeziehungen und Schmuggel florierten, war dieser Spanien-Gräuel sowieso noch nie so ganz ausgeprägt. Oder eben völlig inexistent. Im abgelegenen Miranda do Douro, im östlichsten Nordosten Portugals, wo man wortwörtlich über den Grenzfluss spucken kann, wird sich kaum eine Familie in den kleinen Dörfern und ländlichen Gemeinden der Region finden, die sich nicht an den Spaniern ein wichtiges und in vielen Fällen sogar überlebensnotwendiges Zubrot verdient hat, indem sie Zucker, Kaffee und andere Produkte über die Grenze schmuggelte.

Der Boom des gegenseitigen Voneinander-Profitierens setzte ein, als 1995 die Grenzkontrollen durch das Inkrafttreten des Schengener Abkommens zwischen den beiden iberischen Staaten wegfielen und Miranda – wie andere Grenzorte auch – zum Schaufenster portugiesischer Produkte für Spanier wurde.

»Dieses historische Geplänkel ist doch Schwachsinn! Ohne die Spanier, die auch heute noch – trotz Krise – bei uns einkaufen, wären wir hier gar nichts«, sagte mir bei meinem letzten Besuch ein älterer sympathischer Herr, der in Miranda ein unscheinbares, aber recht nettes Gasthaus führt. Selbiges befindet sich in einer der »spanischen« Einkaufsstraßen außerhalb der alten Stadtmauern, wo sich zwischen schlichten Neubauten Dutzende Geschäfte aneinanderreihen, die einzig und allein auf die spanische Klientel ausgerichtet sind: Nicht nur die Speisekarten sind hier zweisprachig, eines der Restaurants heißt sogar Duero (spanische Schreibweise des Grenzflusses) und nicht Douro. Manch ein Laden in dieser und anderen Straßen hält es nicht einmal bei der Schaufensterwerbung für nötig, das Portugiesische zu gebrauchen – was anderswo in Portugal undenkbar wäre.

Auch ist es nicht unüblich, dass nahe der Grenze in vielen Cafés und Restaurants das spanische Fernsehen oder Radio läuft. Und etwas gänzlich Unvorstellbares habe ich in einer winzigen Taverne in Chaves miterlebt, einer Kleinstadt im Norden, nur knappe zehn Kilometer von Spanien entfernt. Nach der langen Anreise wollte ich mich mit etwas Kühlem erfrischen und ein bisschen Fußball schauen. Schließlich ging es um den Liga-Pokal. Nichts da! Pustekuchen! Es gab zwar portugiesisches Bier und die für die Region typischen geräucherten *fumeiros transmontanos*. Auch war sonst alles portugiesisch, inklusive der Klientel, doch wie staunte ich, als zuerst die spanischen Nachrichten geschaut und dann auf spanischen Fußball umgeschaltet wurde! »Die Spiele sind doch deutlich interessanter als unsere«, bekam ich vom Wirt zu meiner Überraschung zu hören. Die älteren Herren in der Taverne nickten, und ich schwieg und aß in der festen Überzeugung, eine mystische Grenze übertreten zu haben. Wenn die ganze Gesellschaft plötzlich auf den Barhockern einen feurigen Flamenco getanzt hätte – ich hätte nicht verwunderter sein können.

Doch auch ein anderes Thema scheint besonders in diesen Grenzregionen, im Gegensatz zum restlichen Portugal, kein so großes Tabu zu sein: die Angliederung Portugals an Spanien. In der Luft schwebt diese Möglichkeit schon seit langem, und eine solche *União Ibérica* hatte im Literaturnobelpreisträger José Saramago ihren prominentesten Fürsprecher – der damit in seiner Heimat hitzige Debatten anregte und das Blut vieler Mitbürger in Wallung brachte.

Aber Portugal als eine Provinz Iberiens, auf einer Ebene mit Andalusien oder Katalonien? Und am besten noch mit Hauptstadt Madrid? Von wegen! Niemals! Mehrere Umfragen belegten, was zu erwarten stand: Die große Mehrheit der Portugiesen sträubte sich strikt und derart, dass sie nicht einmal über die möglichen Vorteile einer solchen Fusion nachdenken wollte. Nur etwa 30 Prozent konnten sich so etwas überhaupt vorstellen, und Saramago, der einstmals so berühmte Landessohn, musste in seiner Heimat scharfe Kritik einstecken. Das ewige, historisch belastete Reizthema brachte ihm dann auch postwendend das Prädikat Vaterlandsverräter ein. Nicht, dass ihn das unbedingt störte, denn ähnliche Verunglimpfungen kannte der bekennende Kommunist und Atheist aus den 1990er Jahren, als sein *Das Evangelium nach Jesus Christus* eine im erzkatholischen Portugal bislang nicht gekannte öffentliche Debatte über ein literarisches Werk auslöste. Der Roman (der den Gottessohn nicht nur als lebenshungrigen und wissbegierigen Jüngling zeigt, sondern auch an Glauben und Wundern zweifeln lässt) galt der katholischen Kirche als Blasphemie, weswegen die damalige konservative Regierung seinen Namen prompt von der Vorschlagsliste für den Europäischen Literaturpreis strich. Saramago ging daraufhin aus Protest ins Exil – nach Spanien!

Doch lagen die Befürworter dieser Idee vor einigen Jahren noch weit hinter der Mehrheit zurück, hat sich das mit den letzten, von der Krise geplagten Jahren verändert. Deutlich mehr Portugiesen stehen einer irgendwie gearteten Vereinigung mit dem »Erzfeind« offener gegenüber – zumindest, wenn man einigen Umfragen glaubt. Im Nachbarland kriselt es zwar auch heftig, aber viele Portugiesen glauben offenbar, dass es dort eher wieder aufwärtsgeht als im eigenen Land …

Portugiesisch: Die unbekannte »heimtückische« Weltsprache

»Meine Heimat ist die portugiesische Sprache.«
(Fernando Pessoa)

Das Erlernen der portugiesischen Sprache ist kein einfaches Unterfangen. Selbst mit Spanisch als Muttersprache versteht man am Anfang nämlich praktisch nur Bahnhof, denn das Portugiesische und das Spanische mögen zwar die gleiche Basis haben, die sich aus dem Vulgärlatein ableitet, aber damit hat es sich auch schon.

Als ich 1993 von Mexiko-Stadt als zwölfjähriger Bengel mit meiner Familie nach Lissabon zog, habe ich das zu spüren bekommen. Und wie! Abgesehen von einigen augenscheinlichen Gemeinsamkeiten werden sofort radikale Unterschiede deutlich. Und dies nicht nur bezüglich der Rechtschreibung, sondern besonders, was die Aussprache anbelangt. Die Portugiesen sprechen nicht nur ziemlich schnell (zungenbrecherisch geradezu), zudem wirkt es für noch untrainierte Ohren, als ob sie bei jedem Wort einige Buchstaben oder Silben verschluckten. Selbst wenn man sie bittet, etwas langsamer und deutlicher zu reden, scheinen sie abgehackt und nach innen zu sprechen, was die Sprache recht kryptisch werden lässt. Bis sich der phonetische Apparat an all die portugiesischen Nasale, Diphthonge, Halbvokale und dergleichen Laute gewöhnt hat, dauert es schlicht und ergreifend eine Weile. Da helfen auch keine Pillen.

Es ist eine »heimtückische« Sprache, und als solche hält sie für Neuankömmlinge schon mal ein paar tüchtige Überraschungen bereit. Das hat auch der deutsche evangelische Pfarrer an der Deutschen Schule Lissabon zu spüren bekommen, die ich bis zum Abitur besuchte. Als er dort ankam, federte er, vor Tatendrang sprudelnd, vor mehrere Eltern und Lehrer, um sich, in einer Geste des guten Bestrebens, folgendermaßen vorzustellen: »*Boa tarde, eu sou o novo pastor alemão!*« Dabei war ich nicht, aber es wird erzählt, dass sich die eine Hälfte der Zuhörer das Lachen gerade noch rechtzeitig verkneifen konnte, während die andere Hälfte dieses Kunststück nicht zuwege brachte. Denn der nette deutsche Pfarrer hatte sich gerade als der »neue Deutsche Schäferhund« (*pastor alemão*) vorgestellt. Ein kleiner Fauxpas, aber er illustriert das Problem.

Doch auch im Alltäglichen sollte man aufpassen: Etwa wenn man als Knirps voller Freude darüber, dass endlich die Container über den Atlantik verschifft wurden, in den nächsten Tante-Emma-Laden sprintet, um sich bei einer grauhaarigen *Dona* mit rosa geblümtem Kleid Batterien für sein schon verloren geglaubtes Spielzeugauto zu holen. Diese erste Besorgung auf Portugiesisch wurde rasch durch das Geschrei der Verkäuferin beendet. Bitte merken Sie es sich gut: Niemals das Wort *pilhas* für Batterien mit *pilas* verwechseln! Es sei denn, Sie wollen alte portugiesische Damen nach dem männlichen Geschlechtsteil fragen. Ein »LH« voller Bedeutung. Aber auch zwischen den acht Portugiesisch sprechenden Ländern gibt es trotz der gemeinsamen Sprache einige Stolpersteine. Es sind zum Teil belanglose Unterschiede. Dennoch können sie nicht nur zu Missverständnissen führen, sondern – wenn auch eher selten – auch zu Ärger. In Portugal zum Beispiel wartet man in einer *fila* oder *bicha* (Schlange). In Brasilien würde der zweite Ausdruck nicht unbedingt gut ankommen, denn *bicha* ist eine sehr abwertende Bezeichnung für einen Homosexuellen. Ebenso sollte man in Brasilien das »portugiesische« Wort für Mädchen *rapariga* meiden, denn dort versteht man darunter eine *rapariga de programa*, eine Prostituierte nämlich. Lieber einfach auf *moça* oder *garota* zurückgreifen. Sicher ist sicher!

Um die Rolle des Portugiesischen als bedeutende Weltsprache ausbauen zu können, wagten sich die Länder mit Portugiesisch als Amtssprache an eine Rechtschreibreform, die zur Harmonisierung der Orthografie im gemeinsamen Sprachraum führen sollte. Stattdessen entfachte das Vorhaben aber einen abstrusen Streit über das »richtige Portugiesisch« und vor allem über die Frage, wer denn nun die Deutungshoheit über die Sprache innehätte. Bei diesem Bruderkampf um Buchstaben und Akzente sieht sich Portugal natürlich als Geberland in einer privilegierten Situation, während Brasilien mit der faktischen Macht von fast 200 Millionen Sprechern argumentiert (das sind rund viermal so viele, wie sie die übrigen sieben Länder als Bewohner zählen). Die Gemüter erhitzen sich besonders im Mutterland des früheren Imperiums, wo manche Kritiker des Vorhabens die Brasilianisierung der »Sprache von Camões« fürchten und sogar von einem »linguistischen Attentat« die Rede ist.

Das jämmerliche Theater geht weiter, obwohl die Rechtschreibreform in Brasilien bereits seit Januar 2009 und in Portugal seit Anfang 2012 offiziell in Kraft getreten ist. In Portugal fallen vor allem Akzente und Bindestriche sowie weitgehend stumme Laute oder Füllkonsonanten weg, Buchstaben also, die nicht mehr ausgesprochen, aber (in Portugal und den fünf portugiesischsprachigen afrikanischen Ländern) noch geschrieben werden: *correcto* (richtig) heißt demzufolge jetzt *correto*, und *óptimo* (bestens) verkürzt sich zu *ótimo*. Für Brasilianer ergeben sich hingegen nur relativ unbedeutende Änderungen: Es entfallen etwa die Akzente in den Vokabeln für Flug (bisher *vôo*) oder Idee (bisher *idéia*). Seit dem Schuljahr 2011/2012 wird in Portugal nach der Rechtschreibreform unterrichtet. Doch im stolzen Portugal trotzt man Anordnungen, wo es eben geht. Unzählige Autoren, Dichter, Journalisten und sogar ganze Zeitungen weigern sich einfach, nach der Rechtschreibreform zu schreiben. Punkt! Es könne doch nicht sein, dass auf einmal der »Schweif den Körper lenke«, las ich beispielsweise Ende 2013 in einem Kommentar eines Historikers.

Ja, es handelt sich um eine Diskussion, die etwas übertrieben, wenn nicht gar lächerlich abstrus erscheint. Schließlich waren die Unterschiede in der Schriftsprache (anders als etwa in der Umgangssprache, dem Vokabular, der Aussprache oder der Syntax) schon vor dem Abkommen eher gering. Bei vielen Widerständlern in Portugal scheint es sich vor allem um überspitzten Nationalstolz zu handeln und eine im Lande nicht minder verbreitete trotzige Reformablehnung. Und so manche Elite kultiviert ihren Sprachenchauvinismus gern, vielleicht, um die sonstige Bedeutungslosigkeit Portugals zu kompensieren, wie es der Schriftsteller und Professor Alfredo Margarido auf den Punkt brachte. Es scheint, so Margarido, als ob manch einer in der »Weltsprache« Portugiesisch einen Ersatz für das 1974–75 verlorene Kolonialreich suche.

Obwohl das Portugiesische also selbst für Einheimische tückisch ist, sollte sich der Fremde nicht zurückhalten: Kleine Fauxpas passieren immer wieder, das wird einem natürlich keiner übelnehmen. Denn selbst wenn die Wahrscheinlichkeit groß ist, dass die ersten Wörter nicht ganz korrekt ausgesprochen werden, oder es sogar zu lustigen Missverständnissen kommt (man vertausche z. B. mal *despir* – sich entkleiden – und *despedir* – sich verabschieden – und lasse sich davon amüsieren), dem Portugiesen wird diese Bemühung gefallen. Denn er mag und schätzt es sehr, wenn sich ein Ausländer um die geliebte Amtssprache bemüht, weil so ein Verhalten zeigt, dass man sich für Land und Leute interessiert.

Die ersten kompletten und verständlichen Sätze Portugiesisch habe ich dank eines schon längst verstummten brasilianischen Radiosenders, Rádio Cidade, gehört. Anders als die »herbe rhetorische Syntax des geschlossenen, verschlossenen Portugiesisch«, wie es Curt Meyer-Clason treffend beschrieb, sprechen die meisten Brasilianer deutlicher und viel melodischer (vergleichbar mit dem rauen *castellano* und dem melodischen Spanisch Südamerikas). Tatsächlich kann ein Portugiese die Mehrheit der Spanier relativ einfach verstehen – und vice versa. So steht es zumindest in der Theorie. In der Praxis aber sieht das alles ganz anders aus. Natürlich liegt das hauptsächlich am Nachbarn, behaupten zumindest die Portugiesen: Die Spanier (die ja nicht gerade für ihre Sprachgewandtheit bekannt sind) gäben sich überhaupt keine Mühe. Weil sie es entweder nicht könnten oder einfach nicht wollten. Der größte Teil der Portugiesen schon. Und das nicht nur in Spanien, sondern selbst mit den spanischen Touristen zu Hause. Selbst wenn sich das in den meisten Fällen ziemlich lustig anhört und viele, so scheint es, ihren übertriebenen und zum Teil etwas forcierten spanischen Akzent eher vom Canal 18 haben (ein spanischer Pornokanal, der in den 1990ern wegen seiner interessanten Filmchen in Portugal besonders beliebt war). Auch ist die gesprochene und besonders die geschriebene Sprache in Portugal sehr formell geblieben; und auf gute Umgangsformen legt man allgemein großen Wert. Das »Du« ist (im Vergleich zu Spanien) nicht unbedingt schnell üblich. Man bleibt bei Leuten, die man nicht so gut kennt, eher bei der Anrede in der dritten Person, wobei das natürlich auch alters- und situationsabhängig ist.

Die Begrüßung in Portugal ist dafür generell etwas körperbetonter als in Deutschland oder in der Schweiz. Tuchfühlung wird eher positiv empfunden, Distanz erweckt Misstrauen. Scheinbar Fremde begrüßen sich schon nach dem ersten Treffen mit Küsschen links, Küsschen rechts (nur angedeutet). Ein einfaches Händeschütteln zwischen Frauen oder Mann und Frau gilt als förmlich und »nordisch« unterkühlt. Vor allem aber sind Titel im Land der *Sr. Doutores* und *Sr. Engenheiros* immer noch enorm wichtig, und deren Verwendung scheint geradezu ein Volkssport zu sein. Besonders bei offiziellen Kontakten geht es mitunter »österreichisch« zu. Titel machen eben Leute – und diese werden natürlich in Portugal auch dann hinterhergeschmissen, wenn das Gegenüber gar keinen solchen besitzt. Da reicht es aus, wenn jemand studiert hat. Oder nur so tut – eine Krawatte trägt oder sonst irgendwie wichtig erscheint.

Über 200 Millionen träumen auf Portugiesisch

Die noch immer anhaltende (internationale) Geringschätzung ihrer Sprache setzt vielen Portugiesen zu. Und das zu Recht: Schließlich wird sie von schätzungsweise fast 250 Millionen Menschen auf vier Kontinenten gesprochen! Oder wie es in dem preisgekrönten Dokumentarfilm »*Língua, Vidas em Português*« (2001) des in Brasilien lebenden Mosambikaners Victor Lopes heißt: »*Toda noite, duzentos milhões de pessoas sonham em português«* – »Jede Nacht träumen 200 Millionen Menschen auf Portugiesisch.« Es wird also nicht nur auf Portugiesisch geredet, sondern auch geträumt, imaginiert, es werden Wünsche, Hoffnungen, Befürchtungen gehegt, auf Portugiesisch wird gesungen, geliebt, getrauert, es wird nachgedacht, gelehrt und geforscht und nicht zuletzt geschrieben, wie es der deutsche Romanist und Leiter der Portugiesisch-Brasilianischen Abteilung am Seminar für Übersetzen und Dolmetschen der Universität Heidelberg, Thomas Sträter, formuliert hat. Laut des Instituto Camões – eine staatliche Kulturinstitution, die zur Förderung der portugiesischen Sprache und Kultur gegründet wurde – wird Portugiesisch derzeit weltweit von 244 Millionen Menschen gesprochen und liegt damit auf Platz sechs der am meisten gesprochenen Sprachen der Welt. Es ist die offizielle Sprache in den acht Ländern, die die Gemeinschaft der portugiesischsprachigen Länder (*Comunidade dos Países de Língua Portuguesa*) ausmachen: Angola (19,8 Millionen Einwohner), Brasilien (194,9 Millionen), Cabo Verde (496 000), Guinea-Bissau (1,5 Millionen), Mosambik (23,3 Millionen), Portugal (10,6 Millionen), São Tomé und Príncipe (165 000) und Osttimor (1,1 Millionen). Jedoch wird nur in den beiden Fällen Portugal und Brasilien die gesamte Bevölkerung als portugiesischsprechend angenommen und dementsprechend in diese Zahlen miteinberechnet. In Osttimor beispielsweise sprechen nur 10, höchstens 20 Prozent der Bewohner Portugiesisch, in Guinea-Bissau sind es ein wenig mehr als die Hälfte (57 Prozent), in Mosambik 60 Prozent, Angola 70 Prozent, auf Cabo Verde 87 Prozent und in São Tomé und Príncipe immerhin 91 Prozent. Darüber hinaus darf man die große Diaspora nicht vergessen, die zusammen fast zehn Millionen Sprecher ausmacht: darunter – nach Daten von 2010 – um die 5 Millionen portugiesische Emigranten, die überall auf der Welt verstreut sind (in Europa besonders in Frankreich, Luxemburg und in der Schweiz), und circa drei Millionen ausgewanderte Brasilianer. Zu bedenken sind auch noch die vielen Orte, an denen die Portugiesen im Laufe der Geschichte vorbeigekommen sind und in denen Portugiesisch noch teilweise gesprochen wird, wie Macau (China), Goa (Indien) oder Malakka (Malaysia). Nach Schätzungen der portugiesischen Regierung unter Berücksichtigung demografischer Trends wird sich die Zahl der Portugiesisch sprechenden Menschen in der Welt bis 2050 voraussichtlich auf 335 Millionen erhöhen.

Gerade aufgrund des großen wirtschaftlichen Einflusses Brasiliens, wo die meisten Muttersprachler beheimatet sind, erfreut sich die Sprache auch in Lateinamerika (vor allem in Argentinien, Bolivien, Paraguay und Uruguay) immer größerer Beliebtheit. Selbst in China hat sich schon vor einiger Zeit ein kleiner »Portugiesischboom« entwickelt, denn viele chinesische Firmen sind in den rohstoffreichen Ländern Afrikas äußerst aktiv. Und wer in Mosambik oder Angola Erfolg haben möchte, muss die offizielle Sprache beherrschen.

Mit 82,5 Millionen Sprechern oder Schreibern gehört Portugiesisch zudem zu den wichtigsten Sprachen im Internet. Laut den im Mai 2013 veröffentlichten Zahlen der Internationalen Fernmeldeunion rangiert Portugiesisch an fünfter Stelle der meistverwendeten Sprachen im weltweiten Netz – hinter Japanisch (99 Millionen), Spanisch (165 Millionen,) Chinesisch (510 Millionen) und der unangefochtenen Nummer eins Englisch mit 565 Millionen. Was die Facebook- und Twitter-Benutzung angeht, ist Portugiesisch sogar schon auf Platz drei. Ein Kunststück, das laut dieser Sonderorganisation der UN vor allem dem Ausbau des Internets in Brasilien über die letzten zehn Jahre hinweg geschuldet ist.

Trotzdem wird das Portugiesische immer noch als vergleichsweise unbedeutende Sprache wahrgenommen. Die Nichtachtung ihrer Sprache ist den Portugiesen jedoch nicht nur ein Graus. Zum Teil finden sie diese linguistische Sonderstellung auch schmeichelhaft. Es macht sie schließlich zu etwas Besonderem. Und die Unbekanntheit bringt auch Vorteile für die ausländischen Besucher mit sich: Genau wie andere Völker mit wenig bekannten Sprachen haben Portugiesen eine besondere Sprachgewandtheit entwickelt. Ein Ausländer kommt durchaus mit Englisch, Französisch oder sogar Spanisch über die Runden. Selbst wenn sie die Sprache nicht beherrschen, so haben doch viele Portugiesen, besonders die jüngere Generation, mittelgute bis gute Englischkenntnisse. Ein Grund dafür ist, dass das portugiesische Fernsehen englische und anderssprachige Originale lediglich untertitelt und sich so ein akustisches Fremdsprachenverständnis der Zuschauer von klein auf heranbilden kann. Übrigens ist dies kein Akt der Breitenbildung, sondern geschieht nur, weil die Synchronisierung (wie sie in Spanien, aber auch in Deutschland üblich ist) einfach viel zu teuer ist.

Bei fremdländischen Fernsehfilmen und Serien kommen natürlich manche ältere Portugiesen nicht mit, weil viele entweder keine oder nur mangelhafte Schulausbildung genossen haben und die Untertitel nicht lesen können. Zu lange wurde in Portugal die Bildung sträflich vernachlässigt, besonders unter der fast 50-jährigen Diktatur (1926–1974). Dies geschah übrigens sehr bewusst und kam Diktator António Oliveira de Salazar natürlich zugute, denn ein ungebildetes, armes Volk, welches in Unwissenheit und Unmündigkeit gehalten wird, duckt sich mehr und muckt weniger. Erst Anfang der 1970er Jahre des 20. Jahrhunderts wurde die Schulpflicht von vier auf sechs, in den 1980ern auf neun und ab 2009 schließlich auf zwölf Jahre verlängert.

Warum sind viele Portugiesen, auch der älteren Generation, welche die Schulbank entweder gar nicht oder kaum gedrückt hat, dann trotzdem mitunter erstaunlich sprachgewandt? Der Grund heißt Emigration: Portugal war schon immer ein Land der Auswanderer: In den 1960er und 1970er Jahren verließen mehr als eine Million Portugiesen ihre Heimat, um der Diktatur zu entfliehen, oder zogen auf der Suche nach Arbeit gen Norden. Dort angekommen, musste man sich irgendwie (nicht nur sprachlich) durchschlagen. Und die Überbleibsel dieser Auswanderung kommen eben der Verständigung auch heute noch zugute. Außerdem hat man in Portugals Schulen seit jeher großen Wert auf Sprache gelegt: Während Französisch früher die erste Fremdsprache war, ist es heute Englisch, welches man schon in frühen Kindesjahren auf den Grundschulbänken lernt. Lustiger- bzw. ganz typischerweise wird Spanisch, also die Sprache, die gleich nebenan gesprochen wird, zwar schon an vielen Schulen als Fremdsprache unterrichtet, sonst aber kaum und wenn, dann eher gering geschätzt. Wenn dem Fremden die Sprachbarriere in Portugal trotzdem unüberwindbar erscheint, wird mit portugiesischer Spontanität und Improvisationstalent erfunden, erdichtet und gestikuliert, was das Zeug hält. Irgendwie wird man sich schon verständigen. Keine Sorge!

Kleines Land, große Kontraste
(561 mal 218 Kilometer)

Hauptstadt und Land:
Der Rest ist bei weitem nicht nur Landschaft

»Heute liebe ich nur noch ein Fleckchen Erde,
umsäumt von Meer.«
(Miguel Torga, »Pátria«)

»Portugal é Lisboa e o resto é paisagem« – »Portugal ist Lissabon, und der Rest ist Landschaft« ist eine Beschreibung des Romantikers Eça de Queirós aus dem 19. Jahrhundert, eine Volksweisheit, die insbesondere in der Hauptstadt zu hören ist, die man aber in Nordportugal, vor allem in der zweitwichtigsten Stadt, dem stolzen Porto, selbstverständlich nicht teilt.

Obgleich sich seit den Zeiten des zeitlosen Eça de Queirós (1845–1900) in Portugal viel getan und verändert hat, verdeutlicht das Zitat doch noch ziemlich gut den Gegensatz und die Entwicklungsasymmetrie zwischen Nord-, Mittel und Südportugal, den teils chaotisch zugewachsenen Städten und Vorstädten am westlichen Küstenstreifen und dem entvölkerten und armen Landesinneren im Osten. Und es ist Fakt, dass die »alte Dame am Tejo« tatsächlich die Fäden in der Hand hält. Im Ballungsraum rund um die Hauptstadt leben nicht nur um die 2,6 Millionen Menschen (ein Viertel der Gesamtbevölkerung Portugals), Lissabon ist auch die pulsierende, politisch, wirtschaftlich und kulturell alles beherrschende Metropole – zudem eine der schönsten und kontrastreichsten Europas. Weiter westlich vom Mündungstrichter des Tejo, in Richtung des offenen Atlantiks, liegen die bekannten Seebäder Estoril und Cascais.

Kurz dahinter findet man neben wunderschönen wilden Stränden wie Guincho und der prächtigen Serra de Sintra (und gleichnamigem Traumstädtchen mit Märchenschlössern) den Cabo da Roca, den westlichsten Punkt Kontinentaleuropas, da »wo das Land endet und das Meer beginnt«, wie es Nationaldichter Luís Vaz de Camões im 16. Jahrhundert pries. Doch der Rest des Landes (und da haben die da oben, im eigensinnigen Nordportugal, natürlich recht) hat sehr viel zu bieten und ist bei weitem nicht nur »Landschaft«.

Obwohl Portugal flächenmäßig gerade doppelt so groß wie Niedersachsen ist, verbirgt sich in diesem »am Meer gesäten Garten« (*jardim à beira-mar plantado* – wie sich die Portugiesen gern ironisch-kritisch auf ihre atlantische Heimat beziehen) ein ungeahntes und erstaunliches Mosaik an Menschen, Traditionen und Landschaften. Würde irgendjemand von der grünen, hügeligen Nordprovinz Minho mit ihrer üppig-saftigen Vegetation auf einmal in die trockenen und kargen Weiten der Südprovinz Alentejo transportiert werden, so würde er unweigerlich annehmen müssen, die zurückgelegte Strecke sei um ein Vielfaches höher, als es eigentlich der Fall ist. Zu dieser Überlegung fühlte sich jedenfalls der portugiesische Schriftsteller Ramalho Ortigão (1836–1915) angesichts des landschaftlichen Kaleidoskops Portugals inspiriert.

Im satten Kontrast zu dieser territorialen und klimatischen Vielfalt steht die politische und sprachliche Einheit des Landes. Das fast 900 Jahre alte Portugal ist einer der ältesten Nationalstaaten Europas und kann sich auch der ältesten stabilen Staatsgrenze rühmen. Während andere Länder expandierten, schrumpften oder verschwanden, haben sich Portugals Landesgrenzen seit dem 13. Jahrhundert nur minimal verändert. Und das, obwohl es vielerorts keine natürlichen Grenzen gibt, die klare Verhältnisse schaffen (wie z. B. die Grenzflüsse Minho oder Guadiana), und Portugals unterschiedliche Regionen zum Teil landschaftlich »eher den benachbarten spanischen Provinzen gleichen als den eigenen im Lande«, wie der Journalist Barry Hatton es so treffend in seinem Buch *Os Portugueses* beschreibt.

Das Alentejo gleicht vielmehr der spanischen Extremadura, die südliche Algarve ähnelt Andalusien – und das Minho im Nordwesten sieht fast so aus wie Galicien, die sowieso »portugiesischste« Provinz Spaniens, mit der sprachlich, kulturell und wirtschaftlich seit jeher enge Beziehungen bestehen. Und dennoch: Portugal bildet seit Jahrhunderten eine territoriale, kulturelle und sprachliche Einheit, die jeder einzelne Portugiese trotz alltäglicher kritischer und sogar abfälliger Kommentare über die Heimat mit Zähnen und Klauen verteidigt – ein einheitlich-gelebtes Ganzes, welches vielleicht deshalb schon so lange besteht, weil es nicht aus politischem Druck, sondern aus dem tiefsten Willen des lusitanischen Volkes entstanden ist. Ein Portugiese, komme er aus Boticas in der abgelegenen nördlichen Provinz Trás-os-Montes oder aus Arraiolos im spärlich besiedelten und trockenen Alentejo, fühlt sich auch als solcher. Denn er ist Teil einer labyrinthischen Geschichte, einer Abfolge von Abenteuern, Eroberungen und Schicksalsschlägen, einer gemeinsamen Religion und Sprache, die eine tief verwurzelte lusitanische Identität geformt haben.

Natürlich gibt es Unterschiede, etliche Attribute und Charakterzüge, die einen *transmontano* von einem *alentejano*, oder einen *minhoto* von einem *beirão* unterscheiden. Und jeder pflegt mit Stolz die eigenen Traditionen, verteidigt die regionspezifischen Eigenarten und bezeichnet seinen Geburtsort als den ohnehin schönsten Flecken Portugals. Dennoch ist die rot-grüne Landesflagge dieselbe und wenn es um das »geliebte Vaterland« geht, kennen die sonst eher individualistisch gesinnten Lusitaner nichts; dann einen sie sich, halten zusammen und solidarisieren sich untereinander, wie auf ein geheimes Kommando. Doch dieses Gefühl des Zusammenhalts und der Einheit verfliegt meistens rasch wieder oder äußert sich eben nur bei Unterstützung der Fußballnationalmannschaft, die sowieso die beste in Europa ist und den schönsten, technisch-ästhetischsten Fußball spielt (allzu oft aber leider nur immer in entscheidenden Momenten verliert). Besonders zum Ausdruck kam dieser solidarische Patriotismus während der Fußball-Europameisterschaft 2004, als die portugiesische Flagge fast jede Wohnung und jedes Haus im Lande schmückte. Meist wurde sie, ganz im Sinne eines neuen Nationalbewusstseins, lange nach der bitteren Niederlage im Finale gegen die Griechen belassen.

Verbunden fühlen sich die Portugiesen auch im gemeinsamen Empfinden, anders als der Rest Europas zu ticken. Sie teilen die Ansicht, dass Nichtportugiesen ihre »lusitanische Eigenart« nicht verstehen – ja nicht einmal nachempfinden können. Portugal sei, so wird gern behauptet, einfach – anders. Es ist auf jeden Fall kein Land, welches sich in ein paar Zeilen entschlüsseln lässt. Obwohl es das beliebte Sprichwort »Braga betet, Porto arbeitet, Coimbra singt und Lissabon feiert« schon irgendwie auf den Punkt bringt (wenn auch nur grob). Es ist ein Land der Kontraste und Gegensätze. Und es sind eben diese Nuancen, all die unterschiedlichen Regionen und Menschen, die ineinanderfließen und diesen schmalen Landstreifen am Außenrand Europas so einmalig in seiner Art machen.

Im eigenwilligen, stark katholischen und wettertechnisch kühleren Norden spürt man eine ganz bestimmte Heiterkeit und Lebenslust, die Menschen scheinen spontaner und offener, das Miteinander einfacher zu sein. Das merkt man im Minho an der herzhaft-melodischen Aussprache seiner Menschen, immer frech-fröhlich gewürzt mit einer Unmenge von Flüchen und Schimpfwörtern, aber besonders auch im selbstbewussten und traditionsreichen Porto, wo sich diese Sprache großer Beliebtheit erfreut und Schimpf-, Schmäh- und Schmutzwörter wie Kommata eingestreut werden. Diese sprachliche Eigenheit legen die *nortenhos* (Nordportugiesen) selbstverständlich nirgendwo im Land ab, denn sie sehen sich als die wahren *lusitanos* an. Und ihren Norden, wo das historische Herz des Landes schlägt, ohnehin als das authentische und ursprüngliche Portugal, wo die Traditionen immer noch das sind, was sie einmal waren. Den Menschen an der Nordküste sagt man außerdem nach, sie seien heißblütiger und scheinen schneller den Kopf zu verlieren. Zugleich bezeichnet man diese liebenswürdigen Berserker als sehr arbeitsam, fleißig und stark unternehmerisch.

Attribute, die die Nordportugiesen ihren südlichen Landsleuten gern absprechen: Bissige Zungen munkeln sogar, dass im Norden gearbeitet und im Süden (besonders in Lissabon) gelebt und das Geld ausgegeben werde: »*O Porto trabalha e Lisboa diverte-se.*« Und zumindest der Erfolg gibt ihnen recht, denn der Großraum Porto ist wichtigster Industriestandort und gilt als das produktive Zentrum des Landes. Ferner wird behauptet, dass man im Norden am besten esse, und vielleicht stimmt das auch. Kaum zu verneinen ist, dass in vielen einfachen Restaurants eine normale Portion locker für zwei oder drei Personen reicht. Einem Menschen aus der zentralen Beiras-Region oder aus der im äußersten Nordosten gelegenen Provinz Trás-os-Montes wird nachgesagt, er sei hart im Nehmen und kantig wie die bergigen und kargen Granitlandschaften, die er bewohnt und die seinen Charakter über Jahrhunderte geformt haben – jemand, der gelernt habe, sich mit dem, was er hat und was ihm gegeben wurde, durchzuschlagen.

Seit jeher leben vor allem die *transmontanos* weit weg vom lebenspendenden Meer, eingerahmt von mächtigen Bergen und Kluften. Das habe sie widerstandsfähig und robust – aber auch etwas misstrauisch gemacht. Doch dieses stark von Traditionen geprägte »Bergvolk« wird auch als sanft und herzlich beschrieben – und soll von einer beispiellosen Ehrlichkeit sein.

Dem *alentejano* wird nachgesagt, er sei von Natur aus demütig, geformt von der Härte jahrhundertelanger Knechtschaft als Landarbeiter oder Tagelöhner; gebrannt durch die sengende Hitze des Alentejos. Diese Demut sei seine Stärke, ebenso seine Beharrlichkeit. Sie sind gemächlich, die *alentejanos*, und lassen sich nie aus dem eigenen Rhythmus bringen. Die tausend Witze, die über sie gerissen werden (besonders wegen ihrer angeblichen Trägheit), lassen sie kalt. Sie werden oft als faul oder vertrottelt beschrieben, sind aber in Wirklichkeit hart arbeitende Menschen, die die größten Widrigkeiten ohne Murren ertragen. Und wie es diejenigen gibt, die sagen, dass man im Norden am besten esse, so gibt es auch andere, die meinen, dass man in den Weiten des Alentejos den wohl besten Wein finde.

Sonne und Klima: Die meteorologischen Argumente

Der Kern des portugiesischen Territoriums liegt im äußersten Westen der Iberischen Halbinsel und schließt ferner die Archipele von Madeira und den Azoren im Atlantischen Ozean mit ein (autonome Regionen mit eigenem Parlament und Regierung). Es breitet sich insgesamt über 92 094 Quadratkilometer aus, auf denen 10,6 Millionen Einwohner leben. Auf dem europäischen Festland erstreckt es sich über eine Fläche von 88 889 Quadratkilometern (mit einer Breite von 218 km sowie einer Länge von 561 km) und einen Küstenabschnitt von 832 Kilometern. Die gemeinsame Grenze mit Spanien führt über 1215 Kilometer entlang.

Portugal wird zentralistisch regiert und ist auf dem Festland politisch in 18 administrative Distrikte unterteilt. Doch bei den Einheimischen ist die Einteilung in elf alte Provinzen geläufiger. Von Norden nach Süden betrachtet sind das: Minho, Trásos-Montes e Alto Douro, Douro Litoral, Beira Litoral, Beira Alta, Beira Baixa, Estremadura, Ribatejo, Alto Alentejo, Baixo Alentejo und Algarve. Die Inselgruppe der Azoren, die mitten im Atlantik zwischen Europa und Amerika liegt, besteht aus neun Inseln, die sich in drei Gruppen aufteilen (östlich, zentral, westlich). Nach Portugal, dem nächstgelegenen Festland, sind es rund 1500 Kilometer – westlich stößt man nach etwa 3600 Kilometern auf den amerikanischen Kontinent. Die neun Inseln vulkanischen Ursprungs verteilen sich über ein Seegebiet, das etwa so groß ist wie das portugiesische Festland, mit einer Diagonalen von rund 600 Kilometern (zwischen der östlichsten Insel, Santa Maria, und dem westlichsten Eiland Flores). Weiter südlich, 900 Kilometer vom kontinentalen Portugal und 600 Kilometer von der marokkanischen Küste entfernt, liegt das »Holzinsel-Archipel«. Dieses setzt sich aus den bewohnten Inseln Madeira und Porto Santo sowie aus den unbewohnten kleineren Inseln Desertas und Selvagens zusammen.

Im Allgemeinen weisen die Städte an Portugals Festlandküste eine höhere Bevölkerungsdichte auf. Am dichtesten besiedelt zeigt sich der Küstenstreifen zwischen Viana do Castelo (80 Kilometer nördlich von Porto) und der Hafenstadt Setúbal, 50 Kilometer südlich von Lissabon; an der 150 Kilometer langen Küste der Algarve ist es die Gegend zwischen Lagos und dem östlichen Vila Real de Santo António.

Die sonnige Südregion braucht keine Reklame mehr. Viele Besucher sehen von Portugal nichts anderes als dieses Gestade. Massen- und Pauschaltourismus, Bausünden, Zersiedelung, Zweitsprache Englisch: So kann man besonders den circa 90 Kilometer umfassenden Abschnitt ab Lagos über Portimão und Albufeira bis etwa Faro beschreiben. Selbst schuld, wenn man da verharrt. Es ist noch nicht so fürchterlich wie an der spanischen Costa Blanca, aber man arbeitet kräftig dran, was besonders an Orten wie Quarteira oder Armação de Pêra deutlich wird. Durchaus gibt es an der südlichen Sandsteinküste immer wieder kleine versteckte Naturwunder, die zu besuchen sich lohnt: Kliffs, Seegrotten und kleine Buchten am Fuße ockerfarbener Felsen, die im Vergleich doch eher wenig besucht sind. Einen Abstecher lohnen aber besonders die westlichste Küste (je mehr man sich in Richtung Sagres orientiert, desto ursprünglicher wird die Algarve) und der Osten, vor allem ab dem Naturschutzgebiet Ria Formosa – eine Wattenmeerküste mit vorgelagerten Inseln, die sich von Faro bis Tavira ausdehnt. Unübertroffen aber bleibt der 1995 errichtete Parque Natural do Sudoeste Alentejano e Costa Vicentina, das größte Küstenschutzgebiet Portugals. Die fast 75 000 Hektar große Schutzfläche, die sich von der Stadtgrenze der Hafenstadt Sines (160 Kilometer von Lissabon) bis hin zur südlichen Westalgarve-Küste erstreckt, ist mit ihren breiten, rauen und menschenleeren Stränden, schroffen Steilklippen und wilden Dünenlandschaften wohl einer der schönsten Küstenstreifen Europas.

Die höchste Bevölkerungsdichte Portugals mit 1580 Einwohnern pro Quadratkilometer weist der Agglomerationsraum von Porto auf (wo etwa 1,6 Millionen Menschen leben), dicht gefolgt vom Ballungsraum der Hauptstadt Lissabon (1484 Einwohner/km²). Das restliche Portugal zeigt sich eher dünn besiedelt, besonders in der zentral gelegenen Beira Interior und den südlichen Subregionen Alto Alentejo, Alentejo Litoral und Baixo Alentejo, wo gerade mal 15 bis 20 Einwohner pro Quadratkilometer leben.

Das Klima in den einzelnen Regionen auf dem Festland wird durch das Landschaftsprofil, den Breitengrad und die Nähe zum Meer beeinflusst. Im Allgemeinen überwiegt in Portugal ein gemäßigtes Klima, welches von atlantischen, kontinentalen und mediterranen Einflüssen geprägt wird. Die Unterschiede zwischen Nord und Süd, der Küste im Westen und dem Landesinneren im Osten können aber zu bestimmten Jahreszeiten doch recht ordentlich sein. Der Norden Portugals verzeichnet die höchste Niederschlagsmenge und die niedrigsten durchschnittlichen Jahrestemperaturen, aber es ist im Landesinneren, wo sich die größten Temperaturunterschiede bemerkbar machen: »*Noves meses de inverno e três meses de inferno*«, das heißt übersetzt so viel wie »neun Monate Winter und drei Monate Hölle«. Dieses Sprichwort drückt all das aus, was es über das Klima in der östlich gelegenen, rauen, bergigen Provinz Trás-os-Montes (sprichwörtlich: »Hinter den Bergen«) zu sagen gibt: Denn im Sommer kann dort das Thermometer weit über 40 Grad anzeigen und in den langen, mitunter verschneiten Wintermonaten deutlich unter null. In dieser dem Meer abgewandten Seite Nordportugals fällt die Vegetation bedeutend weniger üppig aus als im Minho und wird umso spärlicher, je mehr man sich östlich der Grenze zu Spanien nähert.

Ein milderes Klima herrscht im südlich angrenzenden Douro-Tal, wo an den beeindruckenden Steilhängen des Alto Douro Vinhateiro die Trauben für exzellente Weine reifen; unter anderem natürlich auch für den weltberühmten Portwein. Die Region um den Fluss Douro wurde 1999 nicht nur von der UNESCO als unersetzliche Kulturlandschaft ausgezeichnet, sondern ist die älteste markierte Weingegend der Welt: Diese offizielle Bezeichnung erhielt sie bereits im Jahre 1756.

Auch kalt kann es in der Region Beira (Zentralportugal) werden, wo auch die Serra de Estrela, der höchste Gipfel Kontinentalportugals (1991 m) liegt. Höchster Berg Portugals ist der Pico (2351 m) auf der gleichnamigen Azoren-Insel. Aber wer denkt, dass man an der Küste nicht friert, der irrt. Denn die Feuchtigkeit des Atlantiks (die so schön in die Klamotten einzieht) und der Wind sorgen dafür, dass die gefühlte Temperatur nicht unbedingt mit dem Thermometer übereinstimmt. Im Sommer ist dafür die Hitze am atlantischen Küstenstreifen aufgrund der eigentlich immer wehenden Meeresbrise moderat, obgleich die Temperaturen – auch in Lissabon – schon mal die 40 Grad übertreffen können (der südliche Teil Portugals ist im Durchschnitt heißer). Und wenn die besagte Brise mal ausbleibt, dann kann es schon ziemlich unangenehm werden.

Dreht man das oben genannte Sprichwort um, so landet man in der südlich gelegenen und meist trockenen Provinz Alentejo, denn da bezieht sich die »Hölle« auf die langen Sommermonate und auf den zwar kurzen, aber auch kalten Winter. Das elementare Problem im Alentejo heißt ständige Wasserknappheit. Ganz anders im Minho, denn in dieser kleinbäuerlichen Region, im hohen Nordwesten, regnet es so viel wie sonst nirgendwo auf der Iberischen Halbinsel. Dementsprechend ist in dieser Provinz alles schön auf Saftgrün getrimmt – sogar der Wein. Hier liegt auch der Nationalpark Peneda-Gerês, das bedeutendste Schutzgebiet des Landes und eindeutig eine der landschaftlich schönsten Gegenden Portugals.

Man sagt, Portugal sei ein »kaltes Land mit einer heißen Sonne«; und tatsächlich scheint sie in Portugal heißer zu sein als anderswo. Beweise für diese fast anmaßende Behauptung kenne ich keine, aber eine Sonne, die eigentlich das ganze Jahr über scheint und wärmt, ist einer der Vorzüge Portugals. An der Algarve, die circa 3000 Sonnenstunden im Jahr sammelt, kommt das ganz besonders zur Geltung. Immerhin gilt sie als eine der sonnenreichsten Regionen Europas, wo ein angenehmes und ausgeglichenes Klima die Luft- und Wassertemperatur selbst im Winter mild erscheinen lässt. Im Herbst genießt man eigentlich in ganz Portugal noch zahlreiche sonnige Tage mit milden Temperaturen, die auch noch tagsüber die 20-Grad-Marke umspielen: Wenn Ende September in Nord- und Mitteleuropa die Zähne zu klappern anfangen, sitzt man in Lissabon meist noch Ende Oktober – manchmal sogar noch im November – im T-Shirt an einer schönen Esplanade am Meer oder auf einer der zahlreichen *miradouros* (Aussichtsterrassen) und macht sich lustig über die Temperaturen auf der Wetterkarte Europas. Endlich ein Grund, gegenüber Europa zu brillieren, freut sich da ein jeder. Auf ihr Klima sind die Portugiesen stolz. Schließlich könne ihnen das, so der augenzwinkernde Tenor, keiner wegnehmen. Sie wissen: Das haben sie den durchschnittlichen Kontinentaleuropäern voraus.

»Liebeserklärungen« zwischen Nord und Süd

»Sollte ich Sie beleidigt haben,
dann würde mich das aufrichtig freuen.«
(Laurence Sterne)

Die Rivalität zwischen Lissabon und Porto ist eine Grundkonstante, und sie fängt des Öfteren unmittelbar nach der Geburt an – wenn z. B. fußballbesessene Männer (und Frauen!) anstatt zum Pfarrer gleich mal zum Lieblingsverein spurten, um ihre Sprösslinge als neues Mitglied einzuschreiben. Wenn man – kaum geboren – einmal den rot-weißen *águias* (Adler) des Traditionsclubs Benfica Lissabon oder den blau-weißen *dragões* (Drachen) des FC Porto trägt, dann ist eigentlich nicht mehr viel zu machen: Die Chance, dass man sich wenigstens auf dem Rasen bis ans Lebensende hassen und beschimpfen wird, ist groß. Immerhin haben diese beiden Vereine in den letzten Dekaden die Meistertitel unter sich ausgemacht. Und trotz des Rekordmeisterstatus hat Benfica in den vergangenen Jahren eigentlich immer den Kürzeren gezogen und sich – so spotten böse Zungen aus dem Lager des FC Porto – seiner neuen Lieblingsbeschäftigung gewidmet: dem Abstauben seiner Pokale.

Fußball ist in Portugal mehr als eine Glaubensfrage, und ist man einmal im Verein eingeschrieben, gilt dies lebenslänglich. Waghalsige Aussteiger oder Überläufer riskieren nicht nur Selbstjustiz und Lynchmorde, zuhause wird mindestens der Haussegen schiefhängen, und im schlimmsten Fall hat man ein paar Herzinfarkte auf dem Gewissen. Natürlich gibt es auch noch einige andere Vereine im fußballverrückten Portugal, doch der Hass und Abscheu, die *benfiquistas* gegenüber dem nördlichen Konkurrenten aufbringen, sind nur vergleichbar mit dem, was sie gegenüber den in Grün spielenden *leões* (Löwen) von Sporting Lissabon fühlen, den Lokalrivalen aus der Hauptstadt.

Die Rivalität zwischen Sporting und Benfica begrenzt sich nur auf den Fußballplatz, bei Benfica und Porto aber ist sie allumfassend, denn es geht um einen Nord-Süd-Vergleich allgemeiner Natur. Diese Rivalität findet sich auch in der Politik und in nahezu allen anderen Bereichen des öffentlichen Lebens. Das Gezänk zwischen der zweitgrößten Stadt Portugals (die sich auch gern als heimliche Hauptstadt bezeichnet) und der tatsächlichen Hauptstadt am Tejo ist genauso umfassend und kunterbunt wie die ständigen Liebeserklärungen und abwertenden Kosenamen es sind, die man sich – wann immer man kann – entgegenschleudert. Die Beispiele, die jetzt folgen, sind bei weitem nicht die schlimmsten: Besonders die Lissabonner (aber eigentlich der ganze Süden) nennen die Portuenser *tripeiros,* was so viel heißt wie Innereienfresser. Der Name geht auf eine Begebenheit aus dem 15. Jahrhundert zurück: Als Heinrich der Seefahrer mit der Eroberung von Ceuta (1415) beginnen wollte, brauchte er für sein maritimes Unterfangen reichlich Essen an Bord, und so gaben die Bürger Portos ihren Seeleuten alles Fleisch der Stadt mit auf die Schiffe. Für die Daheimgebliebenen blieben nur die Innereien, die auch heute noch in ganz Nordportugal, aber besonders im Raum Porto sehr geschätzt werden und als Spezialitäten gelten (*Tripas à moda do Porto*).

Im Gegenzug erhalten die Lissabonner im besten Falle den abschätzigen Kosenamen *mouros* (Mauren) oder aber auch *al-*

facinhas (die Verniedlichungsform des Substantivs *alface*, also Salat, was *alfacinhas* so viel bedeuten lässt wie Salatköpfe bzw. Salatköpfchen). Zum letzteren Kosenamen sei aber gesagt, dass sich Lissabonner durchaus auch mit Stolz selbst so nennen, zugegeben in einer wesentlich anderen Tonlage und mit einer ganz andcren Bedeutung. Kein Mensch weiß genau, wie es zu dieser Bezeichnung gekommen ist. Manche behaupten, es habe mit der angeblichen Vorliebe der Lissabonner (im Gegensatz zu den Kannibalen im Norden) für die grünen Korbblütler zu tun, die die Mauren nach Lissabon gebracht haben und die fort-an überall angebaut wurden. Genannt wurde der Salat *al-khaç*, woraus sich *alface* ableitete, und er soll nicht nur als Lebens-mittel, sondern auch als Medizin gedient haben. Ferner wird die Geschichte erzählt, dass sich die Lissabon haltenden Mau-ren während einer Belagerung im Zuge der christlichen Rück-eroberung Portugals über Wochen hinweg nur von Salatköpfen ernährt haben sollen – was ihnen geholfen habe, die Blockade zu überstehen.

Wie dem auch sei: Der Dichter, Dramaturg und Politiker Al-meida Garrett, der im Portugal des 19. Jahrhunderts eine der facettenreichsten Personen des kulturellen Lebens darstellte, prägte den Begriff *alfacinha* in seinem viel beachteten Haupt-werk »Reisen in meinem Lande« (1846). Andere portugiesische Schriftsteller wie Aquilino Ribeiro (1885–1963) oder der Lyri-ker, Erzähler und Tagebuchschreiber Miguel Torga (1907–1995) benutzten ihn fortan, um die *lisboetas* zu bezeichnen.

Worum es bei dieser (teilweise auch eher fiktiven) histori-schen Rivalität zwischen Lissabon und Porto genau geht, ist nicht einfach zu beschreiben. Unterschiedliche historische und kulturelle Umstände prägten die Eigenheiten beider Städte, und das Hauptargument lautet stets: Man ist einfach zu verschieden.

Porto sieht sich als eine Stadt der Arbeit, der Innovation und unternehmerischer Initiative (und tatsächlich ist zwar nicht die Stadt selbst, aber ihr Einzugsbereich der wichtigste Industrie-standort und somit das produktive Zentrum des Landes). Petro-chemie, Stahl- und Metallindustrie, Textil- und Möbelfabriken und einer der größten und wichtigsten Häfen im Lande (Porto de Leixões) sprechen für sich. Deswegen erinnern die geschäftigen Portuenser die arroganten und alles beherrschenden Lissabonner gern daran, dass in ihrer Stadt – wo sich seit jeher das geschäftige Handelszentrum, die florierendsten Industrien und die erfolgreichsten Mittelstandsbetriebe befinden – das Geld verdient wird, welches die aufgeblasenen, ineffizienten und bürokratischen Verwaltungsbehörden in der Hauptstadt dann wieder verjubeln.

Ohne Porto, so sagen dessen Bewohner, würde in Portugal sowieso nichts laufen, ganz nach dem Motto: Wenn Lissabon noch schnarcht und sich womöglich noch vom Feiern erholt, sitzt Porto schon beim Frühstück und bereitet sich auf einen neuen harten Arbeitstag vor. Also solle sich die »alte Dame am Tejo« auch nicht so aufspielen und das Herumkommandieren sein lassen, immerhin lebe sie mehr als gut auf Portos Kosten.

Eine Ansicht, mit der die Lissabonner natürlich nicht übereinstimmen und die sie einfach als dummes, aufmüpfiges Gequatsche von jemandem abstempeln, der sich eben nicht mit dem zweiten Platz zufriedengibt. Früher, als sie den Kontrahenten aus dem Norden ein bisschen piesacken wollten, machten sie Scherze über die – ihrer Meinung nach – sehr bezeichnende alte Telefonvorwahl Portos. »Hattet ihr die 01? Ach nein, das waren ja wir. Dann müsst ihr wohl die 02 sein, oder?« So in etwa.

Im Oktober 1999 wurden dann die Vorwahlen in Portugal geändert, und aus Portos 02 wurde die Vorwahl 22, während Lissabon die 21 zugeteilt wurde. Damit ging der Witz ein bisschen verloren, aber an einen Mangel an Spottmöglichkeiten ist gar nicht zu denken! Da ist man sehr kreativ. Die Portuenser sehen sich zudem als die echten Portugiesen an und erinnern daran, dass ihre Stadt (die frühere römische Siedlung Portus mit dem gegenüberliegenden Cale, dem heutigen Vila Nova de Gaia) Portugal den Namen gegeben hat und, während Lissabon und der ganze Süden noch von den Mauren besetzt waren, sich das kämpferische und rebellische Porto schon lange selbst regiert hat. *Cidade Invicta*, die Unbesiegbare, nennen die

Portuenser ihre Hafenstadt stolz, weil sich diese in der Vergangenheit immer erfolgreich gegen Belagerungen wehren konnte. Und noch ein Grund, um stolz zu sein: In keiner anderen Stadt stritten die Bürger so heftig für liberale Freiheiten wie in der Nordmetropole, denn es war durchaus auch ein Aufstand der Offiziere in Porto 1820, mit dem die bürgerlich liberale Revolution von 1820–23 begann.

Die Bewohner der nördlichen Kaufmannsstadt bezeichnen sich außerdem als traditionsreicher und mit stärkerer Identität ausgestattet als die Bewohner der Mischlingsstadt Lissabon. Zudem sei ihre lebendige, weltoffene und selbstbewusste Stadt an der Atlantikmündung des Douro sowieso Portugals schönste, mit ihren herrschaftlichen barocken Bauwerken, dem pittoresken Altstadtviertel Ribeira (seit 1996 Weltkulturerbe der UNESCO), den gewundenen Gassen und stählernen Brücken. Nicht wegzudenken aus dem Stadtbild sind natürlich die auf der anderen Uferseite gelegenen Portweinkeller von Vila Nova de Gaia, wo das berühmte Gebräu gelagert wird. Der Portwein ist und bleibt nun mal weltweit eines der absoluten Markenzeichen Portugals. Das mögen ja alles sehr gute Argumente sein, aber dennoch scheint die charmante Nordmetropole auf den Status, die Leichtigkeit und Unbeschwertheit Lissabons neidisch zu sein.

Eben auf das kosmopolitische Flair der Hauptstadt. Lissabon ist nun einmal Hauptanziehungsort und lockt immer noch die meisten Touristen und auch Investoren an (zur Ehrenrettung sei aber erwähnt, dass Porto im Februar 2014 gerade wieder von einer Fachzeitschrift zum besten europäischen Urlaubsziel gekürt wurde und jährlich von Millionen von Touristen besucht wird). Welche allerdings die schönste und interessanteste Stadt sei, ist in Lissabon natürlich eine klare Sache.

Das Schönste an Porto, so scherzt man in der Hauptstadt, sei die Autobahn nach Lissabon. Was sei das überhaupt für eine Stadt, die keinen richtigen Fluss habe? Über den Douro, der bei Porto im Atlantik mündet, könne man spucken – anders der Tejo! Und so weiter. Ferner erinnert man in der Hauptstadt gern daran, dass rein statistisch gesehen Porto – zumindest was die Bevölkerung angeht – nicht einmal mehr die zweitgrößte Stadt Portugals sei. Denn mit rund 237 584 Einwohnern belegt die Nordmetropole nur noch den vierten Platz in der Rangliste der 308 größten Bezirke Portugals, hinter Lissabon (547 631), dem in der Peripherie der Hauptstadt gelegenen Sintra (377 837) und sogar hinter dem Nachbarn Vila Nova de Gaia (302 296). Auch was die wirtschaftliche Bedeutung angeht, hat Porto in den letzten Jahren an Bedeutung eingebüßt, denn die Krise hat besonders die mittelständische Industrie schwer getroffen.

Ferner befinden sich beide Städte in einem ununterbrochenen Kampf um Kunst und Kultur und versuchen sich stets zu übertreffen. Porto – »Kulturhauptstadt Europas 2001« – hatte lange die Nase vorn, war künstlerisch und architektonisch interessanter, aber Lissabon hat mittlerweile die Nordstadt in manchen Bereichen übertrumpft. Doch Porto glänzt immer noch mit wichtigen kulturellen Institutionen wie dem Museu Serralves für zeitgenössische Kunst oder der Casa da Música, einer dynamischen modernen Konzerthalle.

Der gebürtige Portuenser und Stararchitekt Álvaro Siza Vieira (der auch an der Verschönerung Lissabons selbst kräftig mitgewirkt hat) oder Manoel de Oliveira, Portugals bekanntester Regisseur und der älteste aktive Filmemacher der Welt überhaupt – sind andere Markenzeichen Portos. Selbst bei den Feierlichkeiten, die ihre jeweiligen Schutzpatrone ehren sollen, gibt es deutliche Unterschiede. Da geht es mitunter natürlich nicht nur darum, wer das schönste Fest darbietet, sondern auch darum, wer besser, typischer, lockerer und ausgiebiger feiern kann. Irgendwie steckt man ja immer im Konkurrenzkampf.

Zu den wenigen Gemeinsamkeiten gehört, dass beide Städte ihre Festivitäten für die *Santos Populares* (Volksheiligen) in den warmen Nächten des Juni ausrichten, dass hauptsächlich in der jeweiligen Altstadt gefeiert wird und es an beiden Orten reichlich Wein, Bier und Sardinen gibt – und Ausnahmezustand herrscht. Aber während Lissabon seinen heiligen Schutzpatron Santo António besonders in der Nacht vom 12. zum 13. Juni feiert, huldigen Porto, die Bewohner Bragas und anderer Städte im Norden ihrem São João (Johannes der Täufer) vom 23. auf den 24. Juni. Den Schutzpatron Lissabons würdigt man ausgiebig in den engen und buntgeschmückten Gassen der historischen Viertel, mit reichlich Wein und gegrillten Sardinen. Lissabons Prachtstraße Avenida da Liberdade wird zur Bühne für die farbenfrohen Volksmärsche, bei denen Vertreter der verschiedenen Stadtteile mit bunten Kostümen, Musik und Tanzeinlagen miteinander konkurrieren. Im Norden gibt es im Gegensatz zu Lissabon keine festlichen Korsos, kein Festkomitee, keine Tribünen für die »hohen Tiere« der Stadt – und eigentlich nichts wird arrangiert. Man ist eben eher bodenständig, vielleicht nicht so prachtvoll, dafür ungezwungener und spontaner. Zum Beispiel darf man mit einem bunten Plastikhammer mit Trillerpfeife am Stielende jedem – inklusive den netten Polizisten, die für Recht und Ordnung sorgen – einfach so, mir nichts, dir nichts eins über die Rübe ziehen. Soll schließlich Glück bringen! Früher waren es vor allem Lauchstangen (die der Potenz der Liebenden nachhelfen sollten – schließlich ist Johannes der Apostel der Liebe), mit denen Alt und Jung lachend dem Nächsten ihre Sympathie bekundeten; doch die Zeiten wandeln sich auch im traditionsreichen Norden. Diese wilde nördliche Mittsommernacht wird überall von Johannisfeuern erleuchtet, die bis in die frühen Morgenstunden brennen. Auch dauert das Fest in Portos historischem Zentrum und am Ufer des Douro eindeutig länger, denn aus dem ganzen Norden strömen Studenten herbei, die diese Tradition sehr ernst nehmen. Und die fangen eben früher an und zechen tagelang weiter.

Trotz aller bestehenden oder fiktiven Rivalitäten, die es zwischen Porto und Lissabon, zwischen Nord- und Südportugiesen gibt, muss man als Lissabonner, der den Santo António genauso wie Lissabon über alles liebt, eines ohne Neid zugestehen: Der Kater im Norden dauert deutlich länger.

Regionale Schnappschüsse

Der grüne Garten

»Esta pegou bem f...! Mais um bocadinho e isto ia tudo de ca-ralho!« (Etwa: »Das hat jetzt aber heftig reingehauen! Noch ein bisschen mehr, und alles wäre zum Teufel gegangen.«) Derart trocken resümiert ein gleichzeitig klatschnasser 60-jähriger Herr den Platzregen und die starken Sturmböen, die an einem Morgen im Januar 2014 hereinbrachen – selbstverständlich mit einer typisch-kräftigen Aussprache, wie sie nur im Norden ihre volle Entfaltung findet. Gerade rechtzeitig hatte er es geschafft, seine sieben Sachen unter einer weißen Plane in Sicherheit zu bringen und sich selbst in die erstbeste der kleinen Tavernen nahe der Flusspromenade des mittelalterlichen Städtchens zu flüchten.

Der Wolkenbruch von einer lange nicht mehr gekannten In-tensität hätte beinahe die komplette Zeltstadt weggefegt, die am Markttag die Flussgestade von Ponte de Lima belagert – und das schon seit dem Jahr 1125, in dem es Portugal als eigenstän-diges Reich noch gar nicht gab. Es ist ein Städtchen im Herzen der grünen Minho-Region, im hohen Nordwesten Portugals, wo traditionelle Volksfeste und regionale Folklore immer noch ganz besonders gepflegt werden – und wo, wie Einheimische beharren, immer noch die »hübschesten Mädchen und Frauen« im ganzen Lande zu Hause sein sollen.

Der ältere Herr sieht zum Fenster Richtung Fluss Lima hinaus und beäugt angespannt, wie das Bündel aus Planen er-barmungslos und in vollem Umfang das Unwetter zu spüren bekommt. Dichtgedrängt auf kleinstem Raum erzählen sich geflüchtete Marktfrauen, Händler und andere Entwichene laut und aufgebracht, wie sie ihr Hab und Gut haben retten können. Ich habe gerade noch rechtzeitig einen Platz am Tresen ergattert und bestelle mir einen für die Region typischen *vinho verde*, den spritzig-herben »grünen Wein«, dessen Trauben hier überall auf den kleinen Äckern und in den Gemüsegärten reifen. Er ist, wie fast alle Weine, entweder weiß oder rot, macht aber nicht so schnell »blau«, da der Alkoholgehalt meist nur zwischen achteinhalb und zehn Prozent beträgt. Ich entscheide mich für die seltenere Variante – einen *verde tinto* (grüner Rotwein), denn diesen bekommt man hier traditionsgemäß noch in einer *tigela* (Suppenschale) serviert und schlürft ihn auch wie eine Suppe gemütlich vor sich hin. Einfach herrlich! Ja, wir sind im grünen Minho, im äußersten Norden Portugals, da, wo es so viel wie sonst nirgendwo auf der iberischen Halbinsel regnet.

Hier ist alles saftgrün, und ob der üppigen Vegetation wird diese kleinbäuerlich geprägte Region auch gern als der »Garten Portugals« bezeichnet. Anders als das tiefe Grün der Vegetation, die mittelalterlichen Städtchen und kleinen Dörfer aus Granit, die sich überall zwischen bewaldeten Hügeln verstecken, zunächst glauben lassen, gehört der Minho zu einer der dichtestbesiedelten Gegenden Portugals. Alle Hänge und Täler scheinen mit Häusern übersät zu sein, und es ist fast unmöglich, zu erkennen, wo genau ein Dorf aufhört und das nächste anfängt. Kurvenreiche, enge und schmale Straßen verbinden die Dörfer, durchschneiden fast Häuser und führen vorbei an den winzigen Feldern der Bauern. Seit Generationen werden hier die Felder immer wieder geteilt und bis es – wie es heißt – »die Kuh am Pflock den Acker des Nachbarn düngt.«

Die Parzellenwirtschaft im Minho beruht auf einer Jahrhunderte währenden Teilung des Grundbesitzes durch ein Erbrecht, das schließlich handtuchgroße Äcker hinterließ. Ein Haus und ein Stückchen Land, so der Leitgedanke. Doch irgendwann wurden die Felder schlicht zu klein, um das Überleben vieler Familien zu sichern. Besonders im Minho (wie auch im abgelegenen Trás-os-Montes) sahen sich in den letzten 50 Jahren Abertausende Menschen zur Auswanderung gezwungen, vor allem nach Frankreich, in die Beneluxstaaten, die Schweiz oder nach Deutschland.

Zu den sichtbaren Spuren dieser Emigration gehören nicht nur teilweise komplett entvölkerte Dörfer, sondern auch aufgedonnerte »Heimkehrervillen«, die mit ihrer ästhetisch umstrittenen Farbenpracht und Architektur so ziemlich mit allem in der Region kontrastieren. Prachtvoll überragen sie die sonst so heimelige Atmosphäre, errichtet von zurückgekehrten Emigranten, als Sommerresidenz oder als Absicherung, falls man irgendwann im Rentenalter wieder ins Heimatland zurückkehren möchte. Fakt ist: Sie sind nicht zu übersehen. Die eigenwillige Architektur dieser Paläste vermischt nahezu sämtliche Stilrichtungen aus Ländern, in denen die *minhotos* gearbeitet haben, vom alpenländischen Bauernhaus bis zum französischen Fachwerk. Kurzum, alles ist zu finden, wenn es nur dick aufgetragen ist und auffällt.

Hinter den Bergen

In den östlichen Nordosten Portugals, dorthin, wo der Fluss Douro von Spanien nach Portugal hineinfließt und man auf seine Schleifen blicken kann, die sich in der Ferne verlieren, sollte es gehen. Mit dem Auto. Mein Ziel, das abseits gelegene Miranda do Douro in der bergigen Provinz Trás-os-Montes, liegt so weit ab vom Schuss, dass in den Dörfern der Umgebung noch der ureigene Mirandés gesprochen wird, ein alter Dialekt, der zu den asturleonesischen Sprachen gehört und seit 1999 offiziell als regionale Amtssprache anerkannt ist. Das circa 500 Quadratkilometer große Sprachgebiet umfasst die umliegenden Gemeinden Mirandas und mehrere Dörfer der Region. Die Sprecherzahl dieser Mundart ist rückläufig und wird heute auf gerade mal 6000–8000 Menschen geschätzt. Besonders die Emigration, die Trás-os-Montes seit Jahrzehnten ausbluten lässt, sei schuld und werde, laut einigen eher pessimistischen Stimmen, wohl irgendwann auch zum unausweichlichen Aussterben der Sprache führen.

Die Auswanderung trifft die Region mit der herben Landschaft und den einsamen Dörfern seit jeher. Trás-os-Montes war schon immer eine der rückständigsten und am meisten entvölkerten Provinzen Portugals – aber auch eine der schönsten und typischsten. Da man hier bis in die 1930er Jahre praktisch isoliert vom Rest Portugals lebte, entwickelte sich in den Dörfern und Gemeinden der Region eine stark kommunitaristische Lebensweise, wovon noch heute gepflegte alte Bräuche und gemeinwirtschaftliche Lebens- und Arbeitsformen zeugen. Die gegenseitige Hilfe bei der harten Feld- und Vieharbeit spielt noch immer eine ebenso wichtige Rolle wie die traditionsbewusste Organisation von religiösen Festen und anderen Feierlichkeiten der Region, bei denen man auch noch mit weit über 90 Jahren mitmacht.

Voller Erwartung stieg ich im nördlichen Bragança also in meine alte schwarze Blechkiste. Der Anlasser röhrte – aber nichts geschah. Es dauerte keine Minute, bis zwei Männer neben dem Auto standen. Ein bisschen weiter gebe es einen guten Mechaniker. Wenig später schaute schon Sr. Inácio gutmütig unter die Motorhaube. Das Zucken seiner Augenbrauen beruhigte mich kein bisschen. Ob es heute noch weitergehen kann? Vom netten Mann nichts weiter als ein Achselzucken. »Da hilft nur in die Werkstatt schieben und sich gedulden.«

Als kleines Trostpflaster verdrückte ich gleich nebenan ein *alheira*, denn diese Knoblauchwürste gehören zum rauen Nordosten Portugals wie die frostig-verschneiten Winter. Diese kulinarische Spezialität ist eine Erfindung der Not. Vielen portugiesischen Juden soll sie in den Zeiten der Inquisition (1536–1821) das Leben gerettet haben. Denn womit die Würste genau gefüllt sind, ist nicht so leicht herauszuschmecken – was genau der Sinn der Sache war.

Das Ausweisungsedikt der »Katholischen Könige«, Isabel von Kastilien und Fernando von Aragón, erlassen in Granada im März 1492, ordnete die Vertreibung der Juden aus allen Territorien der spanischen Krone an, sofern sie sich nicht zum Christentum bekannten. Viele wanderten nach Portugal aus, wo sie zunächst mit offenen Armen und hohen Steuern empfangen wurden. Doch ihre Situation sollte sich bald verschlechtern.

Der »Glückskönig« Manuel I., welcher 1495 den Thron bestieg, tolerierte sie anfänglich, doch als er um die Hand der spanischen Infantin Isabel anhielt, machten ihre Eltern die Vertreibung der Juden zur Bedingung. Man würde die Ehe nur segnen, wenn Portugal dem Beispiel Spaniens in dieser Sache folge. Manuel entschloss sich zu einem Kompromiss: Entweder die Juden gingen mehr oder weniger freiwillig ins Exil, oder aber sie ließen sich taufen und konvertierten zum katholischen Glauben. Viele flohen, andere blieben und ließen sich zwangskonvertieren, änderten ihre Namen und feierten exogene Heiraten, um ihre Hingabe zum katholischen Glauben zu beweisen.

Viele der *novos cristãos* (»Neuchristen«) übten aber weiterhin im Verborgenen ihren ursprünglichen jüdischen Glauben aus. Mit der Zwangskonvertierung schien das Problem behoben zu sein, doch immer wieder kam es zu Verfolgungen. Am 19. April 1506 kam es zu einem der schlimmsten Massaker überhaupt. Viele Christen hatten sich in der Igreja de São Domingos in Lissabon zum Beten versammelt. Die so einträchtige Menge soll Zeuge eines angeblichen Wunders gewesen sein, welches je nach Quelle anders beschrieben ist. Entweder leuchtete es aus einem Kruzifix heraus, oder man sah das Gesicht Jesu auf dem Altar. Wie dem auch sei: Zwischen den Gläubigen machte ein »Neuchrist« eine unüberlegte Bemerkung. Für ihn war das vermeintliche Wunder lediglich eine brennende Kerze bzw. ein Reflex des Sonnenlichts.

Auf einmal war der Teufel los: »*Heresia, Heresia!*« – »Ketzerei, Ketzerei« skandierte die Meute. Die frommen Gläubigen schleppten den Neuchristen an den Haaren vor die Kirche, wo er gelyncht wurde. Innerhalb kürzester Zeit bildete sich ein Mob, der mordend und sengend durch Lissabons Straßen tobte. Wie viele Menschen an jenem Tag umgebracht wurden, weiß niemand, mehrere hundert sollen es gewesen sein. Doch als ob das nicht schon ausreichte, standen die konvertierten Juden bald unter dem Generalverdacht der Inquisition, die offiziell 1536 in Portugal eingeführt wurde und die fortan unermüdlich die rechte Gesinnung der Zwangsgetauften überprüfte. Wer kein Schwein aß und nicht am Gemeindeleben teilnahm, geriet in den Verdacht, dem Glauben seiner Vorfahren trotz christlicher

Taufe doch nicht abgeschworen zu haben, und konnte schnell auf dem Scheiterhaufen landen.

Auch deshalb begannen die Juden, ihre Würste aus anderen Fleischsorten wie Geflügel, Rind- oder Lammfleisch herzustellen und diese stark zu würzen. Anschließend wurden die *alheiras* in die Gemeindeöfen zum Räuchern gebracht: So fielen die »Neuchristen« nicht »negativ« auf und konnten ihre jüdische Tradition bewahren.

Die religiöse Verfolgung in Portugal dauerte 285 Jahre an. Zwei Stunden hingegen die Mittagspause des freundlichen Sr. Inácio, der kurz nach 14 Uhr schon über dem Auto hing und sich ans Werk machte. Er schraubte und drehte emsig herum, und um 15 Uhr war das Gefährt wieder startbereit. Die Rechnung wäre in Lissabon doppelt oder dreimal so hoch ausgefallen, und das Beste war – das Auto lief wie am Schnürchen. Beim pflichtgemäßen Bierchen danach tauschte man Telefonnummern aus, klopfte sich gegenseitig auf die Schulter, und kurz darauf schon schlängelte sich mein Auto wieder an unbeschreiblich schönen Hängen und Landschaften dieser urig-menschlichen Region vorbei. Und ja, die Karre läuft immer noch!

Jenseits des Flusses

Wenn die Sonne am höchsten steht, verdorrt die Erde, und Grabesstille legt sich über die verschlafenen Dörfer und Landschaften im Alentejo. Die alentejanischen Weiten erstrecken sich über eine endlos scheinende Ebene im Nordosten am Südufer des Flusses Tejo bis zur südlichen Algarve – und reichen von der portugiesisch-spanischen Grenze im Osten bis zum Atlantischen Ozean im Westen. Mit einer Fläche von rund 31 600 Quadratkilometern dehnt sich der Alentejo über ein Drittel des Festlandes aus und ist Portugals größte Provinz.

Der Begriff und somit auch der Name »Alentejo« kann wörtlich mit »jenseits des Tejo« übersetzt werden und bezieht sich auf die Tatsache, dass die Region von Lissabon aus gesehen jenseits des Flusses Tejo liegt, der nicht nur eine regionale Grenze, sondern ebenso eine kulturelle und klimatische Scheide markiert. Es ist ein eigenartiges Stück Land, das sich im Rhythmus der Jahreszeiten wie ein Chamäleon verwandelt und dabei ein faszinierendes Farbspektakel bietet: Im Frühjahr zeigt der Alentejo an vielen Orten ein einladendes Blütenmeer, saftgrüne Weideflächen, blühende Mandelbäume. In der staubigen Hitze des Sommers scheinen die längst schon vertrockneten Felder und einstmals kunterbunten Wiesen nur noch in den braunen und goldenen Ockertönen verdorrter Erde zu leuchten. Seit Generationen wird hier von der Härte des Lebens und von besseren Zeiten gesungen, ebenso von der Hoffnung, dass einem irgendwann das Land gehört, welches man mit dem eigenen Schweiß bewässert und den eigenen Knochen bearbeitet.

Nirgends traf die Diktatur Salazars die Menschen härter als im Alentejo, wo wenige Latifundisten den Großteil des Landes besaßen und sich die Bevölkerung unter unmenschlichen Bedingungen als Landarbeiter und Tagelöhner verdingte. Die klimatische Härte und die fast feudale Sozialstruktur hielten die Region, einstmals die Kornkammer des Landes, in einer chronischen Unterentwicklung. Generationen von Korkschälern, Landarbeitern, Erntehelfern schufteten vom Morgengrauen bis zum Sonnenuntergang und führten ein miserables Leben. Wie kein anderer schildert Portugals Literaturnobelpreisträger José Saramago (der als Sohn und Enkel von Landarbeitern 1922 in Azinhaga, im Ribatejo, geboren wurde) in seinem 1979 erschienenen Roman *Hoffnung im Alentejo* den harten Alltag dieser Menschen, ihre sozial ausweglose Situation, ihr Aufbegehren gegen die Allmacht des Patrons bis hin zu den ersten organisierten Streiks gegen die unmenschlichen Zustände, die erst 1974 mit der Nelkenrevolution beseitigt werden konnten.

Um harte Feldarbeit und Hungerlöhne zu überstehen, wurde auf den Feldern nicht nur aus einem großen gemeinsamen Kessel gegessen, sondern auch zusammen gesungen. Aus diesem solidarischen Miteinander hat sich eine tiefe Volkskultur mit Echtheitsprädikat entwickelt, die noch heute in der Region wiederzufinden ist und besonderen Ausdruck in den Stimmen der Bauern und Schäfer findet, die im Refrain typische Gesänge aus dem Alentejo darbieten. Fast jedes Dorf hat einen eigenen lokalen Chor, der bei Dorffesten und regionalen Wettbewerben auftritt. Und wer diese mehrstimmigen Gesänge einmal gehört, die bewegende Kraft ihrer Melodien und die Poetik ihrer Texte verstanden hat, der weiß, warum der Alentejo neben der wenig rühmlichen Bezeichnung »Armenhaus« auch den Namen *Terras do Cante* (das Land, das singt) trägt. Eine vokale Urkraft, die so ursprünglich ist wie die Region, aus der sie stammt.

Heute lebt man seit vier Jahrzehnten in Demokratie und Freiheit – und die Landwirtschaft ist auf EU-Norm reduziert. Die Gegensätze sind geblieben, und der Alentejo gehört immer noch zu den ärmsten Regionen Portugals und der EU wie zu denen mit der im Vergleich ältesten Bevölkerung: Knapp ein Viertel der Alentejaner sind 65 Jahre oder älter (der Landesdurchschnitt liegt bei 19 Prozent). Auch die Analphabetenquote ist besonders in dieser Altersgruppe recht hoch. Mit knapp 7 Prozent der Gesamtbevölkerung Portugals auf gut einem Drittel der Gesamtfläche des Landes ist die Bevölkerungsdichte im Alentejo mit 15–20 Einwohnern pro Quadratkilometer außerdem die niedrigste in Portugal und eine der niedrigsten in Europa. Dauerarbeitslosigkeit, Verarmung und soziale Vereinsamung sind die andere, wenig idyllische Seite dieser Provinz.

Die Rückständigkeit, fehlende Bildung und letztlich auch die mangelnde Reformwilligkeit der Politik haben eine wirkliche Landreform verhindert. Die großen Ländereien sind schon längst wieder im Besitz weniger einflussreicher Familien. Den Menschen im Alentejo mag es heute zwar besser denn je gehen, doch noch immer sehen sich Unzählige, vor allem Männer, gezwungen, nach Lissabon und Setúbal oder in die touristische Hochburg der Algarve auszuwandern. So haben in den letzten 20 Jahren manche Orte mehr als die Hälfte ihrer Einwohner verloren, unzählige Schulen wurden geschlossen, und an manchen Bahnhöfen oder kleinen Haltestellen hält schon längst keine Bahn und kein Bus mehr.

Portugal zum Genießen und Verzweifeln: Einblicke in die *alma lusa*

Rebellen ohne Grund:
Über fehlenden Bürgersinn und Zivilisiertheit

»Portugal ist nicht krank, und es braucht
auch keine psychiatrische Behandlung.«
(Boaventura de Sousa Santos)

Wer vor 20 Jahren in Portugal die chaotischen, geradezu kreuz-
gefährlichen Verhältnisse auf den Straßen erlebt hat und nun
wieder ins Land kommt, muss auch positive Änderungen zur
Kenntnis nehmen. Heute hat der Fußgänger in Lissabon eine
deutlich höhere Chance als damals, dass gleich das erste Auto
anhält und ihn über die Straße lässt. Dennoch offenbart das völlig unberechenbare Verhalten der Portugiesen im Straßenverkehr, wie es im Land um Bürgersinn und Rücksicht steht. Denn
rechts Überholen, dichtes Auffahren, Einscheren ohne Blinken,
rasante Geschwindigkeiten, Missachtung der Vorfahrtsschilder
und durchgezogenen Linien, waghalsige Überholmanöver sind
nur einige der unzähligen Monstrositäten, auf die man sich im
»Purgatorium des portugiesischen Straßenverkehrs« gefasst
machen muss, wie es der deutsche Schriftsteller Eckhart Nickel
frappant beschreibt.

Dieses Verkehrsverhalten steht im krassen Gegensatz zum
sonst so friedliebenden und zurückhaltenden Habitus der
Portugiesen. Offenbar verlieren sie, sobald sie am Steuer sitzen, jeden gesunden Menschenverstand. Egal ob jung oder alt,
Mann oder Frau: Die meisten scheinen – steckt erst einmal der
Schlüssel im Zündschloss – zu berserkernden Kamikazepiloten
und tollwütigen Verkehrsrowdys zu mutieren, ausgestattet mit

einer apokalyptischen Missachtung gegenüber Verkehrs- und Sicherheitsregeln. Jede noch so enge Straße wird zur Rennstrecke, überall wird gedrängelt und pedantisch gehupt. Es ist, als ob der ganze Alltagsstress, der Frust, die gestaute Aggressivität und das Minderwertigkeitsgefühl im Auto an die Oberfläche gelangen und auf dem Asphalt in Form von Reifenspuren kondensieren. Wer in Portugal schon mal Auto gefahren ist, der weiß, wovon ich spreche: Im Land der sanften Sitten läuft es zumindest auf dem Asphalt alles andere als gesittet, moderat oder friedlich.

Wer diese einmalige und zuweilen ziemlich beängstigende Erfahrung noch nicht gemacht hat, der soll sich auf jeden Fall auf was gefasst machen. Und der wird sich auch bald nicht mehr wundern, dass Portugal jahrzehntelang die höchste Todesrate bei Autounfällen in ganz Europa vorzuweisen hatte. In den letzten 15 Jahren ist die relative Zahl der Verkehrstoten stark gesunken, dennoch ist sie aber auch heute noch im europäischen Vergleich besorgniserregend. Die verbesserte Verkehrs(un)disziplin verdanken wir dem härteren und konsequenteren Vorgehen gegen Raserei, Alkohol und Mobiltelefonieren am Steuer sowie natürlich den verbesserten Straßen und Autos – und eben nicht der Einsicht oder einem verbesserten Bürgersinn. Vor Ortschaften, aber auch unterwegs auf den größeren Landstraßen begegnen einem vermehrt große, blinkende Schilder mit der Aufschrift *Velocidade Controlada*, Geschwindigkeitskontrolle. Die ist zwar nicht mit einem Blitzer verbunden, aber mit einer Ampel, die ein paar hundert Meter weiter bei Überschreiten der zulässigen Geschwindigkeit gnadenlos auf Rot schaltet. Eine wichtige Maßnahme, natürlich, aber der zivilisierte Portugiese trickst sie einfach mal aus, indem er aufs Gaspedal drückt: Wenn man schnell genug durch die Kontrollmessung rast, passiert man die Ampel, bevor sie schalten kann.

Eine Überlegung, warum diese Geschwindigkeitsbegrenzung gerade dort eingeführt wurde – vielleicht aus Sicherheitsgründen oder weil eine Schule in der Nähe ist – scheint nur den Wenigsten in den Sinn zu kommen.

Neben dramatisch überhöhter Selbsteinschätzung, fehlendem Menschenverstand und mangelnden Fahrkünsten ist ein weiteres großes Problem im Straßenverkehr der Alkohol am Steuer. In Portugal trinkt man gern und reichlich, und dass Alkohol die Fahrtüchtigkeit einschränken soll, betrachtet man meist als reine Erfindung. Denn wenn man nicht mehr stehen kann, bedeutet dies noch lange nicht, dass man nicht mehr fahren kann. Selbst wenn man größere Strecken zu lenken hat: Was gibt es Schöneres, als auf den 300 Kilometern zwischen Porto und Lissabon mal eben auf die Autobahnraststätte zu kurven, um sich entweder mit Bier, Wein oder gleich einem Schnaps zu versorgen? Für die bevorstehende langweilige Strecke, um sich, je nun, etwas abzulenken? Und selbst dort, an der Raststätte, wird schon mal typischerweise nachgeschenkt. Alkohol sei schließlich gut, »um das Tier zu töten« (*para matar o bicho*). Dass die Fahrer, auch die hartgesottenen, mit reichlich Zauberwasser auf den Straßen selbst zum Tier werden, ist Nebensache.

In den Städten gehören zugeparkte Zebrastreifen und vollbesetzte Bürgersteige ebenso zum normalen Stadtbild wie die Tauben auf den Dächern. Und der Polizist an der nächsten Ecke scheint mehr Verständnis für den Autofahrer zu haben, der keine Zeit hatte, einen besseren Parkplatz zu suchen, und sowieso nur »ganz schnell« was erledigen musste, als für Senioren und Kinder, die sicher auf die andere Straßenseite kommen wollen.

Auch lohnt es sich in Portugal nicht nur wegen der *calçada portuguesa* – den regelrechten Kunstwerken aus marmornem Pflaster – den Blick zu Boden zu richten. Denn eine Plage für die Fußgänger sind besonders in Lissabon nach wie vor die von Hunden hinterlassenen Tretminen auf den Gehsteigen, obwohl die zu diesem Zweck erdachte Plastiktüte auch in Portugal mittlerweile vermehrt Verbreitung findet.

Die gesitteten Portugiesen sind natürlich keineswegs froh über die anderen, aber sie sagen meistens nichts, denn jemanden direkt anzusprechen oder ihm gar eine Moralpredigt zu halten, wenn dieser auf einem Behindertenparkplatz parkt oder seinen Müll neben dem Papierkorb entsorgt, kommt nur wenigen in den Sinn. Man kritisiert und prangert zwar an (wobei man nie sich selbst, andere hingegen ganz selbstverständlich im Blick hat), mischt sich aber nicht in Dinge ein, die einen nichts angehen – und besonders nicht in die Angelegenheiten fremder Leute. In Portugal gehört es nicht zur feinen Art, dem anderen vorzuschreiben, was er zu tun hat. Davon hatten die Portugiesen fast 50 Jahre lang mehr als genug.

Das große Problem ist, dass zivilisiertes Verhalten in Portugal normalerweise nicht aus Einsicht entsteht, sondern eher aus Angst, in Konflikt mit dem Gesetz zu kommen oder erwischt zu werden. Und daher vertrauen auch nur wenige Portugiesen auf die Zivilisiertheit ihrer Mitmenschen. Wenn es um Kritik an nationalen Verhaltensweisen geht, spricht man von »den Portugiesen«, als gehöre man nicht dazu. Jeder beschwert sich über den fehlenden Bürgersinn und die fehlende Rücksicht der anderen. Dabei ist man selbst kein bisschen anders, nur dass es sich, sollte man selbst mal in zweiter oder dritter Reihe parken, dabei natürlich um eine Ausnahme handelt. Der Primitive ist immer der andere. Im gleichen Atemzug sei aber gesagt, dass sich auch dahingehend einiges getan hat und man sich an andere Vorschriften erstaunlicherweise hält. Zum Beispiel hat sich ein Großteil der Portugiesen nach einer nötigen Anpassungsphase an das Rauchverbot in öffentlichen Lokalen gewöhnt und qualmt jetzt schon lange draußen oder wo es noch erlaubt ist. Auch was den Umgang mit Müll und das Umweltbewusstsein generell angeht, gibt es Positives zu vermelden. Nicht nur lernt man in portugiesischen Schulen schon in jungen Jahren die Prinzipien der Mülltrennung und des Recyclings, auch einen immer größer werdenden Teil der Bevölkerung, inklusive älterer Herrschaften, sieht man mittlerweile, beladen mit Flaschen, Kartons und Verpackungen, zum nächsten Eco-Container humpeln. Und dies in einem Land, wo vor nicht allzu langer Zeit der Müll so ziemlich überall landete, nur nicht im Container.

Ein friedliches Kollektiv empörter Menschen

Miguel Torga, einer der bedeutendsten portugiesischen Autoren des 20. Jahrhunderts, beschreibt die Portugiesen als »ein friedliches Kollektiv empörter Menschen« – »*Um pacífico colectivo de pessoas revoltadas*« – und trifft es so ziemlich genau. Denn dies ist bei weitem die vielleicht aussagekräftigste Beschreibung, die ich kenne. Auch wird das portugiesische Volk von hiesigen Autoren als Meister der »stillen Sabotage« und bestehend aus überzeugten »Rebellen ohne Grund« beschrieben. José Gil, ein zeitgenössischer portugiesischer Philosoph und einer der anerkannt wichtigen Denker unserer Zeit, beschreibt die Portugiesen gar als »infantilisierte Erwachsene«. Denn der Portugiese ist, wie der Essayist Guilherme de Castilhos hinzufügt, »in der Regel undiszipliniert, impulsiv, übereilt«. Und »tief in seiner Seele« lodert immer ein Wille zu widersprechen, zu meckern und zu rebellieren.

Viele behaupten, die meisten Portugiesen würden sich fühlen, als habe ihnen das Schicksal wenig Glück reserviert, und höben deswegen stets die Faust gegen alles Schlechte, was in ihrem Leben passiert. In Portugal prangert man gern die politischen und sozialen Missstände an und befindet sich ständig in einer nie enden wollenden Diskussion über korrupte Politiker, Klüngel, ätzendes Politgerangel oder verschossene Elfmeter – aber in der Regel bringen die meisten Portugiesen diese Wut und Entrüstung nicht konstruktiv zum Ausdruck. Nur die Wenigsten werden eine Petition gegen Korruption unterschreiben oder sich höchstpersönlich an der nächsten Demonstration beteiligen. Zumeist bleibt es beim Anprangern, auch weil man stolz ist, ein Rebell zu sein – zumindest durch Worte. Oder wie es der Schriftsteller Miguel Esteves Cardoso bezeichnet: »In Portugal bedeutet gut zu sein revolutionär zu sein.«

Aber mag der Durchschnittsportugiese doch so widerborstig sein, bleibt er meist friedlich und mag keine Unannehmlichkeiten. Wie im Nachbarland haben die Portugiesen große Erwartungen an den paternalistischen Staat, aber überhaupt kein oder nur mäßiges Vertrauen in seine Funktionstüchtigkeit. Weswegen man auch stets und ständig versucht, den lästigen und nichtsnutzigen Staat zu überlisten. Ganz nach dem Credo: Wenn die da oben ihre Versprechen nicht einhalten, warum zum Teufel sollte ich das machen bzw. meinen Pflichten als Bürger nachkommen? Man rühmt sich, dem Staat oder der entsprechenden Behörde oder was auch immer mit einer gewissen süffisanten Gerissenheit und Dreistigkeit eins ausgewischt zu haben, und ist stetig auf der Suche nach Wegen, dem Staat »in den Hintern zu treten«. Wenn jemand einem Knöllchen knapp entwischt ist oder sich sonstwo irgendwie durchgemogelt hat, dann ist das schon mal eine Leistung, die manch einer mit Stolz kommentiert. Eng mit diesem Verhalten verknüpft ist das Gefühl, dass »im Land der sanften Sitten nur die Dummen ihre Pflicht erfüllen, Dreistigkeit siegt und es nicht recht aufwärtsgeht«, wie es mein Kollege Thomas Fischer angemessen beschreibt. Ein ewiger Teufelskreis, in dem das Verhältnis staatliche Leistungen versus Bürgerpflichten nicht immer klar zu sein scheint, was besonders gut an der immer noch lausigen Steuermoral zu erkennen ist.

Schattenwirtschaft und Steuerhinterziehung sind in Portugal seit jeher ein enormes Problem und grassieren noch immer, obwohl es in den letzten Jahren deutlich besser geworden ist. Aber ähnlich wie beim Straßenverkehr geschah das nicht unbedingt aus Einsicht, sondern eher, weil die Regierung dem steuerlichen Bürgersinn »nachhelfen« musste. Seit einigen Jahren werden die Schuldner größter Summen im Internet an den Pranger gestellt (was natürlich voraussetzt, dass ihre Außenstände erfasst werden), und die Effizienz des Fiskus hat sich deutlich gesteigert. Besonders in den letzten Krisenjahren – irgendwie musste man das Haushaltsloch ja stopfen – wurden Steuerzahler mit immer neuen Meldepflichten und verbesserten Kontrollen geradezu umzingelt. Und wo die Peitsche nicht hilft, hat die Regierung im Kampf gegen die Schattenwirtschaft vermehrt zum Zuckerbrot gegriffen, um die Bevölkerung anzuspornen. Als großen Erfolg feierte die Regierung Anfang 2014 ein sogenanntes Friedensan-

gebot: eine Amnestieregelung für säumige Steuerzahler (Privat-
leute, aber besonders Unternehmen), welche die Rekordsumme
von 1,25 Milliarden Euro (das sind rund 0,7 Prozent des Brutto-
inlandsproduktes, BIP) in die Staatskasse gespült und damit den
ursprünglich angepeilten Erlös deutlich überschritten hat.

Was war geschehen? Die Regierung hatte im Oktober spe-
zielle Konditionen zur Begleichung von Schulden bei Fiskus
und Sozialversicherung bis zum 20. Dezember 2013 beschlossen und das »Sonderangebot« zuletzt um zehn Tage verlängert.
Wer Schulden beglich, bekam einen Teil der Verzugszinsen und
Bußen erlassen. Und siehe da: Das Zahlen der Steuern wurde
plötzlich zum Volkssport. Ebenso wurde 2013 ein sehr erfolg-
reicher Anreiz für die Kunden von Restaurants, Cafés, Hotels,
Autowerkstätten und Friseursalons eingeführt, Quittungen mit
der eigenen Steuernummer zu verlangen. Zur Belohnung durften die Konsumenten einen Teil des an Mehrwertsteuer enthaltenen Betrags von der Einkommenssteuer abziehen, bis maxi-
mal 250 Euro im Jahr. Nach wenig erfolgreichen Kampagnen
des Fiskus in vorherigen Jahren stieg das Steueraufkommen aus
den betroffenen Branchen plötzlich sprunghaft an, erst recht,
als die »Belohnung« von anfangs 5 Prozent auf 15 Prozent der
enthaltenen Mehrwertsteuer erhöht wurde. Fast drei Millionen
Portugiesen fingen an, regelmäßig Zettelchen zu verlangen.
Wer vor wenigen Jahren im Restaurant nach Quittungen fragte, erntete mitunter noch vernichtende Blicke der Wirte. Man
verlangte die Quittung fast wie unter Reue und entschuldigte
sich womöglich noch mit der Ausrede, dass man diese für die
Kostenabrechnung bei der Arbeit bräuchte. Nun sind es mitunter schon die Kellner, die den Gast fragen, ob er eine Quittung
wünscht.

Die Presse gab sich erstaunt: Wurde da etwa das »Saatgut«
einer neuen Gewohnheit gepflanzt, kommt es doch langsam zu
einer tatsächlichen Mentalitätsveränderung? Oder handelt es
sich doch bloß um eine Reaktion auf den Steuervorteil? Was
auch immer es war, die Experten waren guter Dinge, denn diese
Veränderung, so äußerten sie sich, sei allemal ein Fortschritt in

einem Land, wo die Parallelwirtschaft ein geschätztes Gewicht von weit über 20 Prozent am BIP haben soll. Und sie zeigt auch, dass nach den erheblichen Opfern, die im Namen des Haushaltsausgleichs gefordert wurden und die den Portugiesen in den letzten drei Jahren schwer zu schaffen machten, viele von ihnen langsam weniger tolerant gegenüber dem Betrug anderer geworden sind. Und dass der *chico-esperto*, derjenige also, der durch seine List und Bauernschläue den Staat verarscht, doch langsam seinen Heldenstatus verliert. Denn die Steuer, die einer nicht bezahlt, müssen halt die anderen bezahlen.

Natürlich verlangen aber nur Überzeugungstäter für wirklich jeden Kaffee eine Quittung – obwohl der Wirt diese dem Gast unverlangt aushändigen muss. Um auf dieser Erfolgswelle weiterzureiten (und angespornt von der Entwicklung im Kampf gegen Schwarzarbeit und Steuerhinterziehung), beschloss Portugals Regierung sogar, ab April 2014 eine allwöchentliche Kassenbon-Lotterie einzuführen: Wer beim Bezahlen eine Rechnung verlangt und seine Steuernummer in die elektronische Kasse eintippen lässt, kann automatisch mitmachen. Als Preise für den »steuerlichen Bürgersinn« sollen Autos höherer Klasse winken. Einige Stimmen sahen darin eine hirnrissige und unnütze Maßnahme – und einen populistischen Propagandastreich, der nur den falschen Eindruck vermittle, dass damit die Steuerflucht bekämpft werde. Denn wie die liberale Zeitung *Público* in einem Leitartikel erinnerte, seien die großen Steuersünder sowieso die großen Unternehmen (und das mit dem Segen des Staates) und nicht kleine Händler. Andere sehen dies eher mit Gelassenheit und Zuversicht – durchaus auch auf einen möglichen Hauptgewinn – und werden nun wohl auch bei den Fischverkäuferinnen nach dem Glück verheißenden Zettelchen fragen. Vielleicht gewinnt man ja eine vertrauenswürdige Wirtschaft?

Über das portugiesische Zeitverständnis und die Arbeitskultur. Und die heimische Kunstgattung namens *desenrascanço*

»Ich unterwerfe mich weder dem Staat noch den Menschen, ich leiste ihnen den Widerstand der Trägheit.«
(Fernando Pessoa)

Pünktlichkeit ist die Höflichkeit der Könige, aber die Monarchie wurde in Portugal schon längst abgeschafft. Kein Wunder also, dass das unbedingte Beharren auf den Uhrzeigern nicht gerade des Portugiesen liebste Beschäftigung ist, besonders wenn damit die minutengenaue Pünktlichkeit so mancher Nordeuropäer gemeint ist.

Das portugiesische Zeitverständnis ist, wie sollte es auch anders sein, ein anderes als z.B. das der meisten Deutschen oder Schweizer. Sosehr man sich um mitteleuropäische Effizienz bemüht – die innere lusitanische Uhr geht halt oft noch anders und tickt gemächlicher. Wenn man sich mit jemandem verabredet, sei es beruflich oder besonders unter Freunden oder Bekannten, sollte man am besten immer mit einer leichten bis, sagen wir, »ausgedehnteren« Verspätung rechnen. Ob es nun das in den Reiseführern so vielzitierte »akademische Viertelstündchen« ist oder eben doch mehr (oder ganz selten auch weniger), sei mal dahingestellt.

Natürlich gibt es in Portugal auch pünktliche und sogar überpünktliche Menschen. Allerdings sind diese in der Minderheit – auch nach mehr als 27 Jahren in der EU. In Portugal hält man es eben locker mit der Zeit, denn man hat ja schließlich die Gewissheit, dass sich kaum etwas zur angesetzten Zeit ereignet. Niemand wird sich beschweren, wenn sich der Bus um fünf Minuten verspätet. Kaum ein Kirchturm in Portugal verkündet die Stunde, und kaum eine öffentliche Uhr wird genau wie die andere gehen. Auch ist die Auslegung der angegebenen Öffnungszeiten an vielen Orten eher dehnbar, natürlich sind die meisten Banken, Behörden und Geschäfte in Großstädten aber zuverlässig. Es hat sich durchaus viel verändert, und es ist bei weitem nicht mehr so liberal schlimm, wie manchmal gern behauptet wird. Und bestimmt nicht, wie Eckhart Nickel es in seinem zum ersten Mal 2001 erschienenen Buch *Gebrauchsanweisung für Portugal* so unterhaltsam beschreibt: »Wer Zeit hat, ist ein König, wer sie nicht hat, der sollte nicht nach Portugal kommen. Denn auch Öffnungszeiten sind nur als Empfehlung zu verstehen, innerhalb der sich die Anwesenheit des Personals bewegen kann wie ein Hummer im Atlantikaquarium.« Ich weiß zwar nicht genau, wie schnell sich die schmackhaften Schalentiere in solch einer »atlantischen Hilfsherberge« bewegen – ich habe aber auf jeden Fall in fast 20 Jahren Portugal noch nie während der Öffnungszeiten vor geschlossener Bank- oder Behördentür gestanden. Höchstens bei Streiks, die es nun mal in Portugal ab und zu gibt.

Man sollte es auf jeden Fall locker nehmen: Die zuständige Person hat ja vielleicht einfach nur noch was Wichtiges zu erledigen oder ist mal wieder im ewigen Verkehrschaos steckengeblieben. Und außerdem: Wer ist noch nie einige Minuten zu spät gewesen? Einfach mit den Schultern zucken, *paciência* vor sich hin murmeln (die in Portugal viel strapazierte Geduld) und warten – oder eben später wiederkommen. Wenn man das gelernt hat, ist man auf einem guten Weg, sich prächtig zu integrieren.

Nicht von ungefähr sind auch Zeitangaben in der Umgangssprache eher vage. Auf die Frage »Wann geht der Zug?« wird man schon mal zur Antwort bekommen: *»Por volta das três«*, was so viel bedeutet wie »so um die drei 'rum«. *»Pela Tarde«*, also »gegen Nachmittag«, kann alles zwischen 15 und 19 Uhr bedeuten, und der Elektriker wird *»pela parte da manhã«* angeben, wenn er gedenkt, am Morgen vorbeizukommen: irgendwann zwischen 9 und 13 Uhr. *»Ao fim da tarde«*, »gegen Ende des Nachmittags«, schwankt zwischen 18 und 20 Uhr, *»à noite«* bedeutet »frühestens um 21.30 Uhr«.

Was die Pünktlichkeit im Geschäftsleben angeht, hat es sich in den letzten Jahren stark verbessert. Dort halten die meisten

Portugiesen zwar eine bestimmte Pünktlichkeit ein – aber nur die wenigsten werden auf die Minute genau zu Geschäftsterminen oder am Arbeitsplatz erscheinen. Auch beginnt ein Arbeitstag im Durchschnitt zwar früher als beispielsweise beim spanischen Nachbarn, aber deutlich später als im Uhrenland Schweiz oder in Deutschland. Einmal am Arbeitsplatz, nimmt man es mit dem tatsächlichen Start eher gemütlich, denn während der PC noch hochfährt, kann man sich ja immer noch schnell ein Käffchen holen und sich über die Neuigkeiten mit den Arbeitskollegen austauschen. Dafür verbringen die meisten Portugiesen mehr Zeit im Betrieb als der Durchschnitt der Europäer und kommen daher auch relativ spät nach Hause. Viel Zeit für die Familie bleibt normalerweise nicht – ein paar späte Abendstunden und die Wochenenden müssen ausreichen.

Wenn man bedenkt, dass in wenigen anderen EU-Ländern die gleichzeitige Berufstätigkeit von Mann und Frau so häufig vorkommt, dann fragt man sich schon, wie die meisten Haushalte es schaffen zu funktionieren. Da die große Mehrheit der Familien dank der lächerlichen Gehälter nicht allein mit dem Verdienst des Mannes oder der Frau über die Runden kommen würde, ist das Klischee vom »Heimchen am Herd« schon lange passé. Tatsächlich liegt der Anteil der berufstätigen Frauen in Portugal über dem EU-Durchschnitt. Und nicht nur das: Laut einer im Dezember 2012 veröffentlichten OECD-Studie soll – im weltweiten Vergleich – das starke Geschlecht in Portugal (nach Indien, Mexiko und der Türkei) mit fast 250 Minuten noch am meisten »unbezahlte Hausarbeit« leisten.

Obwohl die Gleichheit von Mann und Frau seit 1976 in der Verfassung festgeschrieben ist und es diesbezüglich zu einer mentalen Veränderung innerhalb der lusitanischen Gesellschaft kam, ist diese noch immer paradox. Einerseits sind Frauen auf dem Arbeitsmarkt prozentual stärker vertreten. Ebenso gibt es deutlich mehr weibliche als männliche Hochschulabsolventen, was insofern erstaunlich ist, als es noch unter der Salazar-Diktatur nicht einmal selbstverständlich war, dass Mädchen auf dem Land mehr als nur die Grundschule besuchten. Dessen ungeachtet existiert im europäischen Portugal immer noch ein tief verwurzeltes Rollenverständnis, und auch die emanzipierte, erfolgreiche junge Frau fällt in den eigenen vier Wänden normalerweise in die traditionelle Hausfrau-Mutter-Geliebte-Rolle. Oder wie es ein guter Freund mal formulierte: »Viele portugiesische Frauen reisen alltäglich vom 19. ins 21. Jahrhundert und wieder zurück.«

Allzu oft sind sie noch für die Kinder zuständig und kochen abends das Essen – und erledigen generell den Löwenanteil der Hausarbeit. Schaut man sich die Löhne und Gehälter von Männern und Frauen an, so scheint die Gleichstellung trotz gleicher oder höherer Qualifikation der Frauen noch in weiter Ferne. Auch die Politik und Führungspositionen in der Wirtschaft werden immer noch von Männern dominiert. Deshalb sollte es auch nicht wundern, dass die Geburtenrate in dem traditionell sehr stark katholisch (offiziell rund 90 Prozent, davon circa zwei Millionen praktizierende Katholiken) und eher familienorientierten Land mit 1,3 Kindern pro Frau zu den niedrigsten der EU gehört – sei es aus Mangel an Zeit, Geld oder eben doch Geduld. Dementsprechend weist Portugal eine der ältesten Bevölkerungen der EU auf: Im Jahre 2012 kamen in Portugal laut Eurostat nur 8,5 Kinder pro 1000 Einwohner auf die Welt. Schlechter dran ist nur Deutschland, welches mit 8,4 Geburten die niedrigste Rate aller 28 EU-Staaten aufweist.

Doch viel gewichtiger als der Faktor Zeit und Alltagsstress wird wohl die Krise sein. Denn angesichts der aktuellen wirtschaftlichen und sozialen Situation wollen oder können immer weniger Frauen Kinder bekommen. Viele junge Leute suchen in dem Alter, in dem früher das erste Kind fällig gewesen wäre, noch einen ersten festen Job und wohnen gegebenenfalls noch bei Mama. Auch gehören die Portugiesen immer noch zu den Spitzenreitern im EU-Scheidungsranking. Wer sich entgegen dem allgemeinen Trend zur Ehe entschließt, heiratet in Portugal natürlich meist kirchlich und mit allem Pomp. Da ist die Tradition noch, was sie war.

Doch in Portugal verschiebt man nicht nur die Kinder auf

später: Scheinbar wird alles verschoben. So gehen die meisten Portugiesen auch relativ spät ins Bett und schlafen nicht genügend, um sich für die Strapazen des nächsten Tages zu erholen. Das haben mehrere Studien in den letzten Jahren hervorgehoben, laut denen der Durchschnittsportugiese nur zwischen fünf und sieben Stunden pro Nacht schläft, weswegen viele Portugiesen besonders früh am Morgen (und ganz besonders vor dem *cafezinho*) eher gereizt aussehen. Und schlecht für die sowieso schon gebrandmarkte Produktivität am Arbeitsplatz soll es ja auch sein. Vielleicht lässt sich aber damit auch der recht hohe (oder besser: deutlich überhöhte!) Konsum von Koffein und anderen Aufputschmitteln erklären. Auch der Pro-Kopf-Konsum von Tranquilizern und Antidepressiva soll nirgendwo in der EU höher sein. Und das nicht erst seit der Krise, die das Land in den letzten Jahren besonders schwer getroffen hat. Schon zu besseren Zeiten schien die lusitanische Gemütlichkeit derart unvereinbar zu sein mit dem Stress der fortschreitenden Modernisierung und Globalisierung innerhalb der europäischen Bestrebungen, dass nur ein erhöhter Verbrauch an seichten (und schweren) Psychopharmaka der urigen Seele Portugals helfen konnte. Vielleicht sollten sie einfach mehr schlafen, die Portugiesen.

Gibt es nicht, werden Sie vielleicht fragen, noch diese Schlafenszeit um den Mittag herum? Neeein, das ist nebenan!!

Arbeitsmoral und lusitanische Lässigkeit

Sowohl das hiesige Zeitverständnis als auch die Organisation fordern von den Portugiesen ein gutes Improvisationstalent – und sie sind wahrhaftig Meister von Stegreiflösungen, die manchen Ingenieur aus Mittel- und Nordeuropa erblassen ließen. Nicht immer aber ist das eine Reaktion auf die bittere Härte des Schicksals: Die spontane Lösungsfindung entspringt eher der Tatsache, dass man in Portugal zumeist nicht viel auf teutonische Organisation oder langfristig durchdachte Planung gibt und so ziemlich alles »auf den letzten Drücker« macht *(fazer tudo em cima do joelho)*.

Die meisten Portugiesen arbeiten eigentlich stets und ständig so. Und vielleicht ist gerade diese »lusitanische Lässigkeit« auch das einzig wahre Rezept in einem Land, in dem vieles nicht nach Plan läuft. Eine Vielzahl von gleichzeitigen Arbeitsabläufen, häufige Unterbrechungen, Verschiebungen von Terminen und Zaudereien gehören zur Normalität. Dementsprechend werden kurzfristig erreichbare Ziele der langfristigen Planung eher vorgezogen.

Natürlich wundert es einen schon manchmal – und das nicht nur Ausländer – wie das Land angesichts dieser fehlenden Organisation und ständigen Improvisation funktionieren kann. Die mitunter mangelnde Arbeitsdisziplin wird auch durchaus beanstandet – selbst von den Portugiesen! – doch immer schaut man dabei auf die anderen und nicht auf sich selbst. Das mag zwar wesentlich angenehmer sein, löst aber das Problem nicht. Tja, dieser kleine Fleck am Atlantik gehorcht nun einmal eigenen Regeln, da kann man noch so sehr versuchen, sich an EU-Maßstäben und Richtlinien zu orientieren. Und das Improvisationstalent hat auf jeden Fall auch seine guten Seiten.

Aber es gilt auch, was einer der erfolgreichsten portugiesischen Unternehmer mir einmal in einem Privatgespräch anvertraute: »Es stimmt schon: Wir sind anpassungsfähig. Aber wir geben auch zu schnell auf und vertrauen viel zu sehr auf das Glück und die Vorsehung. Unterm Strich brauchen wir mehr Ausgeglichenheit und Organisation.«

Die Achillesferse Portugals ist schon seit jeher die niedrige Produktivität: Mit etwa 16 Euro pro Arbeitsstunde gehört Portugals Produktivität laut Zahlen von 2012 zu den niedrigsten in Europa, wo der Durchschnitt bei 32,20 Euro pro Arbeitsstunde liegt. Zwar liegen die Portugiesen damit noch vor anderen EU-Ländern wie Ungarn, Polen, der Slowakei, Malta oder der Tschechischen Republik, aber hinter Griechenland und den Spaniern, die mit 31,5 Euro fast doppelt so viel pro Arbeitsstunde produzieren. Auch einige der neuen EU-Länder wie Slowenien (mit 21,3 Euro pro Arbeitsstunde) haben Portugal bereits deutlich überholt – bei vergleichbaren Löhnen. Die Produktivität in Portugal bleibt – trotz mehrerer Reformen – ein Problem. Wer jedoch ein paar Portugiesen kennt oder mit ihnen gearbeitet hat, der weiß, dass dies nur zum Teil an mangelndem Fleiß und fehlenden Ambitionen oder an der weit verbreiteten »Leben-vor-Arbeit-Mentalität« der Bevölkerung liegt, wie es in Mittel- und Nordeuropa gern pauschalisiert wird. Und bestimmt auch nicht an fehlender Arbeitsmoral, zu vielen Ferientagen oder zu frühen Renten.

Die deutsche Bundeskanzlerin Angela Merkel trat im Jahr 2011 mit ihren Äußerungen über die Arbeitsmoral in den süd-europäischen Krisenländern jedenfalls mächtig ins Fettnäpf-chen. Sie sagte, es könne doch nicht angehen, dass die Menschen in den verschuldeten EU-Ländern weniger lange als die Deutschen arbeiten würden, mehr Ferientage genössen und sogar viel früher in Rente gingen. Die Kanzlerin hätte wissen müssen, dass sie Unrecht hatte, denn auch die deutsche Presse berichtete wiederholt, dass sich die tatsächliche Arbeitszeit von Deutschen und Südeuropäern kaum unterscheidet. Studien wie die der französischen Natixis-Bank (die sich vor allem auf Zahlen des Statistikamts Eurostat und der OECD bezog) belegten, dass die jährliche Arbeitszeit eines Deutschen im Durchschnitt 1390 Stunden, die eines Griechen durchschnittlich 2119 Stunden, eines Italieners 1773, eines Portugiesen 1719 und eines Spaniers 1654 Stunden beträgt. Auch was Rente und Urlaubsanspruch angeht, lag Merkel mit ihrer Kritik nicht richtig, denn die Deutschen scheiden derzeit im Durchschnitt mit 62,2 Jahren aus dem Erwerbsleben, die Portugiesen mit 62,6 und die Spanier mit 62,3 Jahren.

Aber Studien sind nun einmal Studien. Sie müssen nicht falsch sein, aber sie zeichnen die Realität eben nur bedingt nach. Natürlich entspricht die vorherrschende Einstellung zur Arbeit in Portugal wohl kaum der der Deutschen oder der Schweizer. Und wenn man von den Deutschen früher behauptete, sie lebten, um zu arbeiten, kann man von einer Mehrheit der Portugiesen schon ohne Probleme sagen, dass sie arbeiten, um zu (über)leben – und bestimmt nicht einfach, weil ihnen die dazu noch meist schlechtbezahlte Arbeit Spaß machte. Besagt nicht ein uraltes portugiesisches Sprichwort »Arbeiten tut sowieso nur der, der nichts Besseres zu tun hat.«?

Das bedeutet aber natürlich auch nicht, dass hier einfach alle faul herumtrödeln oder dass in Portugal ein generelles Desinteresse an der Arbeit überwiegt. Außerdem leben rund fünf Millionen Portugiesen im Ausland, wo sie als Angestellte sehr geschätzt und dementsprechend auch immer wieder gefragt sind. Man sagt ihnen, wie mein Kollege Thomas Fischer unterstreicht, jedenfalls »nirgendwo eine genetische Faulheit« oder einen »Hang zum Schlendrian« nach.

Ganz im Gegenteil. Auch in Portugal können nationale und internationale Unternehmen sehr erfolgreich und produktiv arbeiten, sofern sie es verstehen, ihr Personal zu motivieren. Denn gerade die Motivation ist ein großes Problem. Die Mehrheit der Berufstätigen in Portugal (bis auf eine kleine Gruppe von freien Berufen, Ärzte und Journalisten etwa) ist unzufrieden mit ihrem beruflichen Umfeld. Gründe: oft erschreckend unfähige Vorgesetzte, dazu sehr niedrige Löhne und Gehälter. Dazu kommt die Gewissheit, dass sich dies in den nächsten Jahren nicht bessern, sondern höchstens verschlechtern wird.

Große Defizite bestehen laut dem Wirtschaftsprofessor und Sozialforscher aus Coimbra Elísio Estanque nicht nur bei der Bildung und Qualifizierung der Arbeitnehmer, sondern »ganz besonders der Führungskräfte«, denen es einfach an »unternehmerischem Denken und strategischer Vision« fehle. Die meisten Arbeiter werden nämlich nicht nur schlecht bezahlt, sondern auch schlecht auf ihren Posten vorbereitet und eher nie als selten auf Fortbildungen geschickt. Ihre erste Pflicht heißt Anwesenheit, Überstunden gehören meistens zum Alltag und werden selbstverständlich nicht bezahlt. Dass sich die Beschäftigten bei diesem enormen Aufgebot an Arbeitgeberfreundlichkeit nicht unbedingt für ihr Unternehmen ins Zeug legen, ist nur verständlich.

Nicht zu vergessen sind auch andere Faktoren, welche die Produktivität in Portugal deutlich beeinträchtigen und nicht direkt mit der Arbeitsmoral zu tun haben. Zum Beispiel kosten alltägliche Dinge viel Zeit. Jeder Behördengang dauert mindestens doppelt so lange wie in Deutschland. Und trotz vieler ausgesprochen revolutionär anmutender Fortschritte bei den Angeboten, gewisse Anliegen per Internet zu erledigen, bremst die schwerfällige, ja geradezu obstruktive Bürokratie die Produktivität. Außer Griechenland dürfte es wenige EU-Länder geben, in denen die Menschen so viel Zeit mit Warten und Anstehen verbringen wie in Portugal.

Bei allen Ausreden und Entschuldigungen – ob gut oder schlecht – ist es klar, dass die lusitanische »Software« eine andere ist: Sie hat unterschiedliche Anwendungen, unterschiedliche Limits, aber eben auch überraschende Funktionen. Man kann dennoch nicht vertuschen, dass in Portugal de facto einfach etwas mit der Arbeitseinstellung nicht zu stimmen scheint. Arbeit gilt oft immer noch nicht als der schnellste Weg nach oben – und es besteht immer das demoralisierende Gefühl, dass nichts ohne gute Beziehungen läuft und dass Dreistigkeit und Frechheit siegen. Und wenn sich andere kaum um Recht und Gesetz scheren, warum zum Teufel sollte man es selbst tun – und nicht eben auch den Klüngel ausnutzen? Dass Bürokratie und fehlende Disziplin, aber auch Steuerhinterziehung und besonders die »Informalität« (Nichterfüllung steuerlicher, sozialer, die Umwelt betreffender und anderer Pflichten) keinesfalls nebensächliche Aspekte bei Produktivität und Wirtschaftswachstum sind, haben Untersuchungen gezeigt. Ob all das historisch bedingt ist, sei dahingestellt, aber es gibt Stimmen, die dies durchaus zu bedenken geben.

Auf einer Konferenz, die 1871 die Gründe für Portugals politischen, wirtschaftlichen, aber auch moralischen Absturz analysieren sollte, hielt der Sozialdenker und Poet Antero de Quental wohl eine der wichtigsten Reden der Landesgeschichte (der Journalist Barry Hatton erinnert in seinem Buch *Os Portugueses* sehr richtig daran, wie erstaunlich es sei, dass die von

Quental angeprangerten Missstände noch immer zum Teil oder gänzlich zutreffen).

Als ersten wichtigen Grund für diesen Niedergang nannte Quental den religiösen Konservatismus, der mit der Gegenreformation das schöpferische, freie Denken im erzkatholischen Portugal im Keim erstickt und das Land vor dem intellektuellen Fortschritt des protestantischen Europa ferngehalten habe. Die Inquisition, die 1536 in Portugal eingeführt wurde, stürzte die lusitanische Heimat in einen tiefen katholischen Fanatismus und wurde laut Quental zur »Grabstätte der Nation«. Nicht nur, weil sie unzählige Opfer forderte, sondern weil sie sich gegen jegliche kritische Vernunft stellte und unzählige helle Köpfe aus Portugal verstieß, so dass sich das Land weder erneuerte noch fortentwickelte und bald seine Vorreiterrolle als Weltmacht verspielte. Ein Rückstand, der nicht mehr aufzuholen war. Etwas Ähnliches förderte auch die Diktatur Salazars im 20. Jahrhundert, die das Land von allem Fortschritt abschottete und durch Staatspolizei und Zensur gnadenlos kontrollierte.

Immer wiederkehrende Perioden absolutistischer Macht in Portugal hätten, laut Quental, nicht nur die Unterwürfigkeit, sondern auch die Resignation und Tatenlosigkeit des Volkes gefördert. In diesem Abhängigkeitsgefüge ergaben Eigeninitiative und Eigenverantwortung keinen Sinn. Man gewöhnte sich daran, abzuwarten, bis man vom alles beherrschenden und paternalistischen Staat das bekam, was man brauchte. Dass auch heutzutage in Portugal ohne den Staat nicht viel läuft, ist kein Geheimnis.

Vor allem aber prangerte Antero de Quental die negativen Charaktereigenschaften an, die das so oft heraufbeschworene Zeitalter der Entdeckungen in den Portugiesen hervorgebracht haben soll: angefangen mit einem Wirtschaftssystem, welches die Portugiesen dazu verleitete, jegliches umsichtige Wirtschaften und ehrliche Arbeit zu vernachlässigen. Sobald das Geld floss, vergaß man die Verantwortung. Für Quental ist die Epoche der Entdeckungen der Ursprung für den moralischen Verfall Portugals: Er bekräftigte, dass zwei Jahrhunderte der

Plünderungen, die nie dagewesenen Wohlstand brachten, die Portugiesen zur Faulheit, Unvorsichtigkeit und Fahrlässigkeit beim Umgang mit diesen leicht errungenen Reichtümern ermunterten.

Ehrliche und womöglich gar manuelle Arbeit sei damals sowieso nur von den Wenigsten geschätzt worden. Man gewöhnte sich daran, von den Kolonien zu leben und viele Güter einfach zu importieren. Oder wie es Eduardo Lourenço, ein anderer großer portugiesischer Denker, in seiner *Psicoanálise mítica do destino portuguê*s (Mythische Psychoanalyse des portugiesischen Schicksals) formulierte: »Nicht zu arbeiten war in Portugal immer ein Zeichen von Adel, und als die Arbeit ihrerseits wie im protestantischen Europa als Zeichen der Erwählung zu gelten begann, entdeckten wir kollektiv, wie man ein uraltes Erbe verfeinert, und übertrugen diese peinvolle Pflicht den Schwarzen. Genau besehen ist dies die authentische Essenz der Entdeckungen, der Rest, wenn auch immens, ist Beiwerk.«

Anstatt den unvorstellbaren Wohlstand in die Entwicklung des inländischen Handels und der Produktion zu investieren, gab man in Portugal diesen leichtfertig aus. Zu einer Zeit, als man im 16. Jahrhundert das Handelsmonopol mit dem Orient innehatte, und später, als ab Ende des 17. Jahrhunderts der Goldrausch in Brasilien begann, wurde in Portugal kaum etwas produziert. Man benutzte das gewaltige Vermögen, um die Arbeit anderer zu bezahlen, und geriet bald in die Abhängigkeit des Auslands. So geschehen im 18. Jahrhundert mit dem Alliierten England, von dem Portugal vieles bezog. Bezahlt wurde mit Gold aus Brasilien, das nebenbei auch für verschwenderische und völlig überdimensionierte Prestigebauten verwendet wurde. Die Geschichte ist eben, wie es der große portugiesische Romancier Eça de Queirós schon ausdrückte, »eine alte Dame, die sich endlos wiederholt«. Denn was vor 300 Jahren das Gold aus Brasilien war, wurden im 20. Jahrhundert die leichten Gelder aus Brüssel, die nach Portugal flossen und nicht umsichtig genug genutzt wurden.

Nationale Identität und Patriotismus: »Über meine Familie und mein Land rede nur ich schlecht, sonst keiner!«

Helden des Meeres, edles Volk,
Tapfere, unsterbliche Nation,
Richtet heute wieder auf
Die Pracht Portugals!

Aus dem Nebel der Erinnerung,
Oh Vaterland, ertönt die Stimme
Deiner ehrwürdigen Vorväter,
Die Dich zum Siege führen wird!

Refrain: An die Waffen, an die Waffen!
Zu Lande und zu See,
An die Waffen, an die Waffen!
Für das Vaterland kämpfen,
Marschiert gegen die Kanonen, marschiert!

(Portugiesische Nationalhymne *A Portuguesa*)

»*Só oiço dizer mal de Portugal em Portugal*« – »Über Portugal höre ich nur immer in Portugal Schlechtes«, klagte Portugals damaliger Außenminister Luís Amado 2010 mit einem gewissen Verdruss und kommentierte so die Neigung seiner Landsleute, immer nur die negativen Aspekte des Landes zu sehen. Und tatsächlich entsteht – wie schon an anderer Stelle bemerkt – oft der Eindruck, dass man sich in Portugal bemüht, immer alles schlechter zu reden, als es womöglich ist. Portugiesen sind eines der selbstkritischsten Völker, die ich kenne, Profis des Lamentierens und des Nörgelns. Dies alles gehört einfach zum portugiesischen Wesen – genau wie der fast trotzige Stolz auf die eigene Geschichte und »lusitanische Eigenart«.

Den Portugiesen sind viele dieser Schwächen bewusst, und deshalb nehmen sie sich auch mit Freude und ständig untereinander aufs Korn. In Portugal lebende Ausländer oder Touristen dürfen gern mitkritisieren und mitwitzeln – aber nur über die kleinen, harmlosen Dinge! Lediglich einem Volk wird diese Legitimation völlig abgesprochen – nämlich den Spaniern! Natürlich. Die sollen gefälligst, so der barsche Tenor, stillschweigen, denn schließlich würden sie sich in ihrem eigenen Land nicht einmal selbst verstehen. Eine klare Sache.

Auf grundlegende Kritik – komme sie, von wem sie wolle – reagiert der Durchschnittsportugiese sehr empfindlich. Wehe dem Fremden, der sich traut, einer abwertenden Äußerung zuzustimmen, oder diese sogar noch zu toppen gedenkt oder – Himmel hilf! – gar eine eigene Kritik über die Portugiesen und ihre Passivität, ihren lähmenden Fatalismus, fehlenden Bürgersinn oder das Nichtfunktionieren der Gesellschaft hervorzubringen. Selbst über »die da oben« sollte der Nichtportugiese am besten schweigen, obwohl diese sonst mit allen möglichen und unmöglichen Schimpfwörtern bedacht werden, dass selbst der Teufel vor Scham erröten würde. Da zählen die Jahre und das Wissen über Land und Leute auf einmal nichts mehr, da scheint eine unüberwindliche Grenze zu sein. Mit allen Mitteln wird man kontern und dem Missetäter bewusst zeigen, dass man solche Äußerungen nicht einfach so wegsteckt.

Wen juckt es, ob die Kritik berechtigt war oder nicht, ja sogar ob der fieberhafte Patriot gleicher Meinung ist wie der ausländische Nörgler? Alles schnuppe! Ich habe es unzählige Male erlebt, sei es mit Berufskollegen, Fremden oder auch mit guten Freunden: Von einer Sekunde zur anderen mutiert man vom »Fastportugiesen«, der ja schließlich schon lange als Journalist in Portugal arbeitet und dem man nach fast 20 Jahren ein gewisses Wissen über Land, Leute und Kultur zutraut, zum nörgelnden Ausländer und ewigen Besserwisser. Öfters wird man zu hören bekommen, dass man ja schließlich als Portugiese auch nicht seine ehrliche Meinung über das Heimatland eines Fremden kundtut. Was aber so auch nicht stimmt: Die Mehrheit der Portugiesen fühlt sich nämlich meistens durchaus im Recht, andere Länder zu kritisieren.

Tatsache ist: Mit gerechtfertigter Kritik tut man sich in Portugal normalerweise noch schwer. »Über meine Familie und mein Land rede nur ich schlecht, sonst keiner«, wird man zu hören bekommen. Kurioserweise sind die Portugiesen dennoch ziemlich daran interessiert, zu wissen, was im Ausland über ihre Heimat gesagt und berichtet wird. Grob gesagt: wie das kleine Land »da draußen« ankommt. Alles, was auch nur im Entferntesten mit Portugal oder Portugiesen irgendwo in der Welt zu tun hat – so belanglos oder trivial es auch sein mag – wird eine breite, wenn nicht erschöpfende Berichterstattung in den Medien nach sich ziehen.

Hält man sich nicht an das »Kritiktabu«, kann eine Diskussion schon mal lauter werden. Doch braucht man aber normalerweise nicht lange, um sich wieder zu beruhigen. So jedenfalls im Normalfall. Da reicht es aus, einfach das Thema zu wechseln oder noch ein Bier zu bestellen. Wird die Diskussion aber persönlich, ist man im Allgemeinen schon eher nachtragend und braucht entsprechend lange, um sich wieder zu versöhnen, auch weil es normalerweise keine sachliche, lösungsorientierte Diskussion oder Aussprache gibt. Irgendwann zückt man den metaphorischen Schwamm und wischt drüber.

Natürlich sollte man als Ausländer etwas vorsichtig mit seinen Meinungsäußerungen zu »heißen Themen« umgehen, doch das bedeutet natürlich nicht, dass man sich einen Maulkorb aufsetzen und nur die Sympathie und die Gastfreundschaft, das schmackhafte Essen oder das herrliche Klima ansprechen sollte. Das ist Unsinn! Aber man sollte, bevor man sich auf eine solche Diskussion einlässt, zumindest einigermaßen fundierte Kenntnisse über Land und Leute besitzen.

Wie übertrieben diese typisch portugiesische Gegenreaktion manchmal sein kann, mag vielleicht am Beispiel Cristiano Ronaldos (CR7, wie er sich gern nennt) deutlich werden: Der Fußball-Superstar hat in seinem Heimatland seit jeher einen schweren Stand. Es hagelt heftige Kritik am Kapitän der Nationalmannschaft, den viele Portugiesen einfach nicht mögen, nicht nur wegen angeblicher Staralüren und Arroganz, seiner haargelintensiven Frisuren oder seiner etwas debilen Art, sich auszudrücken. Nein, es wird ihm vor allem vorgehalten, dem Heimatland und der sowieso besten und talentiertesten Fußballnation auf Erden (den »Brasilianern Europas«) einfach nicht gerecht zu werden – Weltstar hin oder her. Lange wurde ihm vorgeworfen, nur für reiche ausländische Clubs Tore zu schießen, wie für Manchester United oder Real Madrid, und nicht genug für Portugal zu tun. Sich nicht anzustrengen, keinen Biss zu zeigen für sein Heimatland. Und dies – so erklärt es sich der Portugiese – natürlich nur, weil er woanders Millionen verdient und für das Land »gratis« spielen muss.

Lange Zeit war es auch so: CR7 traf einfach kaum für die Nationalmannschaft und spielte dort, zumindest für die hohen Erwartungen, eher mittelmäßig bis schlecht. Nach all den glanzvollen Auftritten für Real Madrid in Spanien, wo die Maschine Ronaldo mit geschlossenen Augen trifft, schien er, sobald er das portugiesische Wappen auf der Brust hatte, Ladehemmung zu haben. Mittlerweile hat sich das allerdings etwas geändert, denn der Weltfußballer des Jahres 2013 traf im März 2014 gleich dreimal gegen Schweden (und bescherte so seinem Land das Ticket zur WM in Brasilien) und ist mit 49 Treffern der erfolgreichste Torschütze in der Länderspielgeschichte Portugals. Damit liegt er sogar weit vor Fußballlegende Eusébio, dem »Schwarzen Panther« (1942–2014). Aber das werden viele bei seiner nächsten eher schwachen Leistung wieder vergessen haben, und man wird ihn bald wieder alles andere als filigran behandeln.

Wie mit ihm und anderen »Primadonnen« der derzeitigen *seleção* in der Heimat umgegangen wird, illustriert ein Text, den ein portugiesischer Journalist vor einem Spiel der Nationalmannschaft schrieb: »Bei dieser Truppe werden wir wohl auf der Ersatzbank eher zwei Friseure statt medizinisches Personal brauchen. Es könnte ja sein, dass einer unserer Stars während des Spiels ein paar neue Strähnchen braucht. Außerdem: Um sich zu verletzen, müssen sie erst Fußball spielen, aber bis jetzt hat das noch keiner von ihnen geschafft. L'Oréal sollte diese Gruppe von Sonderlingen sponsern, dem Biersponsor werden sie nämlich nicht gerecht. Angebracht wäre auch, eine Nagel-pflegerin und einen Juwelier einzustellen. Was, wenn einer unserer Jungs einen Ohrring verliert? …«

Aber wehe! Wehe wenn jemand wie der Fifa-Präsident Sepp Blatter (also jemand von außen) den Star der Nationalmannschaft öffentlich zu verulken wagt. Dann hat er es nicht nur mit Ronaldo selbst zu tun, sondern mit ganz Portugal – inklusive Regierung. Der Präsident des Weltverbandes machte sich im Oktober 2013 bei einem Auftritt vor Studenten der Oxford University über Ronaldo lustig. Während sein Dauerrivale Lionel Messi vom FC Barcelona »ein guter Junge« sei und auf dem Platz tanze, Tore schieße und zudem noch bescheiden sei, komme Ronaldo wie ein Feldherr daher. Dann imitierte Blatter in einer slapstickartigen Einlage die aus seiner Sicht roboterartigen Bewegungen Ronaldos. Außerdem gebe Ronaldo mehr Geld für Friseurbesuche aus als der Argentinier Messi, lästerte der 77-Jährige. »Ich kann nicht sagen, wer der Beste ist. Ich mag beide, aber ich bevorzuge Messi«, gestand er – und löste in Portugal einen Sturm der Empörung aus. Nicht nur der portugiesische Fußballverband FPF protestierte vehement (in einer Mitteilung hieß es, der Fifa-Boss habe es nicht nur gegenüber Ronaldo, sondern »gegenüber ganz Portugal an Achtung fehlen lassen«), sogar Regierungsmitglieder ließen es sich nicht nehmen, ihre Wut und ihr Unbehagen öffentlich auszudrücken.

Über Tage zog sich das Thema durch die Medien. Man analysierte und diskutierte – wie es in Portugal besonders bei unwichtigen Themen üblich ist – jedes kleinste Detail bis zur Ohnmacht. Der Fifa-Boss wurde aufgefordert, die schändlichen Worte der Kritik zurückzunehmen. Und siehe da, Blatter entschuldigte sich und lobte Ronaldo via Twitter. Und bestätigte, dass der Portugiese zu den hoch talentierten Spielern der Fußball-Welt gehöre.

Das lusitanische Herz war etwas besänftigt – und die Portugiesen hatten sich das Recht erstritten, ihren arroganten, Glitzerohrringe tragenden Stürmerstar ausschließlich wieder selbst in die Pfanne hauen zu dürfen.

Der besondere Stellenwert des Essens: Vom portugiesischen Magen zum portugiesischen Charakter

»Man ist, was man isst.«
(Volksweisheit)

Comer e beber (essen und trinken) gehört eindeutig – Krise hin oder her – zu den Lieblingsbeschäftigungen im Leben eines Portugiesen. Essen ist natürlich nicht nur Nahrungsaufnahme, es ist ein heiliges Ritual, das ausgiebig zelebriert wird und sehr viel über den nationalen Charakter und die lusitanische Seele aussagt: Es ist ein Sinnbild für den Bohemien im Portugiesen und drückt nicht nur die Wichtigkeit des *convívio* (Zusammenkommens, Beisammenseins) aus, sondern illustriert auch die gewisse Lässigkeit, mit der man dem täglichen Tagesablauf entgegensieht. Dem waschechten Portugiesen schwillt die Brust vor Stolz angesichts der guten einfachen Dinge des Lebens, die er direkt vor seiner Haustür findet: die Sonne, das Meer, das Klima, aber auch das geschmackvolle, frische, bodenständige Essen – und natürlich den portugiesischen Wein. Sie wissen diese Kleinigkeiten des Lebens zu schätzen und teilen sie auch gern. Nicht nur untereinander, sondern auch mit dem ausländischen Besucher – man bemüht sich regelrecht darum.

Denn mit dem Essen verhält es sich wie mit (fast) allen anderen Freuden, die das Heimatland zu bieten hat. Man ist stolz, den heimlichen Zauber des schlichten, scheuen, reinen Portugals dem Außenstehenden zu zeigen, und freut sich dann auch entsprechend, wenn das anerkannt wird. Und beim Essen heißt es eindeutig: einfache, ehrliche und abwechslungsreiche Küche – aus einfachen, aber erstklassigen, frischen Produkten das Beste zu machen. Die nationale Hausmannskost nimmt auch und besonders im Ausland, bei den Millionen von emigrierten Portugiesen, einen besonderen Stellenwert ein, denn sie festigt das Zusammengehörigkeitsgefühl und hilft, das Heimweh besser zu überstehen. So gibt es auch kaum einen im Ausland ansässigen Portugiesen, der, ist er mal in der Heimat, seine Koffer nicht mit bestem portugiesischen Olivenöl, *bacalhau* und anderen Geheimzutaten und Gaumenfreuden vollstopft, bevor es wieder ab in die weite Fremde geht.

Das Frühstück ist das Stiefkind unter den Mahlzeiten, die wohl am meisten vernachlässigte: Es wird meist schnell zu Hause oder am Tresen eines Cafés oder in einer *Pastelaria* eingenommen und fällt eher spärlich und hektisch aus. Dafür sind besonders das Mittag- (*almoço*) aber auch das Abendessen (*jantar*) heilig und ausgiebig. Diese werden stets warm gegessen und bestehen meistens – wenn es die Zeit sowie das Portemonnaie noch erlauben – aus einem dreigängigen Menü. Mittags geht es in Portugal besonders zur Sache: Auf das typische Couvert, das je nach Restaurantklasse variiert und gleich auf den Tisch kommt, folgt üblicherweise erst die Suppe, dann der Hauptgang. Danach gibt es zumeist noch einen Nachtisch. Und dann natürlich das »schwarze Wunder«, ohne das die Portugiesen sowieso nicht auskommen würden. Man lässt sich eben gern Zeit beim Essen und Trinken – und muss dann dementsprechend schon einmal die einstündige Mittagspause ein wenig überziehen. Lange her, dass diese traditionell bis zu drei Stunden dauern konnte; da hatte man auf jeden Fall noch Zeit für ein weiteres Käffchen – vielleicht noch einen Wein oder ein Glas Schnaps mehr. Oder für ein kleines aufmunterndes Kartenspielchen, bevor man sich wieder an die lästige Arbeit schleppen musste.

Abgeschafft wurde diese Tradition Anfang der 1990er Jahre von der konservativen Regierung des damaligen Premiers Cavaco Silva. Und da sagt manch einer noch, dass sich in Portugal nichts ändert! Am späten Nachmittag, normalerweise zwischen 16 und 17.30 Uhr, nehmen die meisten Portugiesen noch einen *lanche* zu sich, einen kleinen Snack, wobei man entweder am Arbeitsplatz schnell was verdrückt oder sich kurz in das nächstgelegene Café begibt – denn ein solcher Sprung lohnt sich immer: Der ausländische Besucher wird nicht lange brauchen, um zu verstehen, warum. Da braucht man nur durch die typische Glasscheibe am Tresen zu schauen, wo sich unzählige süße und salzige Leckereien stapeln.

Das warme Abendessen wird irgendwann zwischen 20 und 22 Uhr eingenommen (am Freitag oder am Wochenende auch später) und umfasst oftmals auch noch einmal ein komplettes Menü. Nicht selten wird auch noch in manchen Familien und Orten zur *seia* eine Mitternachtssuppe oder ein anderer Mitternachtssnack angeboten.

Das Essen spielt natürlich auch beim Geschäftlichen eine wichtige Rolle, denn viele Geschäfte werden in Portugal nicht im Büro, sondern immer noch an einem gut gedeckten Mittagstisch abgeschlossen oder zumindest eingeleitet. Während der Mahlzeiten trinkt man in Portugal eigentlich immer gern – sei es ein Bierchen oder ein *copo de vinho* (Glas Wein), in Gesellschaft dann auch mal einen *jarrinho da casa* (offener Hauswein) oder eben eine Flasche Wein. Natürlich auch mittags. Ein guter Tropfen ist ein Himmelsgeschenk, und es wäre ja sehr kleingeistig, würde man den verschmähen, nur weil man danach wieder zur Arbeit muss.

Alkohol ist in Portugal ein Genuss- und kein Rauschmittel: Er gehört einfach dazu, obgleich der Alkoholkonsum seit geraumer Zeit Jahr für Jahr leicht zurückgeht. Die Portugiesen trinken auf jeden Fall schon mal weniger Wein als in den guten alten Zeiten: Anfang der 1970er Jahre genehmigte sich der Durchschnittsportugiese noch circa 90 Liter Wein im Jahr, vor 20 Jahren um die 65 Liter. Heute soll der Pro-Kopf-Verbrauch nur noch bei circa 42 Litern liegen, womit man noch hinter den Franzosen, Italienern, Argentiniern und sogar Luxemburgern liegt. Zumindest, wenn man den Statistiken glauben will.

Natürlich hat die schier nicht enden wollende wirtschaftliche Krise der letzten Jahre die Kaufkraft der Portugiesen schwer beeinträchtigt, und das Speisen auswärts ist für viele so wie früher nicht mehr möglich. Aber man leistet sich die günstigen Tagesgerichte in den typischen kleinen *tascas* (kleine, bescheidene und meist familiär geführte Tavernen) und sonstigen alltäglichen Restaurants mit den weißen Papiertischdecken schon noch vergleichsweise oft – schließlich gibt es dort gute alte Hausmannskost zu moderaten Preisen. Und wenn man doch etwas knapp bei Kasse sein oder wenig Hunger haben sollte, gibt es ja noch die *mini-pratos* oder die *meias-doses*. Doch seit geraumer Zeit greifen viele Portugiesen mittags doch lieber öfter auf die Mikrowelle am Arbeitsplatz zurück, um das in der Lunchbox mitgebrachte Essen aufzuwärmen. Seit Krisenbeginn zeichnet sich z. B. die deutliche Tendenz ab, dass der Ansturm auf die Restaurants ab der Mitte des Monats deutlich weniger wird.

Sobald aber das Gehalt Ende des Monats auf dem Konto landet, geht das Ritual des nahrhaften Auswärtsspiels weiter, und die meist familiär geführten Betriebe, die überall im Land wie Pilze aus dem Boden schießen, und natürlich auch andere Restaurants sind wieder voll (zufrieden). Studien haben gezeigt, dass die Portugiesen Mitte der 1990er Jahre fast 30 Prozent ihres Einkommens für Lebensmittel ausgaben, was deutlich über dem EU-Durchschnitt lag. Das mag die Krise mittlerweile verändert haben, oder eben auch nicht. Eine Eurostat-Studie von 2008 ergab, dass portugiesische Familien fast zehn Prozent ihres Haushaltsbudgets für Speis und Trank außerhalb des Hauses ausgeben – mehr als doppelt so viel wie der Durchschnitt der EU (3,9 Prozent). Es sollte daher auch nicht wundern, dass Portugal eines der EU-Länder (wenn nicht das Land) mit der größten Anzahl Restaurants pro Kopf ist: Auf 131 Einwohner kommt sage und schreibe ein Restaurant! Der Durchschnitt in der EU liegt bei einem Restaurant pro 374 Einwohner.

Ich kenne keine Statistik bezüglich Cafés – aber die typischen *Pastelarias*, Snackbars, Kaffeehäuser und Stehcafés sind wahrhaft zahllos. Sie sind in jeder, auch der kleinsten oder abgelegensten Straße oder Ortschaft auf Schritt und Tritt zu finden. Immerhin kann man von keiner guten portugiesischen Seele verlangen, dass sie 100 Schritte ohne Kaffee oder Leckerei gehe! Da funktioniert Portugal ausnahmsweise mal wie ein Schweizer Uhrwerk.

Essen als emotionale Zuwendung

Das Essen genießt bei den Portugiesen nicht nur einen ganz besonderen Stellenwert, sondern ist auch emotionale Zuwendung. Die größte Sorge einer portugiesischen Mutter scheint es zu sein, dass die von zu Hause ausgezogenen Kinder nicht anständig essen könnten – erst recht, wenn etwa der Sohnemann außerhalb des Heimatortes studiert oder arbeitet. Ganz besondere Ausmaße kann das annehmen, wenn dieser sogar im Ausland lebt. Und so kommt es dann schon mal vor, dass man circa drei Kilo getrockneten *bacalhau* per Post nach Berlin geschickt bekommt – mit *beijinhos* von Mama.

Die Freude derjenigen, die diesen *fiel amigo* – »treuen Freund« der Portugiesen zu schätzen wissen, geht ein wenig verloren, wenn der Geruch der fischigen Delikatesse, die in einer kleinen Kreuzberger Wohnung seit mehr als zwei Wochen vor sich hin lagert, nicht mehr zu ignorieren ist und die Bude langsam zu riechen beginnt wie Singapurs Hafenbecken! Übrigens sehr zum Unmut eines Mitbewohners, der eigentlich Vegetarier war. Oder wenigstens so tat.

Die getrockneten Kabeljauplatten riechen eigentlich gar nicht so streng. Erst beim Einlegen in Wasser entfalten sie sich zu doppelter Größe und werden besonders geruchsintensiv. Nach 24 Stunden der Wässerung dieser Köstlichkeit wird jeder schnell merken, warum ein *»cheiras a bacalhau«* – »du riechst nach Stockfisch« alles andere als positiv gemeint sein kann. Also beschlossen mein Kumpel – der Empfänger des heimischen Proviants – und ich, die typisch lusitanische Gutmütigkeit spielen zu lassen, und verschenkten kiloweise Platten an andere portugiesische Exilanten und Berliner Freunde.

Der *bacalhau* ist die absolute Leib- und Magenspeise der Portugiesen: Um die sechs bis sieben Kilogramm Stockfisch (bevorzugt aus Kabeljau) verspeist man in Portugal (rein statistisch gesehen) pro Jahr und Mund, Kleinkinder und Greise einbezogen. So viel, wie in keinem anderen Land der Welt. Obwohl der Konsum in den letzten Jahren eher rückläufig ist, sind das, laut Zahlen von 2013, immerhin noch 70 000 Tonnen pro Jahr! Er hat längst den Rang eines nationalen Kulturgutes eingenommen, und ein portugiesisches Sprichwort besagt sogar, dass es 365 verschiedene *bacalhau*-Rezepte gäbe – für jeden Tag des Jahres eines.

Doch es muss natürlich nicht immer dieser »treue Freund« sein. Den Portugiesen sind alle Früchte des Meeres willkommen. Das kleine Land am Atlantik ist mit einem durchschnittlichen Pro-Kopf-Verbrauch von fast 56 Kilo im Jahr der größte Konsument von Fisch in der EU und der drittgrößte weltweit (nur in Japan und Island wird mehr gegessen). Zum Vergleich: Der EU-Durchschnitt liegt bei 22,3 kg. Doch dieser wuchtige Flossenvieh-Verzehr wirft auch einige Probleme auf: Obwohl das Meer direkt vor der Haustür liegt, muss das kleine Land etwa zwei Drittel seiner Fische importieren, da die Zucht die starke Nachfrage nicht befriedigen kann und die Fänge seit Jahren zurückgehen.

Lebensgefühl am Atlantik

Wenn man an einem lauwarmen Samstagmorgen kurz nach halb sechs vor dem noch geschlossenen Lissaboner Mercado da Ribeira allein wartet (gegenüber vom Bahnhof Cais do Sodré), weiß man spätestens, dass man es mit dem Feiern vielleicht doch leicht übertrieben hat.

Der Abend hatte wie immer begonnen: locker und spontan. Man traf sich mit Freunden in einer kleinen Taverne, wo die Rechnung noch vom Kellner auf die Papiertischdecke gekritzelt wird. Wie in guten alten Zeiten, bevor das mit der Steuereintreibung so ernst wurde. Abgemacht war eigentlich gegen 21 Uhr, doch es dauerte eine gute Flasche Wein, ehe die Letzten so nach 22 Uhr auftauchten. Man aß und trank, erzählte sich alte Geschichten. Die *bica,* die nach Mitternacht mit einer hausgebrannten *aguardente* serviert wurde, schmeckte wie immer vorzüglich und kam gerade noch rechtzeitig. Sie gab den nötigen Antrieb für weitere Drinks im nahe gelegenen Bairro Alto, das der Hauptausgehort Lissabons ist. Tagsüber ist es ein recht ruhiges und idyllisches Viertel, wo man in den engen, fast rechtwinkeligen Gassen kaum eine Menschenseele trifft. Überall verstecken sich Design- und Modeläden, unzählige Bars und Restaurants, die nicht unbedingt nach geregelten Uhrzeiten zu funktionieren scheinen – was eventuell am Dauerkater hängen mag. Denn nachts (auch unter der Woche) verwandelt sich die so beschauliche Atmosphäre in einen skurrilen Mikrokosmos, in dem man auf den verwinkelten, mit Menschen und Bars aller Art überfluteten engen Straßen vom alten Schulfreund oder Exnachbarn bis zum Politiker auf ganz Lissabon trifft. Es ist ein Ort, an dem sich schicke Yuppies, Taschendiebe, kleine Dealer, Touristen und andere hochinteressante Gestalten tummeln und bis in die frühen Morgenstunden durch die Tavernen und Kaschemmen schwärmen.

Nach ein paar Drinks verabschiedeten sich kurz vor 2 Uhr einige Freunde in Richtung Lux, denn langsam wurde es etwas zu spät, um noch sicher in die Alternativ-Nachtschuppen am Rande des Tejos zu kommen. Andere torkelten einige Meter weiter ins nicht weit entfernte Viertel Bica. Schließlich war es eine lauschige, warme Sommernacht, und den Schlafmangel des nächsten Tages konnte man sowieso am Strand noch nachholen. Noch ein paar Drinks.

Warum und wie genau man um halb sechs aus einer der Kneipen am Cais do Sodré kam, dem früheren Rotlichtbezirk der Stadt, wo sich nicht nur die Seeleute vergnügten – wer weiß? Und wo sind eigentlich die anderen geblieben? Macht nichts. Ein ofenwarmer *bolo* und eine Flasche Wasser lassen die Schritte schon ein wenig sicherer erscheinen – und einen Auftrag zurück ins Gedächtnis gelangen: Man hatte der Mama versprochen, das Nest zu besuchen und für ein feines Mittagessen zu sorgen. Das muss heute ohne Schlaf gehen. Am besten gleich hier einkaufen. Endlich öffnet jemand die grüne Eisentür, man spaziert in die prachtvolle kuppelgekrönte Markthalle (eine Ikone der portugiesischen Eisenarchitektur, aus dem Ende des 19. Jahrhunderts), während die Fischerfrauen den Fang auf ihren *bancas* noch zurechtrücken. Der erste Kunde – und was für einer!

Es duftet nach Atlantik, und im Flanieren kann man die schuppige Pracht in allen Größen, Farben und Formen bewundern, die direkt vor der Küste herumschwimmt. Fisch muss auf Mutters Mittagstisch, keine Frage. Möge das Feilschen beginnen! Einen *robalo* (Seebarsch) für vier Personen hat Maria zwar heute nicht, doch ich könne zwei mittelgroße nehmen, gerade eben frisch aus dem Wasser gezogen. Nach einigen Worten des Handelns ist man mit dem Preis nicht weitergekommen, bedankt sich mit einem freundlichen Lächeln, und nach einem »*vou dar uma voltinha e já volto*« – »ich dreh mal 'ne Runde, komme aber gleich wieder« geht man zum schrecklichen Entsetzen und unter einem fast strafenden Blick zur gegenüberliegenden Fischtheke – zur Konkurrenz. Dort kauft man einfach mal aus Trotz ein paar frische *gambas* (Garnelen) als Vorspeise und dreht nochmals eine Runde, mittlerweile nicht mehr allein durch die Gänge wandernd, da das Treiben langsam zunimmt. Nach einer Viertelstunde darf sich Maria dann doch anhören, dass sie wohl den besten Fisch hat.

Den Preis zu drücken, muss man dennoch versuchen. Halbwegs erfolgreich. Ein ausgetauschtes Lächeln und ein *bom dia* später verlässt man den größten Hallenmarkt von Lissabon.

Der Mercado da Ribeira ist, wie andere traditionelle Märkte, ein Zentrum lebhafter, ausgiebiger Begegnung, wo man für gewöhnlich die Händler kennt, mit ihnen plaudert und am Obst und Gemüse fingert, das man bei Gelegenheit auch probiert. Wo man sich, so man noch Zeit hat, lauthals über die hohen Fleischpreise empört und um jeden Cent mit Inbrunst feilscht; und wo man alte Bekannte begrüßen und sich mit ihnen austauschen kann. Die Zeit scheint hier manchmal stillzustehen.

All das ist traurig. All das ist Fado! –
Wie die Portugiesen ihr Schicksal besingen

Die Gitarren werden gestimmt, das Licht gedämpft. Eine schlanke, schon leicht ergraute Frau, ganz in Schwarz, richtet ihr *xaile*, den traditionellen dünnen Fransenumhang, und schaut mit leerem Blick durch die Menge hindurch. *Silêncio, vai-se cantar o Fado!* Sie schließt die Augen, holt tief Luft und wirft den Kopf leidenschaftlich in den Nacken. Der unverkennbar-herzzerreißende Klang der zwölfsaitigen *guitarra portuguesa* und die wuchtige Stimme durchschneiden den Raum.

Fado – nirgendwo sonst soll die portugiesische Seele so anschaulich zum Ausdruck kommen wie in den traurig-sehnsuchtsvollen Gesängen Portugals. Einst in den verwinkelten Gassen und zwielichtigen Tavernen der Altstadtviertel Alfama und Mouraria entstanden, wurde Fado gegen Ende des 19. Jahrhunderts gesellschaftsfähig. Hier findet die Seele des Portugiesen ihren musikalischen Ausdruck, im Fado, der so herrlich traurig und nachdenklich macht.

Die Sucht nach dem unauslöschlichen Schmerz, der Genuss eines unnennbaren Unglücks, die Hoffnung auf die Verzweiflung, das portugiesischste aller Gefühle, so steht es zumindest gern in jedem Reiseführer – das ewige Fadoklischee.

»Und in der nächsten Zeile folgt dann das berühmte Wort, von dem nur eines feststeht: daß es unübersetzbar ist. Saudade! Der Urgrund der portugiesischen Seele! Das ist es, was dir die Damen in der Adega Mesquita vorjammern, mit ekstatisch zugedrückten Augen. Melancholie! Grausames Schicksal! O gosto de ser triste! Und du mußt es dir, ehrfürchtig schweigend, anhören, und wehe dir, wenn du nicht mit den Gitarren weinst. Welche Tiefe! Welcher Schwachsinn!« So zitiert Hans Magnus Enzensberger in seinem »Ach Europa!« einen 22-jährigen portugiesischen Bekannten namens Lourenço Vaz. Und weiter: »Portugal ist das einzige Land der Welt, in dem sich erwachsene Menschen heulend an ihrer eigenen Nichtigkeit erbauen. Ich weiß, was du sagen willst! Alle Völker haben ihren Kitsch und halten ihn in Ehren. Aber niemand glaubt so inbrünstig an den Nonsens wie wir. Der Kitsch ist unsere Religion. Und warum, wenn man fragen darf? Weil ihn niemand nötiger hat als wir. Der Fado, das ist der Heiligenschein für unsere Ignoranz, die Gloriole, die wir unserem Elend aufsetzen. Kein Wunder, daß saudade unübersetzbar ist. Auf der ganzen Welt ist niemand außer uns stolz darauf, daß er im Eimer ist! Prost!« Dieser Lourenço Vaz will nach ein paar Gläsern hausgebranntem Tresterschnaps schon etwas berauscht den deutschen Schriftsteller davor bewahren, in eines der unzähligen Fadolokale Lissabons einzutreten, um sich das, was man sich allgemein unter einem Fado vorstellt, anzuhören: ein trauriges Gekrächze von der Unvermeidlichkeit des Schicksals, voll des portugiesischen Weltschmerzes.

Das lässt zwar außer Acht, dass es auch eine andere Art des Fado gibt – eine ursprüngliche, spontane und mitunter gar fröhliche – aber für den »Klischeefado« trifft das voll und ganz zu. Und ja, es gibt sie, um Himmels willen! Viele waschechte Portugiesen (aller Alters- und sozialen Klassen), die wie der altkluge und nonchalante Lourenço gerade diese klischeehafte Wehmutsmelodie verachten – oder gar vor ihr flüchten!

Nicht ohne Grund. Denn dieses lusitanische Seelengeplänkel, so behaupten zumindest viele Landessöhne und -töchter, verleite doch nur zur Untätigkeit und sei ein Symbol des düsteren Portugals; eines sehnsüchtelnden Volkes, das seine Zukunft mit Vorliebe in der Vergangenheit sucht. Auch ein Symbol der faschistischen Diktatur, in der dieser schicksalsergebene Gesang als Ausdruck der portugiesischen Volksseele regelrecht benutzt wurde. In Wirklichkeit aber sei es, gemeinsam mit den anderen zwei »F« (Fußball und dem Wallfahrtsort Fátima), nur ein Werkzeug in Diktator Salazars Händen gewesen, um das Volk ruhigzuhalten, um die Portugiesen ja von unerwünschten Fremdeinflüssen abzuschotten – indem man sie in nationalistischer Leidenschaft regelrecht ertränkte. Schließlich, so wenden die Kritiker ein, sei *fadista* ein Beruf, der erst während der faschistischen Diktatur zu einem solchen gemacht wurde, als Salazar nämlich entschied, die professionellen Sänger und Sängerinnen an die sogenannten *Revistas* (Revuetheater) und Fadohäuser zu binden.

Die Interpreten mussten eine staatliche Lizenz beantragen, um ihr Gekrächze professionell ausüben zu können, und durften erst öffentlich auftreten, nachdem jede Strophe ihrer Lieder regimetreu von der Zensurbehörde abgeklopft worden war. Denn Betrübnis und Kummer sind gut – aber nicht, wenn deren Ursachen beim Namen genannt werden.

Besonders nach dem Zweiten Weltkrieg setzte das Regime den Fado regelrecht als Propagandamittel ein; vom Revuetheater führte ihn sein Siegeszug zum Radio und später ins Fernsehen. Die professionellen Fadointerpreten wurden von der Diktatur in die Welt hinausgeschickt, um das Land und sein angeblich einmaliges Nationalgefühl bekannt zu machen. Es heißt, Salazar selbst habe den Fado für langweilig, öde und deprimierend gehalten – aber wie das so ist: Die Medizin muss ja nicht schmecken, nur helfen muss sie. Und was erduldet man nicht alles, um das Volk melancholisch-fromm in seiner Nichtigkeit und Ausweglosigkeit verharren zu lassen und in einer Art Dornröschenschlaf zu halten.

Kein Wunder also, dass man dem Fado nach der Revolution von 1974 nicht unbedingt freundlich entgegentrat. Er wurde zwar nicht offiziell, aber inoffiziell sehr wohl als ein Symbol der Diktatur eingestuft, als ein ungewolltes Andenken jener Zeiten, in die keiner zurückkehren wollte. Dieser bittere Nachgeschmack machte nicht einmal vor der »Königin des Fado«, Amália Rodrigues (1920–1999), halt. Sie begann ihre Karriere als professionelle *fadista* Ende der 1930er Jahre und wurde bald zum Aushängeschild des diktaturgefälligen Sehnsuchtsprogramms. In den Jahren 1944 und 1945 tourte sie bereits im Ausland und nahm ihre ersten Platten auf. Später führten sie ihre Reisen um die ganze Welt. Da wundert es wenig, dass ihr nach der Revolution bald vorgehalten wurde, ihre Karriere mithilfe der Diktatur vorangetrieben zu haben. Und das, obwohl bei Amália, wenn auch verdeckt, durchaus regimekritische Lieder zu finden sind.

Amália wurde sogar bezichtigt, geheime Informantin der brutalen Staatspolizei gewesen zu sein, Vorwürfe, die die Fadodiva energisch bestritt und die auch nie bewiesen wurden. Dennoch konnte sie sich, so meinen manche, nie richtig davon befreien. Doch selbst die schärfsten Verfechter des Fado scheinen bei ihr ein Auge zuzudrücken. Schließlich spricht man nicht über irgendjemanden, sondern über eine Frau, die viele Portugiesen nicht nur als die »Stimme«, sondern sogar als die »Seele Portugals« bezeichnen und vergöttern. Musikalisch zumindest war sie unumstritten. In den fünf Jahrzehnten ihrer Karriere (mit mehr als 170 aufgenommenen Schallplatten und unzähligen Filmauftritten) stieg sie nicht nur zur populärsten Sängerin des Landes auf, sondern auch zur künstlerischen Botschafterin Portugals in der Welt. Die immer frischen roten Rosen auf ihrem Sarg im Lissabonner Panteão Nacional – der letzten Ruhestätte einiger nationaler Größen – zeugen von dieser Vergötterung. Nicht nur, dass Amália als erster Frau die Ehre zuteil wurde, dort zu ruhen, nein, man änderte sogar ein Gesetz, damit nicht, wie zuvor üblich, ganze vier Jahre vergehen mussten, bis die Diva nach ihrem Tod in diese ruhmreiche Stätte verlegt werden konnte. Die große Beliebtheit beim Volk gründet sich auch auf ihre bescheidene Herkunft und ihren märchenhaften Aufstieg – vom armen, singenden Lissabonner Mädchen zum Weltstar. Amália musste schon als Kind beim Verkauf von Früchten im Lissabonner Stadtteil Alcântara helfen und soll sich mit vier Jahren schon durch das Vorsingen ein paar Escudos dazuverdient haben. Sie selbst sagte einmal: »Ich trat in die Welt und sang.« Und das tat sie tagaus, tagein – und wie keine andere.

Fado ist nicht gleich Fado

Trotz all der Kritik und Häme, die der Fado ertragen muss, ist nicht zu leugnen, dass dieser in sich einen vielschichtigen kulturellen Reichtum trägt, der sehr viel über die portugiesische Befindlichkeit und das Wesen der Lusitaner aussagt. Seien es der

lyrische Fatalismus, das verbreitete Ohnmachtsgefühl gegen-
über dem unvermeidbaren Schicksal oder das Aufbäumen in
diesem längst verlorenen Kampf, um sich trotz aller Härten des
Lebens niemals aufzugeben – im Fado klingt das portugiesische
Sein. In ihm kondensiert die *saudade*, der allumfassende Welt-
schmerz: die ewige unbestimmte Sehnsucht nach irgendetwas
Unbeschreiblichem, nach der Ferne etwa oder mehr noch –
wenn man in der Ferne weilt – nach der Heimat. Und wenn der
Fado nicht von Fern- oder Heimweh singt, dann von verlorener
Liebe, von Trennung, Tod, Trauer, Enttäuschung oder Armut –
aber natürlich auch von den Frauen, die an allem schuld sind,
oder umgekehrt.

Doch ebensowenig wie der Blues ausschließlich von Gram
und Ausbeutung handelt, ist auch der Fado nicht nur mit
Schluchzen beschäftigt. Denn es gibt nicht nur melancholische
Klagelieder oder Wehmutsmelodien, sondern auch fröhliche,
energisch-gefühlvolle und sehr lebhafte Fados; den spontanen
Fado über kleine Begebenheiten im Alltag. Dieser ist eben vielfältig, wie die Stadt Lissabon, in der er irgendwann um 1820
oder 1830 herum geboren wurde. Der Fado aus der Universi-
tätsstadt Coimbra ist z. B. stark politisch geprägt. Zugleich wird
er als romantischer beschrieben, was besonders bei den mitter-
nächtlichen Serenaden der Studenten zum Ausdruck kommt.
Er ist manchmal witzig, manchmal frivol, kann lyrisch oder in-
tellektuell sein. Auch spielen die Instrumente eine größere Rolle
als in der Hauptstadt, und er wird traditionsgemäß von männlichen Studenten interpretiert. In Lissabon dagegen unterscheidet man zwischen dem getragenen Fado, dem *fado destino* oder
auch *fado sentido*, und dem frechen, häufig bissig-aufmüpfigen
fado corrido oder *fado Mouraria*. Während der Erste in Moll erklingt (weswegen er auch gelegentlich als *fado menor* bezeichnet
wird) und langsame bis schleppende Tempi anschlägt, ist der
Zweite in Dur gehalten und kommt flott-hüpfend und spiele-
risch daher.

Dann gibt es noch den durchkomponierten *fado canção*, der
in Konzerten mit festem Programm vorgetragen wird und bei

dem kaum eine Möglichkeit der Improvisation besteht – und seinen genauen Gegensatz: den *fado amador* oder *fado vadio*. Beim Vortrag des Letzteren wird – in jeder Bedeutung des Wortes – »aus dem Stegreif« gesungen, und vom Amateur bis zum Karrierestarter, vom Pfarrer bis zum Schlägertypen des Viertels versucht sich so ziemlich jeder daran.

In der klassischen Variante wird der Fado stets von einem Sänger oder einer Sängerin vorgetragen. Begleitet werden die Interpreten vom *Guitarra,* der die zwölfsaitige portugiesische Gitarre spielt und die Melodie angibt, und vom *Viola,* der die sechssaitige klassische Gitarre zupft und den Rhythmus anschlägt.

Dass man mit der *guitarra portuguesa* jedoch weit mehr machen kann als Fado zu begleiten, hat wie kein anderer Carlos Paredes (1925–2004) gezeigt, ein portugiesischer Komponist, der als absoluter Virtuose dieses Instruments galt und gilt. Er begann das Instrument im Alter von vier Jahren zu spielen und hat dieses dank seiner inspirierten Improvisationen und seiner Leidenschaft über die Landesgrenzen hinaus bekannt gemacht. Zudem würzte er seine virtuosen Kompositionen mit einer gehörigen Prise portugiesischer Volksmusik, wobei auch etliche Einflüsse des Fado ihren Eingang fanden.

Woher aber der Fado selbst kommt, darüber herrscht allgemeine Uneinigkeit. Über die Einflüsse, die den Fado geprägt haben sollen, wird viel spekuliert – um seinen genauen Geburtsort in Lissabon heftig gestritten. Alfama, Mouraria oder doch eher die düsteren Hafengegenden von Alcântara? Das bleibt ein ewiger Konkurrenzkampf, immerhin geht es um die Wiege eines Nationalgutes, das seit 2011 zum immateriellen Weltkulturerbe der UNESCO gehört und somit in einer Reihe mit dem Flamenco und dem Tango steht.

Einigen kann man sich eigentlich nur darauf, dass sich der Name vom lateinischen *fatum* (Schicksal) ableitet – dem sich viele Portugiesen von Geburt an ausgeliefert fühlen. Und darauf, dass der Fado seinen Anfang als Musik des einfachen Volkes nahm, in den Spelunken und Gassen Lissabons nahe des

Tejos, wo Prostituierte, Seeleute, Bohemiens, Zuhälter und andere Gauner verkehrten. Wo spontane Alltagslieder über Armut, verlorene Liebe, Traurigkeit und Sehnsucht entstanden, aber auch traditionelle Ereignisse, Kindheitserinnerungen oder das Leben auf den Straßen des jeweiligen Viertels in Form musikalischer Geschichten mit rauen und abgelebten Stimmen vorgesungen wurden. Ob der gefühlsbetonte Gesang mit dem Schmerz derjenigen anfing, die geliebte Menschen aufs Meer hinausziehen sahen, ohne zu wissen, ob diese jemals zurückkehren würden, oder mit den Seeleuten selbst, die ihre Klagen und ihr Heimweh von den entbehrungsreichen, langen Seereisen mit ungewissem Ausgang zurück in die Heimat brachten, wissen wir nicht. Inwieweit die Wehklagen der brasilianischen Sklaven oder der arabische Einfluss den Fado mitgeprägt oder beeinflusst haben, bleibt ein Rätsel.

Sicher ist nur, dass in allen Texten über den Beginn des Fados als die Musik Lissabons ein Name immer wieder auftaucht: der von der Prostituierten Maria Severa Onofriana (1820–1846), bekannt als *A Severa* (Die Strenge oder Die Intensive).

Sie gilt als bekannteste Sängerin zu jener Zeit und hatte es einem Grafen besonders angetan. Ob das nun an ihrer Sangeskunst oder doch eher an anderen Attributen lag, sei dahingestellt. Bald fanden auch Adlige einen besonderen Reiz darin, sich fein gekleidet unter das arme Volk in den sogenannten *bairros populares* (Traditionsvierteln) zu mischen und den dortigen sündigen Vergnügungen nachzugehen. So soll der Fado um 1870 den Sprung in die bürgerlichen Salons geschafft haben.

In unzähligen *Casas de Fado* Lissabons werden heute nicht nur Touristen, sondern auch Einheimische regelrecht über den Tisch gezogen – mit überteuertem Wein, fadem Touristenessen, vor allem aber musikalisch! Denn in den meisten dieser »Original-Fadoclubs«, wo Mindestverzehr herrscht, wird man nebst einer wuchtigen Rechnung vor allem die unglaublichsten Fado-Stilverfälschungen vorfinden.

Wer lieber echten unverfälschten Fado hören will, der begebe sich zu dessen klassischen Ursprungsorten. Die sind zwar kaum noch aufzufinden, aber es gibt sie immer noch. Wenn sie noch nicht von der ultrapedantischen Lebensmittelhygiene-Agentur ASAE zugemacht worden sind, findet man noch einige in Arbeitervierteln wie Alfama oder Mouraria, aber auch in Madragoa (bei Santos). Dort nämlich wird in ein paar kleinen schummrig-verrauchten Häusern und Tavernen noch der urtypische, spontane und ungekünstelte Fado gesungen. Es sind Kaschemmen, in denen am Eingang keine Prospekte verteilt werden und Englisch nicht die eingeübte Sprache ist, wo der Wirt hinterm Tresen wahrscheinlich kein *boa noite* oder *obrigado* verlautbaren lassen wird, stattdessen die Gläser auf den Tresen geknallt werden, und der *vinho carrascão* (billiger Wein vom Fass) und der Hausgebrannte wie Wasser fließen. Aber das sind in Portugal eben die Orte, an denen sich normale Menschen (vom Müllmann oder Taxifahrer bis zum Beamten) den Alltagsstress oder den Liebeskummer von der Seele singen und trinken. Da wird trotz Rauchverbots gequalmt, was das Zeug hält, und der Abfall landet typischerweise noch immer auf dem Boden.

Die Vielfältigkeit der Darbietungen und die kuriosen Eigeninterpretationen, die man dort bestaunen darf, werden nur von der Fülle an verschiedenen Einflüssen überboten, die seit Amálias Tod junge Künstler wie Mariza (die momentan erfolgreichste und weltweit bekannteste Fadokünstlerin), aber auch Ana Moura, Carminho, Kátia Guerreiro oder Mísia präsentieren. Diese neue Generation hat den Fado nicht umgestürzt und neu errichtet, sie entlockt der alten Wurzel aber so manch faszinierende Blüte, wenn etwa afrikanische Rhythmen oder brasilianische Einflüsse zur Geltung kommen oder sich die Texte auch nur mit aktuelleren Inhalten beschäftigen.

Oft hat es den Anschein, als sei Fado nicht mehr unbedingt ein Genre, sondern vielmehr ein Markenzeichen für Tradition und Innovation gleichermaßen.

Aber nun denken Sie bitte nicht gleich, dass Sie in den besagten Tavernen sofort die nächste musikalische Sensation entdecken werden! Wahrscheinlicher ist, dass Sie jemanden sehen, der herzzerreißend und mit überragender Intensität von seinem Schicksal singt oder, wie bei meinem letzten Besuch, mitten in der zweiten Strophe sturzbesoffen unter den Tisch sinkt.

Kulturelle Wahrzeichen Portugals:
Über Dichter und Verwandlungskünstler

»Ich bin nichts.
Ich werde nie etwas sein.
Ich kann nicht einmal etwas sein wollen.
Abgesehen davon, trage ich in mir alle Träume der Welt.«
(Fernando Pessoa, »Der Tabakladen«)

Im Martinho da Arcada, dem Café-Restaurant unter den Arkaden an der Praça do Comércio, saß er Abend für Abend und Jahr für Jahr bis zu seinem Tode rauchend, trinkend, stumm an einem der viereckigen Marmortischchen: Zwischen vier und sechs Uhr nachmittags schrieb er am selben Tischchen, das stets für ihn frei blieb – und begoss nebenbei seine Leberzirrhose. Zu seiner Zeit war dies ein typisches portugiesisches Café, wie es Hunderte in Lissabon gab: »Graue, schwitzende Wände, dunkelbraune, halbhohe Lamperie, graues Licht bei Tag, grauweißes Licht bei Nacht«, wo Kellner in »weiß gewesenen Jacken, untersetzt, mittleren Alters, bereitstehend und zugleich abseitsstehend«, die ausschließlich maskuline Klientel bedienen. Der alte Kellner, der so heißt wie das Café, tritt auf Befehl herzu und bringt traditionsgemäß das bernsteinfarbene Wässerchen in der Branntweinflasche oder doch eben gleich die *aguardente.*

Es ist kein lärmendes Café, »wo Tagesneuigkeiten begrüßt und besprochen, wo Pläne geschmiedet, wo Wetten abgeschlossen werden«, obwohl Losverkäufer wie »Gespenster hereinirren, ihre Lose wie welke Flügel über die Tischkante schleifen lassen, dicht am Ellenbogen des Stammkunden vorbei, und ihre Zauberzahlen vor sich hinkrächzen wie Verheißungen aus dem Nirgendwo.« Hier schäumt kein Bier, Kaffeetassen werden lautlos auf die Tische geschoben und ebenso lautlos umgerührt, meist länger, als der Zucker braucht, um sich aufzulösen. Der richtige Ort für einen Dichter, der »stundenlang an seinem Tischchen sitzen kann …, blind auf eine Mücke an der Wand blickend, ohne beobachtet oder belästigt zu werden, nicht von dem kalkbleichen Zeitungsjungen, der den Século neben ihn hinlegt und nach beendetem Rundgang wieder mitnimmt«.

Nachdem er den Tag mit dem Abfassen ausländischer Handelskorrespondenzen vergeudet hat, kramt der schmächtige Mann mit der Brille und dem fein getrimmten Schnauzer endlich seine Zettel aus der Rocktasche und nimmt einen Schluck des Wundertranks. Auf die Frage ob er schreibe, gestellt vom deutschen Schriftsteller und Übersetzer Curt Meyer-Clason bei ihrem fiktiven Treffen in jenem Lokal, antwortet der Stammgast: »Ja, eben so.« Doch welches seiner vielfach gespaltenen Ichs er dabei gerade annimmt, kann in diesem Moment keiner – vielleicht auch der Verwandlungskünstler selbst nicht – mit Genauigkeit sagen.

Denn Fernando António Nogueira Pessoa, ein unscheinbarer Angestellter, der in seiner Freizeit Gedichte und poetische Prosatexte schrieb, erfand sich mehrfach, verflüchtigte sich in einer Vielfalt verschiedener Personen, die er in Literaturzeitschriften sogar heftige Leserbriefkämpfe aufführen ließ. Er war kein herkömmlicher Dichter. Er schrieb unter verschiedenen Heteronymen, was bedeutet, dass er nicht nur seinen Namen änderte, sondern auch die Persönlichkeit und die Ansichten seiner jeweiligen Schöpfung. Dabei handelte es sich um regelrechte Inkarnationen, um unabhängig voneinander existierende Dichter unterschiedlichsten Stils, mit verschiedensten Charaktereigenschaften und klar umrissenen Biografien. Seine »Dichterfreunde« hatten nicht nur verschiedene Einstellungen zum Leben, sondern sogar ein jeweils eigenes Horoskop, und beherrschten auch die portugiesische Sprache unterschiedlich gut. Sie kannten nicht nur ihren Schöpfer, sondern unterhielten auch untereinander Beziehungen – oder brachen sie ab.

Pessoa verbrachte in Lissabon den größten Teil seines Lebens, und wie kein zweiter Ort war ihm dieser Heimat und Seele. Hier wurde er geboren, hier starb er, hier ist er begraben. Und hier sah man ihn tagtäglich in typischer Manier, mit dunklem Anzug und Hut, da und dort an einem Tisch bei Tabak und Trank weilen, mit engen Vertrauten philosophierend, oder mit schwingenden Beinen mit einem Knäuel Papier unter dem Arm eifrig zwischen Ober- und Unterstadt hin und her eilen. Als wolle er »in einer übermenschlichen Anstrengung alles tun«, wie sein Freund und Biograf João Gaspar Simões es beschrieb. Er sah aus, so Simões weiter, wie »ein Mann, der auf dem Deck eines Schiffes entlanggeht, von den Wogen eines aufgewühlten Meeres geschüttelt wird, das ihn von Backbord nach Steuerbord wirft und von Steuerbord nach Backbord, und der alles tut, um nicht über Bord gespült zu werden.«

Pessoa war kein Weltenbummler: Ihn hat es aus Lissabon, abgesehen von seiner Kindheit, nie weggezogen. Er liebte sein »Dorf«, das für ihn die ganze Welt war und bedeutete. Für seine Reisen brauchte er weder Lokomotive noch Schiff, sein geflügelter Geist war ihm Gefährt genug, und die Lissabonner Büros, Cafés und Tabakläden waren die passendsten Häfen. Sein Geburtshaus, wo er am Nachmittag des 13. Juni 1888 zur Welt kam, ist nur einige Gehminuten vom Café A Brasileira entfernt, wo er zu schreiben pflegte, wenn sein Stammlokal geschlossen war. Dort kann man sich noch heute zu ihm setzen, eine Aufdringlichkeit, die sich das Genie zu Lebzeiten wohl verbeten hätte, denn Pessoa galt als eher schüchtern und zurückhaltend, als Einzelgänger und ewiger Junggeselle, dem man nur eine weitgehend platonisch gebliebene Beziehung nachweisen kann. Doch seine lebensgroße Bronzestatue wird sich da wohl weniger zieren.

Das bekannte Kaffeehaus am Chiado liegt nur wenige Schritte entfernt vom Opernhaus am Largo de São Carlos, wo sein Vater gelegentlich als Musikkritiker tätig war. Dieser starb 1893, als Fernando gerade mal fünfjährig war. Ein Jahr später verlor er auch noch seinen Bruder Jorge. Die glückliche Zeit der Kindheit endete abrupt, die Unbeschwertheit und Unbekümmertheit seiner kleinen, überschaubaren Welt zerbrach. Seine Mutter heiratete zwei Jahre später in zweiter Ehe den portugiesischen Konsul in Durban, und die Familie zog 1896 nach Südafrika, wo Pessoa zweisprachig aufwuchs und im Alter von elf Jahren anfing, erste Gedichte auf Englisch zu verfassen. Seine Bindung zur Mutter war eng, er musste sich aber deren Zuneigung bald mit Halbgeschwistern teilen und isolierte sich zunehmend. Eingesperrt in seinem Zimmer, fing er an, verschiedene Gestalten zu erfinden, in deren Namen er Briefe an sich selbst schrieb und auch beantwortete. Eine besondere Spielart »produktiver literarischer Schizophrenie«, die ihn sein Leben lang begleiten und zu einer der geheimnisvollsten Figuren der Weltliteratur machen sollte. Im Jahre 1905, mit 17 Jahren, kehrte Fernando Pessoa an Bord des deutschen Reichspostdampfers »Herzog« aus Durban endgültig in seine Heimatstadt zurück. Erst mit 47 Jahren sollte er Lissabon verlassen – zumindest teilweise: Ein Versagen der Leber trennte Seele und Leib unwiderruflich.

Er lebte zunächst mit seiner Großmutter Dionísia und zwei Großtanten im gutbürgerlichen Stadtteil Lapa, ganz in der Nähe der prächtigen Estrela-Basilika. Anica, eine seiner Tanten, hatte es ihm besonders angetan: Bei ihr ergründete er seine »große Vorliebe für das Geistige, für das Geheimnisvolle, für das Dunkle«, nahm an spiritistischen Sitzungen teil und glaubte sogar, seine Befähigung zum Medium entdeckt zu haben. Sein Interesse galt neben dem Okkultismus auch der Astrologie. 1906 schrieb er sich an der Philologischen Fakultät der Universität von Lissabon ein, brach sein Studium jedoch bald darauf wieder ab. Seine Großmutter hinterließ ihm eine kleine Erbschaft, mit welcher der junge Dichter sich selbständig zu machen versuchte. Er gründete eine kleine Druckerei, die aber scheiterte, ehe die Druckwalzen überhaupt zu laufen begannen. Ab 1908 spielte sich sein irdisches Leben hauptsächlich in der symmetrisch angelegten Baixa ab, der Unterstadt Lissabons und deren Geschäftszentrum. Dort begann er als freier Handelskorrespondent für verschiedene Export- und Importgeschäfte zu arbeiten und übertrug deren Geschäftspost ins Englische und Französische. Am längsten war er bei dem Juwelier Moitinho in der Rua da Prata tätig. Aber auch in der Rua dos Fanqueiros übte der Dichter seine »Nebentätigkeit« aus – auch damals schon verdienten Dichter nicht gerade viel.

Und wenn es anders gewesen wäre, Pessoa veröffentlichte nicht viel. Was er über die Jahre erdichtete, blieb für lange Zeit ein Geheimnis, aufbewahrt in einer hölzernen Truhe, worin er all seine Träumereien, Notate und Texte stapelte. Erst nach Pessoas Tod im Jahre 1935 stieß man auf Tausende völlig ungeordnete (teils handschriftliche, teils getippte) Zettel und Seiten, von denen nur die wenigsten datiert waren – einer der abenteuerlichsten Funde der europäischen Literaturgeschichte! Es war ein Nachlass aus endlosen Manuskriptblättern, die im Lauf der nächsten Jahrzehnte nur langsam ans Licht kamen und Seite für Seite sein wahres Genie offenbarten. Darunter auch jene fragmentarischen Aufzeichnungen, die erstmals 1982 in Portugal unter dem Titel *O Livro do Desassossego* (Das Buch der Unruhe) publiziert wurden. Ein Meisterwerk, welches bald in alle erdenkliche Sprachen übersetzt wurde und weltweit zum Kultbuch avancierte.

Zu Lebzeiten veröffentlichte Fernando Pessoa nur ein einziges Werk (auf Portugiesisch), einen Gedichtband, der 1934 unter dem Titel *Mensagem* (Botschaft) in die Bücherregale kam. 44 Gedichte voll mystisch-überhöhtem Nationalismus, die wichtige Symbole, Figuren und Ereignisse der portugiesischen Geschichte zum Inhalt haben. Es ist die Antwort der Moderne auf das historische Epos *Os Lusíadas* von Nationaldichter Luís de Camões. Während der dichtende Soldat die Großtaten des lusitanischen Eroberervolkes episch verklärt, wendet sich Pessoa an ein unter der Diktatur in Lethargie und Selbstvergessenheit abgesunkenes Volk, um ihm Mut für eine neue Mission in der Zukunft zu machen. Noch bevor seine »Botschaft« in den Läden erhältlich ist, bewirbt sich Pessoa mit dieser Gedichtsammlung um einen von Salazars Propagandasekretariat ausgeschriebenen Preis – und muss sich mit dem unwürdigen zweiten Platz begnügen. Darüber hinaus schrieb Pessoa nur gelegentlich in eher kurzlebigen Zeitschriften. In Portugals literarischen Kreisen war der schmächtige und kurzsichtige Melancholiker mit den dicken Gläsern im Gesicht jedoch spätestens ab 1912 bekannt. Doch Pessoa ließ niemanden nahe an sich heran. Sein gewaltiges Talent war deshalb nur wenigen engen Vertrauten bekannt. Einer dieser wenigen Auserwählten war der Lyriker und Erzähler Mário de Sá-Carneiro (1890–1916), ein anderer der Schriftsteller und modernistische Maler Almada-Negreiros (1893–1970), sein zweiter Weggefährte im Kampf um die Erneuerung der portugiesischen Kunst und Dichtung und deren Anschluss an die europäische Avantgarde. Der provokante Almada-Negreiros, dessen 1925 publiziertes Meisterwerk *Nome de Guerra* als erster moderner portugiesischer Roman gilt, machte sich auch in den plastischen Künsten einen Namen. Es sind auch diese drei, die die *Orpheu* begründen, eine legendäre Avantgardezeitschrift, die den europäischen Modernismus in Portugal verbreitete und 1915 in nur zwei Ausgaben erschien.

Als Fremdsprachenkorrespondent hatte Pessoa üblicherweise nur vormittags zu tun. Kein besonders anspruchsvoller Job, aber einer mit dehnbaren Arbeitszeiten – was ihm genügend Zeit ließ, stundenlang in seinen Cafés und Tavernen zu ankern.

Am 8. März 1914 war es so weit: In der Intimität eines kleinen Zimmers, zwischen Zigarettenrauch und Alkoholdunst, suchte ihn plötzlich eine Gestalt auf, deren Züge und Schattierungen sich Pessoa schon seit geraumer Zeit aufdrängten. Alberto Caeiro, der »Lehrmeister« unter seinen unzähligen Dichtergestalten, wurde geboren. Ein wenig gebildeter, kontemplativer, einsamer und bukolischer Bauer, der über eine sehr eigene Weisheit und eine ebenso eigene natürliche Analysefähigkeit verfügte. Unter seinem Einfluss schrieb Fernando Pessoa in jener Nacht, in einem Zug, mehr als 30 Gedichte. Pessoa bezeichnete diesen Moment später als den »triumphalen Tag« seines Lebens. Nach und nach tauchten weitere literarische Masken auf, hinter denen sich der Dichter versteckte und mit denen er in seiner vom wahren Leben abgewandten Welt existierte. Seine Heteronyme wurden für Pessoa schließlich derart real, dass sie unwillkürlich agierten und sich ihrem Urheber aufdrängten. In ihnen suchte er ein Gegenüber, das er aushalten, über das er sich spiegeln und mitteilen konnte: »Der Poet verstellt sich / täuscht so vollkommen, so gewagt, / dass er selbst den Schmerz vortäuscht, / der ihn wirklich plagt.« Da waren neben Caeiro noch der bisexuelle Schiffbauingenieur Álvaro de Campos, der Verkünder der neuen mechanistischen Welt und die wohl Schillerndste, Lebendigste und auch Feurigste der Dichterpersönlichkeiten Pessoas, und schließlich der schwächliche, asketische Hilfsbuchhalter mit der empfindsamen Seele: Bernardo Soares. Dieser teilte etliche Eigenschaften mit seinem Erfinder und verlor sich in verschachtelten Betrachtungen seiner Seelenlage.

Pessoa, der den Faschismus neun Jahre lang erlebte, war ein klarer Gegner von Salazars *Estado Novo* und tat dies auch öffentlich kund. Insbesondere die Zensurmaßnahmen, deren Opfer auch er wurde, wurden mit feurig-feinsinnigen Worten des Spottes angegangen. Der Dichter verfasste mehrere kritische Gedichte, in denen er den »analphabetischen Patriotismus« von Salazar und Konsorten aufs Korn nahm. 1932 bewarb er sich erfolglos um die Stelle des Konservators an der Museumsbibliothek in Cascais, ein weiterer Rückschlag und ein letzter Versuch, ein »normales«, geregelteres Leben zu führen. Er war über vierzig, hochbegabt, bekannt als Literaturkritiker und Essayist, doch niemand kannte seine wirkliche Begabung und seine unzähligen Verse. Er hat seine offizielle Arbeit satt und findet nur noch abends und mit reichlich Feuerwasser intus Zeit zu schreiben – und spürt wohl auch, dass seine Zeit abläuft.

Seine Gedankenstürme kommen und gehen. Manchmal geben sie ihm keine Ruhe, manchmal wieder bringt er wochenlang nichts zu Papier. Der ohnehin schon scheue Dichter isoliert sich zunehmend in seiner fernen, ihm vertrauteren Welt. Überdruss und Lebensekel werden zu einer Grundkonstante und kommen immer öfter zum Ausdruck: Immer tiefer stürzt er in die eigenen Abgründe, immer tiefer verirrt er sich in den Labyrinthen seines vielfältig gespaltenen Ichs. Im Hochprozentigen findet er wenigstens Rast.

Ob es wohl an seiner englischen Erziehung lag, weiß keiner. Doch den starken Alkoholkonsum sah man ihm lange Jahre nicht an. Nie torkelte er besoffen durch Lissabons Gassen, nie benahm er sich daneben. Gelassen pflegte er seinen Freunden zu sagen: »Ich trinke nicht wie ein Schwamm, sondern wie ein Lagerhaus voller Schwämme.« In dieser Spätphase seines Lebens aber setzte er dem Ganzen noch eins drauf: Nachdem er schon in unzähligen Tavernen eingekehrt war, holte er sich, kaum in seiner Straße, als Erstes um die Ecke Nachschub auf Pump, bevor er die Treppen zu seinem Haus hinaufwankte. Seine *aguardente* trank er nun fast flaschenweise, und bald merkte man ihm das auch an: Seine Nase färbte sich rötlich, seine Anzüge waren immer stärker zerknittert, sein Hut verbeult. In der Nacht vom 27. auf den 28. November 1935 ist es dann so weit: Er hat eine akute Leberkrise und wird halb ohnmächtig in seinem Zimmer gefunden. Man liefert ihn ins Krankenhaus ein, wo er am 30. November an Leberversagen stirbt. Er erlischt, wie er gelebt hat – einsam. Nur ein Priester, eine Krankenschwester und ein Arzt sind zugegen. Und – glaubt man dem italienischen Schriftsteller Antonio Tabucchi (herausragender Kenner und Übersetzer der Werke von Fernando Pessoa) – natürlich einige seiner Heteronyme, die ihn ein letztes Mal besuchten, um sich für immer von ihrem Meister zu verabschieden …

Fliesenbilder einer fast
900 Jahre alten Geschichte

»Portugal. Since 1143.« – Über die Urportugiesen und die Bildung der nationalen Identität

»Der Patriotismus verdirbt die Geschichte.«
(Goethe)

»Am äußersten Rand Iberias gibt es ein Volk, das sich weder selbst regiert, noch sich regieren lässt«, soll Julius Cäsar über die Lusitanos, also die Urportugiesen, gesagt haben. Und auch heute noch – Jahrhunderte später – kommt diese Aussage der Wahrheit recht nahe: Die unbezähmbare, urportugiesische Natur scheint noch immer stark verankert zu sein – und das »lusitanische Rebellentum« ist ein begehrtes Markenzeichen des nationalen Charakters, manche schätzen es sogar als herausragendes Attribut. So wiederholt manch einer mit aufgeblähter lusitanischer Brust die Worte Cäsars, denn man ist stolz darauf, stolz zu sein, unbeirrbar, unregierbar. Und wenn das schon dem alten Cäsar auffiel, dann darf man sich da schon mal etwas drauf einbilden.

Zurück zur Geschichte der wahren Rebellen: Als das römische Imperium alles eroberte, was sich zu erobern lohnte, brauchte es nicht lange, und es breitete sich auch ab dem 3. vorchristlichen Jahrhundert unaufhaltsam auf der Iberischen Halbinsel aus. Doch diese Eroberung sollte ein langwierigeres und schwierigeres militärisches Unterfangen werden, als das mächtige Rom sich je erträumte. Denn es gab heftigen Widerstand von einem, so heißt es, schon damals sehr eigensinnigen und kämpferischen Menschenschlag. In den gewaltsamen Auseinandersetzungen zwischen den römischen Truppen und den

einheimischen Stämmen trat eine Gruppe hervor, die im Nordwesten des iberischen Klotzes, grob gesagt zwischen den Flüssen Minho und Mondego siedelte. Dieser Stamm galt als der
rebellischste der Keltiberer – ein Hirtenvolk, geprägt durch die
rauen Berglandschaften, die es bevölkerte. Sein berühmtester
Anführer hieß Viriato (179 v. Chr. – 139 v. Chr.), ein einfacher
Hirte, der zum Anführer der lusitanischen Rebellen aufstieg
und alle Goliaths besiegte, die Rom ihm schickte.

Über das Leben dieses Urportugiesen, der bald als *Terror
Romanorum* (Schrecken der Römer) zum Mythos des Wider-
standes gegen die römische Besetzung wurde, weiß man nur
wenig. Selbst sein Geburtsort ist ungewiss: Die Spekulationen
reichen von der portugiesischen Region Beiras, irgendwo zwischen Viseu und der Serra de Estrela, bis zur heutigen spanischen Extremadura. Für die Portugiesen ist dies natürlich ein
klarer Fall! Die beanspruchen den Rebellen für sich, was dann
schon mal zu Plänkeleien führen kann, wenn der Nachbar Spanien Viriato im Rahmen der Briefmarkenserie »Die Geschichte
Spaniens« ehrt.

Viriato und seine lusitanischen Gefährten waren eine charis-
matische Bande für sich, die jahrelang einen höchst erfolgreichen Guerillakrieg gegen die Großmacht führte. Sie schafften
es, die besten römischen Legionen in Schach zu halten. Bestürzt
und beschämt vernahm man in Rom von den Siegen des Barba-
renkönigs. Die Unmöglichkeit, Viriato zu besiegen, zwang Rom
schließlich dazu, einen Friedensschluss zu akzeptieren, worin
die Gemeinde der Lusitaner als souverän anerkannt wurde.
Doch bereits ein Jahr später (139 v. Chr.) wurde dieses Treuewort
vom römischen Senat annulliert, und Scharen römischer Legio-
näre machten sich erneut auf, den restlichen Teil der Halbinsel
zu erobern. Viriato vermied den Kampf mit der Übermacht und
entzog sich durch geschickte Bewegungen dem Gegner, sah sich
dann aber schließlich doch gezwungen, zu kapitulieren und mit
den Römern um einen Frieden zu verhandeln. Er schickte drei
Gesandte, die ihn allerdings verrieten und nach ihrer Rückkehr
den Helden Viriato feige in seinem Bett erstachen. Die eigensin-

nigen Lusitaner gaben zwar nicht auf, doch mit dem Tod ihres Führers war der Widerstand gebrochen.

Das große Rom nahm diesen Vorfall niemals als militärischen Triumph wahr – man soll sogar Scham empfunden haben, nur durch den Verrat erreicht zu haben, woran man auf dem Schlachtfeld unzählige Male kläglich gescheitert war. Die Legende besagt, dass die Verräter, als sie ihren Lohn für die dunkle Tat von den Römern einkassieren wollten, Folgendes zu hören bekamen: »*Roma traditoribus non praemiat*«, also »Rom bezahlt keine Verräter.« Ob das nun wahr ist oder nicht: Dieser Satz ging in die Geschichte ein. Und wenn man den urigsten aller Portugiesen meuchelt, dann ist Undankbarkeit gelinde gesagt gerechtfertigt.

Die Kämpfe wurden nach dem Tod Viriatos beigelegt und der Frieden mit der »pax romana« besiegelt. Die Römer hielten sich insgesamt 600 Jahre lang im Gebiet des heutigen Portugals und hinterließen tiefe Spuren. Sie führten nicht nur die ersten Industrien (Eisenverarbeitung oder Keramikherstellung) und die landwirtschaftliche Produktion ein, sondern entwickelten Städte und bauten ein imposantes Straßennetz und Häfen aus. Während das Römische Reich im Laufe des 5. Jahrhunderts zerfiel, wanderten ab 409 n. Chr. u. a. mehrere Germanenstämme ein und verwüsteten die Iberische Halbinsel. Die Vandalen zogen bald nach Nordafrika weiter, Westgoten und Sueben ließen sich dauerhaft auf dem iberischen Klotz nieder. Diese beiden Völker teilten die Halbinsel untereinander auf: Das westgotische Königreich umspannte in den folgenden Jahrhunderten den Großteil des heutigen Spaniens und das südliche Portugal, während sich das Suebenreich über den Norden Portugals und das Gebiet des heutigen Galiciens erstreckte. Danach kamen die Mauren aus dem Norden Afrikas und fegten im Schnelltempo über die gesamte Halbinsel. Fünf Jahrhunderte lang, von 711 bis 1249, war das Gebiet des heutigen Portugals zwischen Mauren und Christen aufgeteilt, mit Vorstößen und Rückzügen auf beiden Seiten. Unter beider Herrschaft blühten Kunst, Wissenschaft und Handel.

Erst 1249 gelang es Dom Afonso III. im Zuge der christlichen Rückeroberung, die südliche Algarve von den Mauren zu erobern. 1250 waren sie endgültig aus Portugal vertrieben, das Land festigte 1297 seine Staatsgrenzen, die bis auf wenige kleine Änderungen den heutigen entsprechen.

Die ersten Schritte des Portugiesentums

Das Gemisch aus Lusitanern, Sueben, Westgoten, Vandalen, Alanen und Mauren »gärte« erst unter Dom Afonso Henriques (1109–1185), welcher als »Vater der Nation« in die Geschichtsbücher eingehen sollte.

Der Begründer des unabhängigen Königreichs Portugal und erster König des Landes wurde als Sohn Heinrichs von Burgund (1069–1112) und Dona Teresa, der nichtehelichen Lieblingstochter König Alfons VI. von León, geboren. Heinrich von Burgund war ein französischer Adliger, der König Alfonso VI. im Kampf gegen die maurische Besetzung im Zuge der *Reconquista*, die spanische und portugiesische Bezeichnung für die Rückeroberung der Iberischen Halbinsel, zu Hilfe geeilt war. Als Dankeschön erhielt er die Hand von Dona Teresa und die Verwaltung der »Grafschaft Portucale« als Mitgift zugesprochen. Sein Herrschaftsgebiet erstreckte in etwa zwischen den Flüssen Minho und Mondego sowie Teilen Südgaliciens. Er erhielt auch das Recht, alles Land, das er von den Mauren, die südlich von Coimbra bis zur Algarve herrschten, erobern könne, als erbliches Lehen zu behalten.

Unter der Herrschaft Heinrichs, der sich nun Graf von Portucale nannte und sich in der Stadt Guimarães niederließ, begannen sich die Gebiete der Grafschaft als politische Einheit zu verstehen. Aus ihr sollte sich schließlich die portugiesische Nation herausbilden.

Nach seinem frühen Tod im Jahre 1112 übernahm zunächst seine Witwe Dona Teresa die Regentschaft für den noch minderjährigen Sohn Afonso Henriques. Sie stürzte sich in eine

Liebesaffäre mit einem galicischen Edelmann und begann, ihre eigenen Pläne zu schmieden. Dona Teresa versuchte ihren Sohn zugunsten ihres Liebhabers von der Thronfolge auszuschließen. Ihr Ziel war es, die »Grafschaft Portucale« mit Galicien zu vereinen, um ein eigenständiges Königreich zu gründen. Dabei stieß sie jedoch auf den harten Widerstand ihres Sohnes Afonso Henriques, der (wie schon sein verstorbener Vater) die Unabhängigkeit der portugiesischen Grafschaft innigst anstrebte. Der junge Afonso stellte mit Hilfe seiner Gefolgsleute eine eigene Armee auf und führte fortan einen erbitterten Kampf gegen seine Mutter. Nachdem er im Juni 1128 ihre Anhänger in der blutigen Schlacht von São Mamede (in der Nähe von Guimarães) besiegt und davongetrieben hatte, ergriff er nicht einmal 20-jährig die Regierungszügel des *Condado Portucalense*.

Sodann steckte er seine Mutter in den Kerker und verbannte sie später in ein Kloster, wo sie zwei Jahre später starb. Böse Zungen in Portugal beziehen sich heute noch auf diese familiäre Fehde und munkeln ironisch, dass aus einem Land, das nur entstanden ist, weil ein Sohn seine eigene Mutter (angeblich auch wortwörtlich) geschlagen hat, »sowieso nichts werden konnte!«.

In den nächsten Jahren seiner Herrschaft hatte sich das junge Reich vor allem mit der Bedrohung durch die Mauren sowie mit der noch immer andauernden Abhängigkeit von Kastilien-León zu beschäftigen. Unter Dom Afonso Henriques begann sich die Grafschaft aus dieser Abhängigkeit zu lösen und sich gleichzeitig Schritt für Schritt auszudehnen. Vom Norden nach Süden drängte er in den nächsten Jahren mit Hilfe von Kreuzrittern aus ganz Europa die Macht der Mauren zurück. Dies brachte ihm auch den Titel »Afonso o Conquistador« ein. Mit den Adligen der Douro- und Minho-Regionen auf seiner Seite, stärkte der junge Krieger seine Macht durch aufeinanderfolgende Siege über seine spanischen Cousins. Entscheidend für seine Unabhängigkeitsbestrebungen jedoch war der Triumph über ein – so erzählt man – riesiges maurisches Truppenkontingent in der Schlacht von Ourique (1139). Fünf maurische Führer soll er so auf einen Streich besiegt haben. Nach diesem Sieg erklärte Dom

Afonso Henriques die Unabhängigkeit seiner Grafschaft von León und Kastilien und rief sich zum König aus. Fortan führte er den Titel Afonso I., König von Portugal.

900 Jahre anmaßende Unabhängigkeit

Das Jahr 1139 wird zwar gern als das »eigentliche« Gründungs-jahr des unabhängigen Portugals bezeichnet, doch dieses wurde erst 1143 vom Königreich Kastilien-León offiziell im *Tratado de Zamora* anerkannt. Portugal ist somit als Nation fast 350 Jah-re älter als Spanien und gehört zu den ältesten Nationalstaaten überhaupt. Im Jahr 2043 wird man 900 Jahre Unabhängigkeit feiern können, und unter den UN-Mitgliedsstaaten wird das kleine Portugal tatsächlich (was das Alter anbelangt) nur von China und Großbritannien übertroffen. Wenn es aber um die Beständigkeit der Grenzen geht – dann muss sogar der asiati-sche Riese weichen.

Zur Hauptstadt des neu geschaffenen Königreichs kürte Kö-nig Afonso I. 1139 Guimarães. Doch musste die Stadt ihren Sta-tus als Machtzentrum Portugals bald an Coimbra abgeben und im Jahr 1255 endgültig an Lissabon. Guimarães gilt aber immer noch als die Wiege der Nation. Und damit das ja keiner vergisst, steht noch heute in haushohen weißen Lettern an den Resten der imposanten Stadtmauer zu lesen: »*Aqui nasceu Portugal*« – »Hier wurde Portugal geboren«.

Dom Afonso Henriques gelang es, sein Königreich im Hin-blick auf die ständigen Angriffe der Mauren zu befrieden und Gebiete südlich bis tief in den Alentejo zurückzuerobern. Nach einer Belagerung von fast vier Monaten eroberte er 1147 mit sei-nen Truppen und Kreuzrittern aus Deutschland, England, Flan-dern und der Bretagne die strategisch wichtige Stadt Lissabon von den Mauren. Damit schuf Afonso Henriques die Grundlage für seine Herrschaft über ganz Portugal. Er regierte bis zu sei-nem Tode am 6. Dezember 1185, aber noch heute trifft man ihn überall. Er ist nicht nur in allen Geschichtsbüchern zu finden, sondern eigentlich in jeder portugiesischen Stadt, so klein sie auch sein mag – mal in Kettenhemd, mit Schwert, Schild und kriegerischem Blick und mal hoch zu Ross, die bronzenen Augen liebevoll über das Land streichend, das er begründete.

Aufbruch zu unbekannten Ufern: Die ruhmreiche Vergangenheit als Seefahrernation und Kolonialmacht

»Oh salzige Flut, wie viel deines Salzes sind Tränen Portugals!«
(Fernando Pessoa, *Botschaft*)

Am Rande des Tejo-Ufers, vor dem Padrão dos Descobrimentos, dem Denkmal der Entdeckungen, im Stadtviertel Belém, breitet sich ein riesiges, breites Marmormosaik aus. Da, wo die Karavellen vor Jahrhunderten lossegelten und die ruhmreiche Vergangenheit Portugals als Seefahrernation und Kolonialmacht begann, hüpfen heute fast eine Million knipsender Touristen jedes Jahr von Mosaikkontinent zu Mosaikkontinent. Denn unter ihren Füßen liegt eine imposante Weltkarte. Schwarz auf Weiß gibt sie die Kontinente an, die portugiesische Entdecker als Erste betraten. Auch die entsprechenden Daten dazu sind verzeichnet, ebenso wie die eroberten Kolonien und Handelsrouten genauestens markiert und nachzuverfolgen sind: Diese reichen vom Ausgangspunkt Lissabon bis nach Brasilien, um den afrikanischen Kontinent herum, von Indien bis nach China, Japan und, und, und. Die Linien lassen sich verfolgen, bis einem schwindlig wird.

Und so staunen die Besucher heute mit zu Boden gerichtetem Blick über das Ausmaß des portugiesischen Imperiums, fast an derselben Stelle, an der sich das Volk im 15. und 16. Jahrhundert versammelte, um den Schiffen auf dem Tejo Adieu zu winken und sie willkommen zu heißen, wenn sie mit kostbaren Gütern beladen heimkehrten. Erst hier – mit dieser Karte zu Füßen – bekommt man einen Überblick über das Ausmaß der damaligen Leistungen und spürt vielleicht im frischen Atlantikwind den Geruch von Pfeffer und Zimt, der die früheren Abenteurer zur See zog.

Kaum ein Land, daran erinnert man in Portugal gern, hat mit so wenig so viel realisieren können. Stolz erhebt sich das wuchtige, circa 50 Meter hohe, weiße Denkmal wie der Bug einer Karavelle in die Mündung des Tejo, auf dem stets reger Schiffsverkehr herrscht. Auf beiden Seiten der drei steinernen Segel reihen sich 33 in Stein gemeißelte Größen hintereinander. Die hässlichen Industrieanlagen am anderen Ufer, der Margem Sul, scheinen sie wenig zu kümmern. Ihr starrer Blick richtet sich gen Süden, in die Richtung des Abenteuers, verliert sich irgendwo am Horizont. An der Spitze der erlauchten Gesellschaft steht eine Gestalt, größer als ihr Gefolge, mit dem Modell einer Karavelle in der Hand, deren Erfindung ihm zugeschrieben wird: Infante Dom Henrique (1394–1460), »Heinrich der Seefahrer« genannt. Der Prinz ebnete als Förderer der Seefahrt Portugals Weg zur Entdeckernation und verdiente sich seinen Beinamen durch die Beauftragung zahlreicher Entdeckungsfahrten entlang Afrikas Westküste. Hinter ihm, wesentlich kleiner, reihen sich dicht gedrängt wichtige Persönlichkeiten, welche die Ära der Expansion entscheidend mitprägten: Kapitäne, Könige, Astronomen, Kartografen, Heilige und Dichter. Mit anderen Worten: viele der Männer, die ihre eigene Haut auf den Weltmeeren riskierten, um die ehrgeizigen Visionen des weltsüchtigen Heinrichs in die Tat umzusetzen, der selbst nie weiter als bis nach Marokko gesegelt ist.

Unter ihnen findet man natürlich Vasco da Gama, den Entdecker des Seeweges nach Indien, Bartolomeu Dias, der 1488 als Erster das gefürchtete Kap der Guten Hoffnung umsegelte, den Brasilien-Entdecker Pedro Álvares Cabral (1500). Und auch der lusitanische Barde Luís de Camões, der abenteuerliche Raufbold und trinkfreudige Draufgänger, der mit seinem Heldenepos *Os Lusíadas* das poetischste Geschichtsbuch Portugals geschrieben hat, ist hier verewigt. Das Werk schildert in Versform (angelehnt an Homers Odyssee) die idealisierte Geschichte der portugiesischen Nation von ihren Anfängen bis zur Vollendung der

Indienreise von Vasco da Gama. Unter den gemeißelten Größen findet sich auch Fernão de Magalhães, dem in den Jahren 1519–1522 die erste Weltumseglung gelang – leider im Auftrag der spanischen Krone.

Ein imposantes Denkmal, in der Tat. Wer aber glaubt, dass dieses schon seit der Zeit der Entdeckungen an Ort und Stelle steht, der irrt. Anders als das in Rufweite gelegene Mosteiro dos Jerónimos oder die Torre de Belém, beides architektonische Juwele aus dem 16. Jahrhundert, wurde der Padrão dos Descobrimentos erst unter der fast 50-jährigen Diktatur Salazars errichtet, als der Nationalstolz über alles gepflegt und vor allem das Kolonialzeitalter als große Epoche der portugiesischen Geschichte heraufbeschworen wurde. Erstmals wurde 1940 ein hölzernes Entdeckerdenkmal für die Exposição do Mundo Português (Ausstellung über die portugiesische Welt) aufgestellt, also in jenen finsteren Jahren, als in Europa schon der Zweite Weltkrieg wütete. Das Ziel von Salazars *Estado Novo* (»Neuer Staat«, ein autoritäres Gebilde mit faschistischen Tendenzen) war es, die besorgte Bevölkerung zu beruhigen und die Portugiesen an ihre ruhmreiche Vergangenheit zu erinnern, indem der Nationalstolz, das Selbstwertgefühl und das Zusammengehörigkeitsgefühl aufgepäppelt werden sollten. Und was könnte besser auf den lusitanischen Stolz wirken als die imperiale Größe, die man innehatte.

Im Jahre 1941 zerstörte jedoch ein Wirbelsturm das hölzerne Original. Das heutige Monument wurde schließlich am 6. August 1960, im Rahmen der Feierlichkeiten zum 500. Todestag Heinrichs des Seefahrers, als Replik des alten Denkmals an seinem derzeitigen Standort eingeweiht.

»Über Meere, die nie zuvor befahren«

Wer war dieser Mann, der den Grundstein für den Aufstieg Portugals zur Weltmacht gelegt und das Land hinaus auf nie zuvor befahrene Meere geführt hat? Er wurde am 4. März 1394 als vierter Sohn König Dom Joãos I. und seiner Filipa de Lencastre aus dem englischen Königshaus im nördlichen Porto geboren und blieb damit faktisch ohne Thronanspruch. Sein Vater hatte nicht einmal ein Jahrzehnt zuvor in der Schlacht von Aljubarrota die Unabhängigkeit gegen Kastilien behaupten können, und Portugal war für damalige Verhältnisse ein erstaunlich gefestigter homogener Staat. Seit Jahrzehnten verfügte man über eine einheitliche Staatssprache, und die muslimische Herrschaft auf lustianischem Boden war mit der christlichen Rückeroberung der südlichen Algarve 1249 schon längst vollzogen (in Spanien sollte sie noch weitere 250 Jahre andauern).

Mit dem Ende der Reconquista und dem vorübergehenden Ende der Konfrontationen mit Kastilien entstand eine Schicht von Rittern, die auf ein neues militärisches Betätigungsfeld brannten – und hinter der Königsdynastie Avis stand ein starkes Handelsbürgertum, das zu Übersee-Expansionen drängte. Neben der naturgegebenen Randlage stellten diese Faktoren eine entscheidende Grundlage zur globalen Expansion Portugals dar.

Mit diesem Ziel trat der junge Prinz auf den Plan. Sein Unterfangen sollte Portugal zur Weltmacht aufsteigen lassen und den Welthandel revolutionieren. Nicht einmal zwei Jahrhunderte würde Portugal benötigen, um mit seinen Schiffen aus dem Bereich seiner Küste in alle Meere der Erde vorzustoßen. Den Beginn der Zeit der maritimen Expansion und des späteren portugiesischen Weltreiches markiert die Eroberung der marokkanischen Stadt Ceuta im Jahr 1415. Heute eine spanische Enklave, galt Ceuta damals als wichtigster Umschlagplatz Afrikas und bedeutendster Karawanenknotenpunkt. Erst nach dieser Einnahme kann von einer systematisch betriebenen Übersee-Expansion gesprochen werden.

Während Heinrichs Vater, König Dom Joao I., die Truppen rekrutierte und sein ältester Sohn, Duarte, die Staatsgeschäfte lenkte, begann der junge Infante Henrique bereits 1412, zusammen mit seinem Bruder Pedro den Bau der Flotte zu überwachen und diese für den Überfall auf Ceuta auszurüsten. Am 25. Juli 1415 hissten weit über 200 Schiffe mit Tausenden von Soldaten die Segel. An Bord waren auch Heinrich und seine Brüder Duarte und Pedro. Am Abend des 21. August gehörte Ceuta den Portugiesen, wobei sich die drei Infanten ihre Sporen in einem echten Kampf verdienten. Dieser erste Vorstoß auf einen Kontinent außerhalb Europas sollte nicht nur die maritimen Entdeckungen Portugals einleiteten, sondern wurde gleichsam als Akt christlicher Rückeroberung und missionarische Heldentat verstanden. Tatsächlich aber brachte Ceuta nicht den gewünschten Erfolg und erwies sich eher als Sackgasse. Die Macht der Mauren blieb im Großen und Ganzen unangefochten: Noch immer kontrollierten sie den Handel mit Gold und Silber, Seide und Gewürzen aus Afrika und Asien.

Die unmittelbaren Folgen dieser Eroberung lagen auf einem ganz anderen Feld, wie Günter Kollert es in seinem Buch *Der Gesang des Meeres* beschreibt: »Keime, die längst in der Seele Henriques geschlummert hatten, begannen sich auf dem Boden Afrikas zu entfalten. Das Hinterland der Handelsstadt mit seinen Karawanenstraßen und fernen Oasen lag nun wie ein riesiges Rätsel vor seinen Augen, und geheimnisvolle Berichte maurischer Händler sowie erbeutete Landkarten eröffneten ihm Horizonte, vor denen die Kreuzfahrerideale teils verblassten, teils eine neue Gestalt annahmen.« Fortan suchte Henrique sein Leben lang die Antworten auf diese Rätsel zu ergründen.

Nachdem er sich in Ceuta des Ritterschlags würdig gemacht hatte, wurde er von seinem Vater zum Herzog von Viseu und zum Statthalter sowie Gouverneur der südlichen portugiesischen Provinz dos Algarbes (heute Algarve) erhoben.

Henrique ließ sich in Sagres, dem südwestlichsten Zipfel des portugiesischen Festlandes, nieder, mit der fixen Idee, an Afrikas Westküste entlang südwärts vorzustoßen. Es heißt, er habe dort berühmte Kartografen, Astrologen und Mathematiker sowie weitgereiste Händler und Kapitäne um sich geschart. Man wollte unbedingt die weißen Lücken auf den Karten füllen und, wenn möglich, in Bereiche vorstoßen, die (noch) gar nicht auf Karten standen. In Sagres soll Henrique auch die Wissenschaften durch die Gründung einer Seefahrerakademie sowie einer Sternwarte gefördert haben, jedoch ist das nicht zeitgenössisch belegbar und wohl als Legende einzustufen. Gewiss ist aber, dass das Vorhaben, der afrikanischen Küste Stück für Stück nach Süden zu folgen, auf den Klippen der westlichen Algarve vorbereitet wurde, was alsbald in Portugals Aufstieg zur Weltmacht und dem Kolonialzeitalter münden würde.

1420 wurde Heinrich dem Seefahrer vom Papst die (weltliche) Leitung des Christusordens übertragen, die ihm eine Streitmacht und umfangreiche Einkünfte bescherte. Das heißt: Mit nur 26 Jahren stieg er zum obersten Tempelritter seiner Zeit auf. Der Christusorden war der Nachfolger des 1312 gewaltsam aufgelösten Templerordens. Zuvor hatte Portugal zwar dem Druck Frankreichs und des Papstes nachgegeben und den Templerorden offiziell aufgelöst, doch in typisch portugiesischer Manier eigentlich nur den Namen des Ordens verändert und die reichen Besitzungen einfach dem »neuen« Christusorden übertragen. Ein listiger Kniff, der sich als ausschlaggebender Punkt für Portugals Expansion entpuppen sollte. Denn der Infante Dom Henrique steckte große Teile des Vermögens dieser Christusmiliz in die wissenschaftliche Forschung und trieb ebenso den Schiffbau voran, welcher Portugal lange Zeit die Hoheit der Meere garantieren sollte. Aus der Runde heller Köpfchen um Henrique sollen in Sagres auch wesentliche Impulse für den Schiffbau hervorgegangen sein: Mit Schiffbaumeistern beriet er, wie die Segler schnell und zugleich hochseetüchtig gemacht werden konnten, denn mittelmeerische Erfahrungen taugten auf dem Atlantik nichts. Es entstand eine Urform der Karavelle, ein hochseetüchtiges Schiff mit dreieckigen, lateinischen Segeln, das die Portugiesen in den nächsten zwei Jahrhunderten über alle Meere der Welt tragen sollte. Auch die *nau*

(Karacke) soll in Sagres ihren Ursprung haben. Dieser langsamere Schiffstyp, der die Karavelle später verdrängen sollte, wurde zum transatlantischem »Containerschiff« der damaligen Zeit und machte wegen seiner Größe die ertragreichen Indien- und Brasilienfahrten später erst möglich.

Die Einsamkeit des asketischen Prinzen, der sich zeitlebens wie ein Mönch auf seiner Festland-Kommandobrücke der Seefahrt widmete, zahlte sich aus. Die ersten Erfolge der Erkundungs- und Expansionsfahrten entlang der westafrikanischen Küste stellten sich ein: 1418 entdeckte man Madeira. Nach Henriques Order, auch westwärts zu segeln, wurden 1427 die Azoren entdeckt und besiedelt. Die Entdeckungen gingen weiter und weiter, mit jeder Expedition, die sich jeweils ein Kap weiter zu segeln wagte als die vorangegangene. Jedoch gestaltete sich dies immer schwieriger, denn auch psychologische Barrieren waren zu überwinden: Der südlich des Kap Bojador (auf Höhe der Kanarischen Inseln) gelegene Bereich galt nach damaligen Vorstellungen als eine Zone des Schreckens und als äußerste Grenze des schiffbaren Meeres. Die Rede war von unvorstellbarer Hitze, einem »Magnetberg«, der Schiffe anziehe, vom Absturz ins Nichts, von Monstern und Seeungeheuern, von Flauten ohne die Chance auf Rückkehr und anderen Schrecknissen. 1422 beauftragte Heinrich der Seefahrer erstmals eine Flotte, dieses Kap zu umsegeln, doch die Kapitäne kehrten aus Angst um. Fortan wurde dieser Versuch mindestens einmal pro Jahr wiederholt, was der geballten Überzeugungskraft Heinrichs bedurfte. Doch entweder blieben die Expeditionen verschollen oder die Schiffe kehrten mit verängstigter Mannschaft unverrichteter Dinge zurück. Das brachte dem Landstrich schnell den Namen »Kap des Schreckens« ein.

Wegen der geringen Wassertiefe, der zahlreichen Klippen und Sandbänke, der unberechenbaren Strömungen sowie der häufigen Trübung der Atmosphäre ist die dortige Küste tatsächlich sehr gefährlich zu befahren. Es ist aber nicht unmöglich, wie 1434 der Portugiese Gil Eanes endlich bewies. Ihm gelang als erstem Menschen (oder eher: Europäer), das als unpassierbar geltende Kap zu umsegeln und endlich die psychologische Barriere zu durchbrechen, die zuvor wie ein Schleier vor den Klippen gehangen hatte. Und die war nicht gering! Immerhin hatten es die Portugiesen unter Heinrich seit 1422 mindestens 15 Mal versucht. Die Entdeckung der afrikanischen Westküste wurde ab 1434 vorangetrieben, denn die Reisen begannen sich wirtschaftlich auszuzahlen und zogen immer mehr interessierte Seefahrer an. Bis zu seinem Tod am 13. November 1460 in Sagres organisierte Heinrich der Seefahrer weitere Expeditionsfahrten, die einen Vorstoß bis an die Küste um Sierra Leone ermöglichten. Die Tür zum lang ersehnten Seeweg nach Indien um Afrika herum war zwar noch nicht ganz geöffnet – dies rückte aber in unmittelbare Nähe.

Um Afrika herum nach Indien

Vasco da Gama ist der weltweit bekannteste Seefahrer Portugals, aber wenn es der Zufall nicht so gewollt hätte, stünde vielleicht der Name Paulo da Gama in den Geschichtsbüchern. Es war nämlich der ältere Bruder Vasco da Gamas, der eigentlich die erste Expedition nach Indien hätte führen sollen. Aber eine Erkrankung machte ihm einen Strich durch die Rechnung, und das Kommando wurde seinem jüngeren Bruder Vasco überlassen. König Manuel I. akzeptierte, und Geschichte wurde geschrieben.

Vasco da Gama (1468–1524) stammt aus der Hafenstadt Sines (160 Kilometer südlich von Lissabon) und verdingte sich früh als fähiger Seemann. Seine ersten Kommandos hatte er in der Kriegsflotte Joãos II. inne und bewies nicht nur nautisches Talent, sondern ebenso ein zähes Wesen.

Unter dem Kommando Vasco da Gamas verließen den Lissabonner Stadtteil Belém am 8. Juli 1497 vier Schiffe mit circa 150–170 Mann Besatzung – nur ein Drittel sollte zurückkehren. Nach einem ersten Anlaufpunkt auf der Insel Santiago, im heutigen Cabo Verde, segelte die Flotte weiter in Richtung Sierra

Leone und macht dann einen langen Bogen nach Südwesten, denn weit draußen auf dem Meer herrschen günstigere Windbedingungen als entlang der Küste. Vasco da Gama und seine Leute verbrachten Wochen und Wochen auf offener See, länger als jemals ein europäisches Schiff vor ihnen, länger auch als Kolumbus bei seiner Atlantiküberquerung. Nach fast drei Monaten ohne Land in Sicht wollten seine Kapitäne umkehren, und da Gama gab ihnen zum Schein nach, nur um dann kurzerhand die Navigationsinstrumente über Bord zu werfen. Weil durch diese perfide Aktion der Weg nach Haus ebenso unsicher war wie die Weiterreise, wurde diese fortgesetzt. So jedenfalls die volkstümliche Überlieferung.

Nach mehreren vergeblichen Anläufen gelang es dem portugiesischen Geschwader, das Kap der Guten Hoffnung endlich zu umschiffen. Für lange Zeit ging es dann weiter nach Norden, entlang der ostafrikanischen Küste, wo die ersten Fälle von Skorbut auftraten, einer Krankheit, die durch länger anhaltenden Mangel an Vitamin C entsteht: Hände und Füße schwollen den Seefahrern an, und das Zahnfleisch wucherte ihnen über die Zähne, so dass sie nichts mehr essen konnten. Die Flotte segelte in Richtung Mombasa (Kenia) und trat dabei langsam aber (un)sicher in südlichste arabische Einflusssphäre ein. Als man an der Ostküste Afrikas merkte, dass die Fremden keine Muslime waren, brachen Feindseligkeiten aus – denn die einheimischen Händler fürchteten das Eindringen der Ankömmlinge in ihr Handelsgebiet. Erst in Melinde, einer Handelsstadt etwas nördlicher, die in Konkurrenz mit Mombasa stand, wurden da Gama und seine Männer freundlicher empfangen. Dort gewannen sie einen erfahrenen Lotsen, der sie durch die gefährlichen Gewässer bis nach Indien führte. Nach 23 Tagen – am 20. Mai 1498 – landeten sie an der indischen Malabarküste nahe der südindischen Handelsstadt Calicut (heute: Kozhikode).

Endlich war das Ziel erreicht: Vasco da Gama war der erste Europäer, der auf dem Seeweg um Afrika Indien erreichte – und Portugal nicht länger auf den mühseligen, von Türken, Arabern und Persern beherrschten Landweg nach Indien angewiesen. Zunächst erwartete da Gamas Männer eine freundliche Begrüßung, doch die Kontaktaufnahme sollte sich bald als schwierig herausstellen: Die Ankömmlinge trafen nicht nur auf den Argwohn des Samorim von Calicut, sondern erlebten ganz besonders die Feindschaft muslimischer Kaufleute. Auch unterlief den Portugiesen ein Fauxpas, als sie dem Gebieter Gastgeschenke überreichten, die dieser nur als eine Beleidigung ansehen konnte. Die bescheidenen Handelsgüter (Glasperlen, Korallenzweige und billige Stoffe) ließen sich zwar in Afrika eintauschen, in Indien aber wurden sie belächelt. Nach Wochen erfolgloser Verhandlungen gelang es Vasco da Gama, doch noch einige Pröbchen der Reichtümer, mit denen dort gehandelt wurde, zu erstehen.

Nach erneuten Zwischenfällen mit arabischen Händlern mussten die Portugiesen die Flucht ergreifen. Die Rückreise im Oktober 1498 wurde wegen fehlender Kenntnisse der Winde im Indischen Ozean und schwerer Stürme fast zum Debakel. Der Rückweg an die ostafrikanische Küste dauerte dreimal so lange wie der Hinweg, und ein Großteil der Mannschaft erlag dem Skorbut. Wieder an Land, stellte sich heraus, dass man nicht mehr genügend Männer besaß, um die drei übriggebliebenen Schiffe korrekt manövrieren und in die Heimat bringen zu können. Da Gama ließ daher die São Rafael verbrennen, die bis dato von seinem derweil schwer erkrankten Bruder Paulo kommandiert worden war.

Im September 1499 erreichte Vasco da Gama – nach über zweijähriger Reise – wieder Portugal. Obwohl die materielle Ausbeute der Expedition nur gering war, wurde sie von König Manuel I. gefeiert. Das Unternehmen hatte nicht nur die Machbarkeit der Indienfahrt erwiesen, sondern auch großen Appetit auf die dortigen Reichtümer gemacht. Portugals Aufstieg zur Großmacht war damit besiegelt: Vasco da Gama brachte nicht nur eine Ära zum Abschluss – diejenige der Suche nach Indien über den Seeweg – sondern verkörperte zugleich den Beginn einer neuen Epoche – der Etablierung von Macht, ihrem Ausbau und der weiteren Erforschung des bereits Entdeckten.

Im 16. Jahrhundert verkehrten überwiegend portugiesische Handelsschiffe zwischen Europa und Asien. Lissabon ließ in Fernost Handelsniederlassungen und militärische Festungen, Fabriken und Kontore errichten. Fast 100 Jahre sollte es dauern, bis Holländer und Engländer den Portugiesen die maritime Vorherrschaft streitig machten.

Brasilien: Zufall oder gelungenes Täuschungsmanöver

Gleich nach der Rückkehr da Gamas wurde eine zweite, sehr viel größere Indienexpedition vorbereitet, zu deren Oberstem Kapitän Pedro Álvares Cabral (1467–1520) ernannt wurde. Denn für Portugal galt es nun, den Anspruch auf die neue Route so schnell wie möglich zu festigen. Während der ersten Indienreise hatte man die muslimische Konkurrenz unterschätzt. Bei der zweiten würde man diesen Fehler nicht mehr begehen und zeigte sich deutlich besser vorbereitet und ausgerüstet.

Cabrals Flottenverband bekam den Auftrag, das Tor zu Indiens Gewürzmärkten für Portugal vollends aufzustoßen. Der junge Cabral sollte nicht nur die geknüpften Beziehungen durch Handelsverträge festigen, sondern Handelsniederlassungen gründen. Am 9. März 1500 verließen die Schiffe Lissabon – Kurs auf Indien. In der Armada waren weit über 1000 Männer unterwegs, darunter der Chronist des Königs Dom Manuel I., Pêro Vaz de Caminha, und auch Bartolomeu Dias, der Bezwinger des Kaps der Guten Hoffnung.

Beim Versuch, den windarmen Golf von Guinea in einem großen westlichen Bogen zu umschiffen, kam der Flottenverband vom Kurs ab. Bei dieser Westfahrt stieß man am 22. April 1500 auf Festland – und siehe da – man hatte Brasilien entdeckt! Pedro Álvares Cabral als Entdecker Brasiliens »wider Willen« dank eines Navigationsfehlers.

Diese Interpretation ist unter Historikern gängig und als die meistverbreitete Idee dementsprechend auch in die meisten Geschichtsbücher eingegangen. Nur manche Gelehrte bestreiten das: Denn Cabral war ein erfahrener Seemann, der von erfahrenen Kapitänen und Steuermännern begleitet wurde. War es vielleicht ein Täuschungsmanöver? Eine geheime Fahrt nach Westen, um die spanischen Konkurrenten abzuwimmeln und zu täuschen – und einen bereits entdeckten Teil der Neuen Welt (durch Kolumbus 1492) für die portugiesische Krone in Besitz zu nehmen? Viele Forscher vermuten, dass Cabral im Auftrag Königs Manuels I. ganz bewusst den Kurs nach Brasilien genommen hat, da den Portugiesen die Existenz von Land in diesem Seegebiet bekannt war. Genau werden wir es wohl nie erfahren. Dokumente, die vielleicht ein Licht auf dieses Rätsel werfen und – wer weiß – sogar den Namen des ersten und wirklichen Entdeckers Brasiliens preisgeben könnten, sind durch die Zerstörung der Archive der Königsbibliothek durch das Lissabonner Erdbeben 1755 für alle Zeiten verloren gegangen.

Wie dem auch sei: Cabral und sein Gefolge nahmen das neue Land in Besitz, das Portugal laut Vertrag von Tordesillas 1494 zumindest in seinen östlichen Teilen zustand. Und welch eine Entdeckung hatten sie da gemacht! Dieses zuvor nie von europäischen Füßen betretene Land eröffnete den Portugiesen einen ganz neuen Horizont und würde zum Schmuckstück des Überseeimperiums werden, anfangs allerdings auch zu einem wortwörtlich riesigen Problem: Denn Brasilien war von der Größe Westeuropas. Und das kleine Portugal zählte gerade mal eine Million Einwohner.

Die Antwort war einfach, aber traurig: Millionen von Sklaven, die die Portugiesen über die nächsten drei Jahrhunderte von Westafrika in die Neue Welt brachten. Der ungeheure Bedarf an Arbeitskräften besonders für die Zuckerrohrindustrie wurde zuerst mit der Versklavung der Urbevölkerung abgedeckt, später hauptsächlich mit Sklaven aus Angola oder São Tomé e Principe, Nigeria, Benin, Togo, Ghana oder Elfenbeinküste. Noch ein negativer Meilenstein, den die Portugiesen setzten: In Salvador da Bahia, welches bis 1763 die erste Hauptstadt Brasiliens war (»São Salvador da Bahia de Todos os Santos« – »Heiliger Erlöser von der Bucht der Allerheiligen«), entstand der erste Sklavenmarkt der Neuen Welt. Für so viel Heiligkeit in einem Namen reichlich verdorben. Dass Portugal das erste europäische Land gewesen sein soll, das – unter Premier Marquês de Pombal – 1761 die Sklaverei (zumindest offiziell) abgeschafft hat, tut da auch nichts mehr zur Sache. Von der ausbeuterischen Vergangenheit zeugt jedenfalls noch der Pelourinho in Bahia, der Pranger, auf dem die einst aus Westafrika verschleppten Sklaven verkauft und ausgepeitscht wurden und der seit 1985 Weltkulturerbe der UNESCO ist.

Die Entdeckung Brasiliens sollte zunächst jedoch ohne große Bedeutung bleiben. Denn erst unter König João III. (der von 1521–1557 regierte) begann man mit der wirtschaftlichen Ausbeutung der großen Reichtümer und der eigentlichen Kolonisierung.

Pedro Álvares Cabral und seine Männer betraten brasilianischen Boden ungefähr dort, wo sich heute der Bundesstaat Bahia befindet. Die Einheimischen sollen die Karavellen schon kilometerweit gerochen haben, so stark sei der Gestank der hölzernen »Ungeheuer« gewesen. Die Eindrücke vom ersten Kontakt zwischen brasilianischen Ureinwohnern und den Portugiesen wurden in einem 27-seitigen Brief festgehalten, verfasst von Pêro Vaz de Caminha, dem an Bord befindlichen Chronisten, an König Manuel I. (*Carta de Pêro Vaz de Caminha a El-Rei D. Manuel sobre o achamento do Brasil*). Das historische Schreiben ist datiert auf den 1. Mai 1500 und ein lesenswertes Stück Literatur, das präzise die ersten Begegnungen mit den dort lebenden Ureinwohnern schildert. Ausführlich beschreibt Caminha, wie einer der Kapitäne an Land ging und dort mit den bereits wartenden Einheimischen Kontakt aufnahm. Bei diesen Begegnungen herrschte ein sanfter und respektvoller Umgang miteinander und verständlicherweise auch große Neugier.

Die Portugiesen sollten es aber leider nicht bei dieser friedvollen Weise belassen: Über die nächsten Jahrhunderte unterwarfen sie die Ureinwohner Brasiliens und rotteten sie fast vollständig aus. Ein großer Teil der eingeborenen Bevölkerung starb im Zuge der Kolonialisierung. Es wurde versklavt, misshandelt, verstümmelt, vergewaltigt. Von den weißen Eindringlingen bedrängt, mussten sich die Einheimischen immer weiter vor deren Gier und Gnadenlosigkeit zurückziehen. Die aus Europa eingeschleppten Krankheiten rotteten ganze Stämme aus. Die unmenschlichen Arbeitsbedingungen auf den Plantagen sorgten für den Rest.

Nach dem ersten Kontakt beschloss die Flotte, am nächsten Tag nach Norden weiterzusegeln. Etwa 60 Kilometer weiter fanden sie eine Bucht mit breiter Einfahrt, die Cabral Porto Seguro (Sicherer Hafen) nannte. Dort hielt am 26. April, dem Ostersonntag des Jahres 1500, der mitgereiste Franziskanerpater Henrique de Coimbra die erste katholische Messe auf südamerikanischem Boden.

Ein Proviantschiff brach indessen nach Lissabon auf, um König Manuel I. über die Entdeckung und Inbesitznahme des neuen Landes in Kenntnis zu setzen. Nach dem Eintreffen des Briefes ging dieser, zusammen mit vielen anderen Dokumenten, unter und geriet in Vergessenheit. Erst 273 Jahre nach seiner Verfassung wurde der Brief 1773 im Nationalarchiv entdeckt – wo er heute immer noch liegt, zweifelsohne zu den geschichtlich wertvollsten Schriftstücken Portugals gehörend.

Cabral und die restliche Mannschaft setzten am 2. Mai 1500 die Reise in Richtung Indien fort. Ende Mai erreichten sie das Kap der Guten Hoffnung, wo sie in einen schweren Sturm gerieten und vier Schiffe samt Mannschaften verloren, darunter auch das von Bartolomeu Dias. Die Flotte erreichte am 13. September 1500 Calicut. Cabral wurde die Einrichtung einer befestigten Handelsstation erlaubt, aber bald brach Streit mit den lokalen Kaufleuten aus, welche den portugiesischen Stützpunkt angriffen. Cabral verlor mehrere Dutzend Männer und übte blutige Vergeltung.

Im Juni 1501 erreichten vier Schiffe wieder Lissabon. Manuel I. versprach Cabral sofort die Führung einer weiteren und größeren Expedition, gab aber später Vasco da Gama den Auftrag. Die zweite Indienexpedition da Gamas wurde 1502 unternommen – diesmal mit einer Flotte von 13 Schiffen und vielen

Soldaten. In Indien angekommen, richtete der jähzornige Vasco da Gama wahre Blutbäder an, um den Tod von Cabrals Leute zu rächen und die Überlegenheit Portugals zu erzwingen. Er soll eine wahrhaft blutige Terrorkampagne gegen die arabischen Händler und deren Schiffe eingeleitet haben, verstümmelte und hängte auf und versenkte als Krönung eine Barke voller unschuldiger Pilger (darunter auch unzählige Kinder und Frauen), die gerade aus Mekka zurückkamen. Nicht umsonst wird der größte Seefahrer Portugals als gewalttätig beschrieben, als ein von Ehrgeiz getriebener, gieriger und machthungriger Mensch.

Der indische Historiker Sanjay Subrahmanyam behauptet sogar, erst Vasco da Gama habe »den systematischen Gebrauch von Gewaltanwendung auf See« eingeführt. Auch an Land wurde durch blanke Gewalt das portugiesische Handelsmonopol durchgesetzt. Damit hatte es Vasco da Gama endgültig geschafft, Portugal zur »Nummer eins« im europäischen Gewürzhandel zu machen. 1524 trat er seine dritte und letzte Indienreise an, um dort das Amt des Vizekönigs zu übernehmen. Nach nicht einmal vier Monaten »auf dem Thron« starb da Gama am 24. Dezember 1524 an einer unbekannten Krankheit. Zwischen 1501 und 1505 sandte Portugal mehr als 80 Schiffe mit etwa 7000 Männern aus, um den Brückenschlag nach Indien gewaltsam zu sichern und dort befestigte Stützpunkte zu errichten.

Das Goldene Zeitalter und der schleichende Untergang des Imperiums

»Portugiese sein ist keine Nationalität,
sondern ein Leidensweg.«
(Baptista Bastos)

Seit beinahe 60 Jahren war das Land in den Klauen spanischer Herrschaft, und die Portugiesen badeten aus, was El-Rei Dom Sebastião 1580 mit seinem unüberlegten Kreuzzug nach Nordafrika verbockt hatte, als er im Wüstensand von Alcácer-Quibir vernichtend geschlagen wurde.

Der Widerstand gegen die spanische Fremdherrschaft wuchs mit jedem Tag, während man hilflos dem Niedergang der eigenen Träume zusehen musste. Die von Spanien geführten Kriege gegen Portugals traditionelle Verbündete England sowie die Niederlande zerrten Lissabon mit ins Scharmützel. Dies beeinträchtigte den Handel stark, die wirtschaftliche Lage verschlimmerte sich, und die Verbitterung gegen die spanischen Besatzer wuchs. Vor allem, weil das ehemalige Weltreich ohnmächtig zusehen musste, wie ihm England und Holland wichtige und einträgliche Teile des Kolonialreiches einfach vor den Augen wegschnappten: die Holländer entwanden Portugal die Kontrolle über die Gewürzroute und bedrohten bald auch Brasilien, wo sie wichtige Stützpunkte besetzten. Unter anderem auch vorübergehend die Hauptstadt Salvador da Bahia.

Hinzu kam, dass man als Spaniens Anhängsel in der eigenen Heimat nicht nur eine in allen Bereichen zunehmende Kastilianisierung, sondern auch ein immer größeres Einmischen in die Staatsgeschäfte erdulden musste. Und vor allem immer höhere Steuern, um Spaniens Kriege zu bezahlen. Von 1634 bis 1637 kam es in mehreren portugiesischen Städten zu patriotischen Aufständen, die aber erfolglos blieben. Als im Juni 1640 eine Revolte im spanischen Katalonien losbrach und Spaniens König Philipp IV. (der als Philipp III. zugleich Portugal regierte) den größten Teil seiner Truppen dorthin schickte, witterte der portugiesische Adel seine Chance. Er bot in einer geheimen Versammlung dem Herzog von Bragança die Krone an.

Am 1. Dezember 1640, als Spaniens Aufmerksamkeit ganz der Revolte in Katalonien gewidmet war, erstürmte eine Gruppe Verschwörer ohne große Gewalt den Palast des spanischen Stadthalters am Tejo. Den verhassten portugiesischen Sekretär und Lakaien der Spanier, Miguel de Vasconcelos, warf man aus dem Fenster und damit dem Zorn des Volkes zum Fraß vor. Der Herzog von Bragança wurde als João IV. zum König ausgerufen.

Der verärgerte große Bruder nahm das natürlich nicht

so einfach hin und wollte seine Herrschaft wiederherstellen. Doch Spanien waren zunächst die Hände gebunden, da es in einen Krieg mit Frankreich verwickelt war und seine Truppen anderweitig benötigte. König João IV. nutzte die Zeit, um die Landesverteidigung zu stärken und das traditionelle Verteidigungs- und Freundschaftsbündnis mit England zu erneuern. Wie sich herausstellen sollte, ein brillanter Einfall: Denn die Spanier ließen nicht locker. Als bald darauf (1659) der Krieg mit Frankreich endete, sahen sie die Chance, sich um Portugal »zu kümmern«. Mit Hilfe englischer Truppen jedoch gelang es, die Spanier in mehreren Schlachten zurückzudrängen. 1668 – in der Erklärung zum »Frieden von Lissabon« – erkannte Spanien endlich Portugals Unabhängigkeit an. Endlich hatte das Land das »spanische Trauma« abschütteln können.

In den folgenden Jahrzehnten sollten die Geschicke Portugals wieder vom portugiesischen Adel gelenkt werden, und es folgte eine Periode relativer Stabilität. Nach dem Niedergang in Asien richteten sich die Blicke vermehrt auf Brasilien, denn dort wurden seit jeher Edelsteine, Gold und andere Edelmetalle vermutet; allerdings hatte man in mehr als zwei Jahrhunderten keine davon in nennenswerten Mengen gefunden. Das änderte sich schlagartig, als die Portugiesen zwischen 1693 und 1695 größere Goldadern im unbewohnten Hinterland des heutigen Bundesstaates Minas Gerais entdeckten. Die Nachricht verbreitete sich wie ein Lauffeuer, und es setzte ein regelrechter Ansturm auf diese vormals unbesiedelten Gebiete ein, nicht nur von den portugiesischen Siedlern (die somit von der Küste ins Hinterland rückten), sondern auch aus Europa. Wichtige Goldvorkommen wurden später auch in Matto Grosso (1718), Goiás (1725) und Arraial do Tijuco (1729) gefunden.

In der Hoffnung auf das schnelle Geld ließen viele alles stehen und liegen und zogen den Gerüchten des Goldes hinterher. Von 1700 bis 1750 wanderten rund 600 000 Portugiesen nach Brasilien aus. Der Handel mit Sklaven aus Afrika wurde durch den Bedarf an Arbeitskräften in den Minen nochmals intensiviert. Der Großteil des brasilianischen Goldes floss direkt an die

Händler nach Europa oder aber an das portugiesische Königshaus, das mit dem Reichtum alles andere als umsichtig umging.
Gold und Diamanten ermöglichten es dem königlichen Hof
und den Adelskreisen, in Saus und Braus zu leben und ständig
aus dem Vollen zu schöpfen, während überfällige Wirtschafts-
reformen immer wieder aufgeschoben wurden und Land und
Bevölkerung verarmten.

Trotz der ungeheuren Reichtümer, die nach Portugal flossen,
geriet das Land schnell in eine immer größere wirtschaftliche
(und bald auch außenpolitische) Abhängigkeit zum traditionellen Verbündeten England, mit dem schon seit Ende des 14. Jahrhunderts ein Bündnisvertrag bestand. Diese »ewige, unzerstör-
bare« Freundschaft wurde mehrmals erneuert und gilt als die
älteste noch gültige diplomatische Allianz zwischen zwei Staaten. Aber wie es der Undank der Geschichte nur wollen konnte,
entpuppte sie sich mehrmals als Nachteil. Besonders schädlich
wirkte sich der 1703 geschlossene »Methuenvertrag« aus, der
den Import von Textilien aus England (ohne Hindernisse und
zu Vorzugszöllen) im großen Stil zuließ, während Portugal als
Gegenleistung Wein, insbesondere Portwein, ausführen durfte.
Dieses Abkommen brachte u. a. die portugiesische Wollindus-
trie zum Erliegen. Aus England wurden nicht nur Tuchwaren,
sondern auch Getreide bezogen: Die portugiesische Wirtschaft
war nun fast ausschließlich auf Import eingestellt. Bald sollten
die Staatsschulden in die Höhe schießen.

Bezahlt wurde zwar nicht mit der Kreditkarte, aber mit
Gold. Auch wurden keine Autobahnen gebaut oder andere
überdimensionierte Investitionen in die Infrastruktur getätigt,
dafür aber pharaonisch-sinnlose Prunkbauten. Ab 1707 regierte der für seine verschwenderische Ader (und seine sexuelle
Vorliebe für Nonnen und Aphrodisiaka) bekannte König Dom
João V., der trotz nahezu unendlicher finanzieller Mittel das
Land beinahe in den Ruin trieb, gleichzeitig aber lange auf dem
Thron verharrte: über 43 Jahre. Dom João V. war es auch, der
auf einem Areal von fast 40 000 Quadratmetern die gewaltige
barocke Anlage im kleinen Städtchen Mafra (nicht weit von

Sintra und Lissabon) in Auftrag gab, den Palácio Nacional de Mafra, geplant vom schwäbischen Architekten Johann Friedrich Ludwig, die größte Schloss- und Klosteranlage Portugals: ein Stein gewordenes Monument des Größenwahns, welches innerhalb seiner Mauern ein königliches Schloss, eine Kirche und ein Kloster beherbergt. Für dieses wurde ein beträchtlicher Teil des Goldes und der Edelsteine aus Brasilien großzügig verprasst. (Nicht einmal die Betonexzesse der 1990er Jahre konnten diesen Größenwahn toppen – obwohl man sich doch redlich bemühte.)

Die portugiesische Krone hatte sich mit diesem Bau in ihrer Maßlosigkeit so heftig übernommen, dass fast der Staatsbankrott angemeldet werden musste. Und das, obwohl die finanziellen Mittel enorm waren. Die ersten 500 Kilo Gold aus Brasilien kamen in den 1690er Jahren, und im Jahre 1720 betrug die Lieferung an Gold etwa 25 Tonnen. Doch so schnell, wie das Geld in die heimischen Taschen kam, wurde es auch zum Fenster hinausgeworfen. Das mit der Abneigung gegenüber einer sinnvollen, planvollen und zukunftsorientierten Verwendung des Geldes ist in Portugal also keine moderne Erfindung.

José Saramago thematisierte den Palastbau, für den eine Heerschar von Arbeitskräften (es sollen bis zu 50 000 Arbeiter gewesen sein) zwangsrekrutiert wurde, in einem seiner bekanntesten Romane. *Memorial do Convento* (*Das Memorial*) beschreibt den Bau aus der Sicht des einfachen Mannes, der auch heute noch mit Steuern und harten Opfern für die Maßlosigkeit der Regierenden aufkommen muss.

Zur Verteidigung Dom Joaos V., dem die – zugegeben nicht reizlose – Mischung aus wollüstigen Nonnen und Aphrodisiaka 1750 einen Herzinfarkt bescherte, sollte gesagt werden, dass er zumindest das 19 Kilometer lange, von Queluz bis zum Lissabonner Stadtteil Amoreiras führende Aqueduto das Águas Livres in Auftrag gab – eine der bemerkenswertesten Ingenieurleistungen des 18. Jahrhunderts in Portugal und vor allem eine enorm wichtige, da es wesentlich zur Lösung der chronischen Probleme von Lissabons Wasserversorgung beitrug. Begonnen hatte man mit dem Bau im Jahr 1731, und 1748 wurde das erste Mal Wasser bis nach Lissabon durch die Konstruktion geleitet.

In der zweiten Hälfte des 18. Jahrhunderts versuchte man, das Ruder herumzureißen. Weg vom schnellen Konsum, Schluss mit der Geldverschwendung hieß die Devise. Der Marquês de Pombal, der durch Lissabons Wiederaufbau nach dem Erdbeben von 1755 bekannte Minister von König José I. (der zwischen 1750 und 1777 regierte), förderte als Vertreter des aufgeklärten Absolutismus die Bildung, die Industrie und die Landwirtschaft und schränkte die Macht des ihm verhassten Klerus und Adels ein. Neben der systematischen Förderung der Wirtschaft im eigenen Land und der Kolonien wurden auch andere bitter nötige Reformen durchgeführt. Unter anderem wurde der Einfluss Englands zurückgedrängt. Nach dem Tod des Königs aber musste Pombal seinen Hut nehmen, und ab 1777 wurden unter Maria I. die meisten Reformen wieder zurückgenommen, und die altbekannte Misswirtschaft ging weiter. Und England wurde wieder zu Portugals großer Amme.

Dies sollte sich nicht nur als wirtschaftlich ruinös herausstellen, sondern noch Jahre später das Unglück anziehen und das Land beinahe ganz zerstören. Denn nicht zuletzt dieser unseligen Allianz wegen wurde das kleine Portugal von den napoleonischen Truppen überrannt und die atlantische Heimat zum europäischen Schlachtfeld: Da Portugal die 1806 von Napoleon verhängte Kontinentalsperre gegen England nur zögerlich umsetzte, marschierten französische Truppen unter General Junot 1807 in das Land ein und besetzten Lissabon. Kurz vor dem Einmarsch war der gesamte Hof unter Dom João VI. Hals über Kopf und mit allem, was man mitnehmen konnte, auf rettende Boote in Richtung Brasilien geflohen. Ein einzigartiger Umzug über den Atlantik! Noch nie in der Geschichte hatte eine Kolonialmacht die Hauptstadt des Reiches in eine Kolonie verlagern müssen.

Die Franzosen versuchten insgesamt drei Mal, in Portugal Fuß zu fassen. Immer wieder wurden sie von britischen und portugiesischen Truppen zurückgeschlagen. Der Krieg endete 1814, die Folgen für Portugal jedoch waren eine Katastrophe: Nicht nur wurden die Bevölkerung dezimiert und ganze Landstriche verwüstet, Portugal war zudem stark verschuldet. Die Handelsabhängigkeit von England nahm zu, und der Aufbau der Industrialisierung war gestoppt. Zudem blieb Portugal sechs Jahre von britischen Truppen besetzt. Man war nicht mehr Herr im eigenen Haus, der König weilte auf der anderen Seite des Atlantiks und machte auch keine großen Anstalten, in sein Land zurückzukehren. Die freundschaftlichen Bande zu England waren also – gelinde gesagt – angeschlagen, und wie aus Feinden hin und wieder Freunde werden, so endet auch so manche Freundschaft. Ein Aufstand der Offiziere in Porto gegen die englische Besatzungsmacht leitete 1820 die »Liberale Revolution« ein: Die Engländer wurden entmachtet, und Portugal erhielt 1821–22 zum ersten Mal in seiner Geschichte eine Verfassung.

Als das Königshaus 1820 aus Brasilien zurückkehrte, hatte sich durch eine starke liberale Bewegung vieles geändert. Eine Verfassung, welche die Umwandlung der absoluten in eine konstitutionelle Monarchie und das allgemeine Wahlrecht zum Inhalt hatte, wurde vom rückkehrenden König João VI. akzeptiert. Am 7. September 1822 erklärte der in Brasilien zurückgebliebene Sohn des Königs die Unabhängigkeit dieser für die Portugiesen so wichtigen Überseeprovinz. Eine bittere Pille für die lusitanische Nation, denn nun blieb vom einstigen Weltimperium nicht mehr viel übrig.

An den Rand des Abgrunds geriet Portugal mit dem anschließenden Kampf zwischen Anhängern des Absolutismus und Befürwortern einer konstitutionellen Monarchie. Dieser wurde erst im Miguelistenkrieg durch den Sieg der konstitutionellen Monarchisten entschieden. Das Land zerbrach und verpasste endgültig den Zug der Industriellen Revolution – mit dramatischen Folgen für die Gegenwart.

Die Endphase der Monarchie war geprägt von einer hohen Armut, geringen Bildung (80 Prozent der Portugiesen waren Analphabeten), allgemeinen wirtschaftlichen Problemen (Staatsbankrott 1891) und einem ständigen Wechsel der Regierungen. Nicht zu vergessen ist natürlich auch das Englische Ultimatum von 1890, welches das Ansehen der Monarchie endgültig ruinierte: Während Portugal Angola und Mosambik territorial ausdehnen und verbinden wollte, planten die Engländer eine Eisenbahnlinie von Kairo nach Kapstadt – und diese Pläne standen denen Portugals entgegen. Also forderte England hochmütig die Abtretung der von Portugal besetzten Gebiete. Bei Nichteinhaltung drohte man dem treuen Verbündeten mit dem Abbruch der diplomatischen Beziehungen und entsandte zur Vergewisserung sogar ein Kriegsschiff nach Lissabon. König Dom Carlos I. beugte sich – zum Entsetzen der Bevölkerung.

Der eingezäunte Garten Salazars –
und der beschwerliche Weg zur
Demokratie

»Die Hand schreibt in einem von unten
nach oben vom Wahnsinn durchrasten Land.«
(Eugénio de Andrade)

Am Abend des 1. Februar 1908 erschossen republikanische Attentäter auf der Praça do Comércio in Lissabon König Dom Carlos I. und seinen Sohn und Thronfolger Luís Filipe. Dieses Attentat versetzte der konstitutionellen Monarchie den Todesstoß. Der zweitgeborene Sohn Manuel – der das Attentat verwundet überlebte – wurde als 18-Jähriger neuer portugiesischer König, konnte sein Amt aber keine zwei Jahre ausüben. Eine Militärrevolte stürzte am 5. Oktober 1910 die Monarchie, und Manuel II. flüchtete ins Exil nach England. Die Erste Republik wurde ausgerufen und aus dem königlichen »Weiß-Blau« wurde »Rot-Grün«.

Hinter der Revolte standen Mitglieder der Streitkräfte und die kirchenfeindliche Geheimloge Carbonária Portuguesa, deren Mitglied António Machado Santos als Gründer der Ersten Republik (1910–1926) gilt. Doch dieser erste Versuch einer parlamentarischen Republik in Portugal sollte kläglich scheitern, auch weil diese in der eher traditionell-konservativen, katholischen, ländlichen und wenig gebildeten Bevölkerung keine große Zustimmung fand. Zu den ersten Maßnahmen zählten die Trennung von Kirche und Staat und eine antikirchliche Gesetzgebung. Doch bald spaltete sich die Republikanische Partei nach heftigen Flügelkämpfen, und das Land geriet in einen bürgerkriegsähnlichen Zustand. In den nächsten 16 Jahren erlebte Portugal nicht weniger als 45 Regierungen mit acht Präsidenten und 26 Putschversuchen sowie 325 Bombenanschlägen, ehe das Land mit einer millionenschweren Schuldenlast dem Staatsbankrott zutrieb. Die wechselnden Regierungen schafften es mit ihren vielen Streitigkeiten und ständigen Zersplitterungen weder die politische noch die wirtschaftliche Ordnung zu garantieren. Hinzu kamen diverse Korruptionsskandale, die das Ansehen der Ersten Republik endgültig untergruben.

Als die portugiesische Regierung einer Bitte Großbritanniens nachkam und mehrere deutsche Handelsschiffe am Tejo beschlagnahmte, erklärte das Deutsche Reich dem neutralen Portugal Ende Februar 1916 den Krieg. Portugal stellte ein Expeditionskorps (*Corpo Expedicionário Português*) auf, das unter britischem Kommando an der Front in Flandern diente und als Kanonenfutter verheizt wurde.

Stolz und allein: das Motto der autoritären Diktatur des Estado Novo

»*Der Neue Staat ist's, ja, und das Volk*
Hörte, las und war einverstanden.«
(Fernando Pessoa)

Portugal verarmt. Die Arbeiterbewegung radikalisiert sich. 1925 sind die Lebenshaltungskosten gegenüber 1914 um das Dreißigfache gestiegen. Der Ruf nach dem starken Mann hallt durchs Land. Marschall Gomes da Costas Putsch am 28. Mai 1926 beendet die misslungene erste demokratische Episode schlagartig. Die Militärdiktatur schafft alle demokratischen Freiheiten ab. Der Weg ist nun frei für den *Estado Novo*, eine autoritäre Diktatur mit faschistoiden Tendenzen, die Portugal in den nächsten Jahrzehnten in die weltpolitische Isolation und den wirtschaftlichen Ruin treiben wird. António de Oliveira Salazar, ein asketischer, unscheinbarer und starrer Volkswirtschaftsprofessor aus der Provinz, tritt auf den Plan. General Óscar Carmona, der seit 1928 die Militärdiktatur lenkt, angelt sich den 36-jährigen Professor als Finanzminister. Salazar gelingt es durch tiefgreifende Reformen und rigide Ausgabensenkung, Ordnung in den chaotischen Staatshaushalt zu bringen – und er erwirbt sich dadurch Ansehen. In den folgenden zwei Jahren übernimmt Salazar nach und nach die Regierungsgeschäfte und entwickelt sich zum mächtigsten Mann im Staat.

Als er am 5. Juli 1932 zum *Presidente do Conselho* gewählt wird, ist dies nur noch eine offizielle Bestätigung seiner Position. Dr. Oliveira Salazar wird seine Macht bis zu seinem Sturz am 27. September 1968 (genau 36 Jahre und 84 Tage lang) nicht mehr loslassen und das Land mit diktatorischer Gewalt in eine Rückständigkeit hinein regieren, die Portugal bis heute beeinflusst. Und ein Sturz sollte es werden – im wahrsten Sinne des Wortes. An jenem schicksalhaften Tag ließ sich Salazar auf der Terrasse seiner Sommerresidenz in Estoril gemütlich auf seinen alten, verlässlichen Liegestuhl fallen. Ob dessen Stoffbespannung riss oder sich Europas dienstältester Despot einfach nur etwas überschätzte, weiß keiner so genau. Doch der 79-Jährige ging allemal zu Boden und fiel so unglücklich auf den Kopf, dass er einige Tage später eine Hirnblutung erlitt. Einer Operation folgte ein Schlaganfall, der ihn für den Rest seiner Tage, bis zu seinem Tod zwei Jahre später, teilweise lähmen sollte.

Doch auch auf dem Krankenlager erwies sich der Diktator als unbeugsam und blieb – zumindest seiner Einbildung nach – an der Macht. Die Nebenwirkungen seines Sturzes halfen dabei, genauso wie eine ausgeklügelte Farce. Zwei Jahre lang wurde diese aufrechterhalten, um dem Potentaten vorzugaukeln, er hätte noch immer die Zügel in der Hand. In einem gespenstischen, aber wahrlich herrlichen Interview mit der Pariser *Aurore* im September 1969 plauderte Salazar aus dem Nähkästchen und erzählte, wie er noch täglich in seinem Garten alle Minister empfange. Auch spricht er von Marcello Caetano, einem seiner früheren Minister, als einem »intelligenten« Mann, der nun »an der Universität« lehre und ihm gelegentlich schreibe, um ihm zu sagen, was er von seinen Initiativen halte. Tatsächlich hatte derselbe intelligente Marcello Caetano (auch ein ehrenwerter Professor) Salazar schon seit einem Jahr als Regierungschef abgelöst und führte trotz anfänglicher Öffnungsversprechen die Diktatur unnachgiebig fort.

Sicherlich erzählte der kühle, von bäuerlichen Eltern abstammende Salazar dem französischen Journalisten auch, wie er, kurz nachdem er an die Macht kam, seinen Neuen Staat mit Einheitspartei, Staatspolizei nach deutschem Gestapo-Vorbild und ab 1936 auch mit einem Jugendverband ähnlich der Hitlerjugend (die mit grünen Hemden ausstaffierte *Mocidade Portuguesa*) gründete. Sein klerikal-faschistischer *Estado Novo* war eine rückwärtsgewandte Diktatur, die sich jedem Fortschritt sowie jeder wirtschaftlichen oder sozialen Modernisierung verweigerte, die Industrialisierung der Produktionsmittel sowie die Bildung der Bevölkerung ablehnte und auf Werte wie Familie, Ordnung, Disziplin, Arbeit, Bescheidenheit, Zurückhaltung und Tradition setzte.

Diktator Salazar idealisierte Portugal als ein autonomes, landwirtschaftlich geprägtes Land unter paternalistischer Führung. Und als »unangezweifelter Übervater« kontrollierte der erzkatholische und autoritäre Salazar, ursprünglich zum Priester bestimmt, fast alles und alle im Land und kapselte die lusitanische Nation mit korporativer Ordnung ab. Die Einheitspartei União Nacional hatte alle Parlamentssitze inne, Parteien und Gewerkschaften waren sowieso schon längst aufgelöst. Die Gesetzgebungskompetenz lag ausschließlich beim Ministerpräsidenten, der die Regierungsmacht ganz auf seine Person zuschnitt. Die Staatsverwaltung wurde hauptsächlich von Akademikern und Bürokraten übernommen, und die Wirtschaft (Landwirtschaft, Industrie und Banken) lag in den Händen einiger einflussreicher Großfamilien – eine »Diktatur der Besitzenden über die Besitzlosen«, in der eine kleine Oberschicht durch eine protektionistische Politik geschützt und das Volk bewusst in Armut, Unwissenheit und Unmündigkeit gehalten wurde.

Über ein Drittel der in Salazars Portugal lebenden Portu-

giesen waren Analphabeten, und die vierjährige Grundschul-
pflicht für das Volk verstand der »Herr Professor« höchstens als
Zugeständnis an die Unterschicht. Bereiche wie Bildung und
Soziales blieben völlig auf der Strecke. Wer gebildet und intel-
lektuell war, hatte nur zwei Alternativen: zu schweigen oder in
die Emigration zu gehen. Um die Massen von der Politik abzulenken, bediente sich Salazar zudem der drei großen »F«, die
wie ein Rohypnol-Cocktail wirken sollten: Fußball, Fado und
die Marienwallfahrtsstätte Fátima. Salazar zwang den Portugiesen sein eigenes simples Weltbild von »Gott, Vaterland und
Familie« auf und formte Land und Leute nach seinem charak-
terlichen Ebenbild: nüchtern und fleißig, sparsam, enthaltsam,
melancholisch, fromm und vor allem: wohlgeordnet.

Die Verfassung von 1933 schrieb zwar die Gleichberechtigung vor, doch wo es Regeln gibt, da sind auch die Ausnahmen
nicht weit. Die diktatorische Obrigkeit reduzierte die Frau auf
ihre traditionelle Funktion als Mutter-Ehefrau-Hausfrau, in der
sie dem Mann stets unterlegen war und gefälligst zu gehorchen
hatte. Alles im Zeichen der Familie, deren Wohl hatte natürlich
Vorrang. Die Bevölkerung war bis auf eine sehr kleine Elite un-
politisch, ungebildet und arm und wurde durch die stille (aber
sehr effektive) Gewalt des repressiven Regimes immer stiller
und zurückhaltender. Ein Großteil akzeptierte die Spielregeln
mit erstaunlicher Passivität und zog sich in die Privatsphäre zurück, wo es einige Freiräume zu genießen gab.

Außer der verbotenen Kommunistischen Partei und wenigen Intellektuellen, die meist im Exil lebten, gab es keine Wi-
derstandsbewegung. Während Salazar Portugal politisch und
wirtschaftlich nach außen abschottete, setzte er im Land selbst
auf Patriotismus und stärkte dabei besonders den Kult um die
historischen Leistungen der großen lusitanischen Nation. Als
Kompensation zur Außenwelt und um das nationale Ego auf-
zupäppeln, wurden allen voran die glorreichen Taten der portugiesischen Seefahrer zum großartigen Mythos verklärt und die
Größe des Imperiums der »Vielvölkerkulturen« propagiert. Um
die nationale Identität zu festigen, ließ Salazar 1940 (als in Europa

der Zweite Weltkrieg schon wütete) im Lissaboner Stadtteil Belém das gesamte Gelände zwischen dem Jerónimos-Kloster und dem Tejo-Ufer in eine riesige »Ausstellung der portugiesischen Welt« umgestalten. Dieses größenwahnsinnige Projekt sollte ganz im Sinne des *Estado Novo* das Bild eines ländlichen, christlichen, multikontinentalen und vielrassigen Portugals festigen, welches abgeschieden von dem Rest der Welt überleben kann.

»*Orgulhosamente sós*« – »Wir sind stolz darauf, allein zu sein!«, so lautete fortan auch das Staatsmotto, mit dem vor allem nach 1945 auf einen wachsenden internationalen Druck hin zu Demokratisierung und auf Unabhängigkeitsbestrebungen in Afrika reagiert wurde. Ein Motto, das die Marschrichtung auch in den folgenden Jahren angeben sollte und Salazars Ziel entsprach: Portugal mit seinen Kolonien von der Welt (und von der Zeit) völlig isoliert zu halten. Das Land sollte, laut Salazar, lieber arm bleiben, wenn ihm dadurch nur die Abhängigkeit und die bösen Versuchungen der Außenwelt erspart blieben. Um das Land auf Kurs zu halten, schürte Salazar gleichzeitig ein falsches Selbstvertrauen unter den Portugiesen und schuf die Illusion einer Wirtschaftsmacht mit Überseeimperium. Das reale Portugal verarmte hingegen, vor allem auf dem Lande, und unzählige Menschen flohen in die Stadtgebiete.

Außenpolitisch versuchte Salazar, Portugal aus sämtlichen europäischen Konflikten herauszuhalten. Die einzige Ausnahme bildete der spanischen Bürgerkrieg (1939–1945), bei dem Salazar das Regime Francos unterstützte. Mehr als 20 000 Portugiesen kämpften auf der Seite des spanischen Diktators, um die »rote Gefahr« von Portugal fernzuhalten. Mit dem Iberienpakt wurde 1939 zudem ein Freundschafts- und Nichtangriffspakt geschlossen, der Portugal und Spanien zum gegenseitigen Beistand verpflichtete. Während des Zweiten Weltkriegs legte Diktator Salazar einen ungeheuerlichen Balanceakt hin, als er 1939 die Neutralität Portugals verkündete, um Portugal und sein Kolonialreich aus den weltpolitischen Turbulenzen herauszuhalten. Die lusitanische Nation wurde zu einem seltsamen Phänomen in Europa, denn das Land beteiligte sich nicht am Krieg, half aber gleichzeitig sowohl den Alliierten (insbesondere dem traditionell befreundeten England) als auch den Achsenmächten, vor allem Deutschland. Dem Letzteren besonders zugeneigt, versorgte Portugal die Kriegsindustrie der Nazis mit wichtigen Schwermetallen, besonders mit Wolfram, das der deutschen Rüstungsindustrie für den Bau von Panzergranaten diente. Dessen ungeachtet stellte Salazar den Alliierten 1943 (zuerst Großbritannien, später den USA) die strategisch-wichtige Militärbasis auf den Azoren zur Verfügung (wo 60 Jahre später, im März 2003, die Regierungschefs Bush, Blair und Aznar zu einem Krisengipfel zusammentreffen und den Angriff auf den Irak besiegeln).

Offiziell war man so streng neutral, dass die Neutralität sogar in den Zeitungskiosken haargenau beachtet wurde, wo englische und deutsche Presse, Tageszeitungen und Magazine immer in Parität und nebeneinander hingen. Auf welcher Seite Salazar jedoch wirklich stand, blieb unklar. Der langjährige deutsche Gesandte von Hoyningen-Huene brachte Salazar nicht dazu, Hitler zum Überleben des Attentats vom 20. Juli zu gratulieren. Doch als Hitler 1945 Selbstmord beging, hingen Portugals Flaggen auf Halbmast.

Zensur, Staatspolizei und das Wort »Freiheit«

Einen Personenkult à la Hitler oder Mussolini lehnte der »Herr Professor« zwar ab, er verzichtete aber nicht auf eine gut und brutal funktionierende Geheimpolizei: die PVDE, die Polícia de Vigilância e Defesa do Estado (ab 1945 PIDE – Polícia Internacional e de Defesa do Estado), die für Ruhe im Land sorgte, politische Gegner inhaftierte, folterte und mitunter auch ermordete. Dieses staatliche Terrorinstrument war ein Werkzeug der politischen Justiz und verfügte über zahlreiche Spezialgefängnisse. Im Laufe der Jahre baute die Staatspolizei ein umfangreiches Informanten- und Spitzelnetz auf, was ihr eine umfassende Überwachung und Unterdrückung des öffentlichen und privaten Lebens ermöglichte. Ihre Aufgabe war klar: Bürger und politische Gegner aufzuspüren und mit Verhaftungen und Folter jegliche Kritik im Keim zu ersticken. Kommunisten, Anarchisten und andere Regimekritiker, die im Untergrund agierten, wurden rigoros verfolgt.

In den Kerkern verschwanden alle, die unliebsame Gedanken hegten, die Freiheit, Bildung, Partizipation oder bessere Arbeits- und Wirtschaftsbedingungen forderten. Auf Cabo Verde wurde eines der vielen Gefangenenlager für politische Gegner eingerichtet, das berüchtigte Tarrafal oder »Lager des langsamen Todes«. Politische Gesprächsthemen waren tabu, ausgenommen vielleicht (mit sehr viel Vorsicht) innerhalb der eigenen vier Wände. Auf der Straße, im Laden, in Café und Kneipe wagte man nur sicheren Freunden gegenüber ein offenes Wort, jedoch nie, ohne sich nach allen Seiten umzublicken und die Stimme zu senken. Denn wer Portugals politischer Polizei in die Hände fiel, lernte schnell, was polizeiliche Willkür bedeutete. Bis zu sechs Monate konnten Untersuchungsgefangene, ohne Kontakt zur Außenwelt und ohne vor den Richter zu kommen, in polizeieigenen Gefängnissen festgehalten werden. Selbst die in Portugal schon längst offiziell abgeschaffte Todesstrafe ließ sich in aller Stille vollstrecken.

Den Rest erledigte eine strikte Pressezensur. Denn Salazar hasste die Literatur, den Film, das Theater – alles, was den Menschen aufklärte und bildete. Raul Rêgo, Demokrat und Chefredakteur der geduldeten oppositionellen Abendzeitung *A República*, sprach von der »Inquisition des 20. Jahrhunderts«, die unter der Diktatur von Salazar »ebenso viele Intellektuelle ins Exil« getrieben hätte wie die in der zweiten Hälfte des 16. Jahrhunderts. Der berüchtigte Rotstift (in Portugal *lápis azul*, also Blaustift) des Zensors wurde überall und vor allem willkürlich eingesetzt: Nicht nur Zeitungsartikel wurden täglich verstümmelt, auch Bücher, Lieder und Kunst mussten dran glauben. Und nicht nur die Innenpolitik, sondern auch Berichte aus dem Ausland wurden zensiert: Kriege, Konflikte, Krisen oder andere Unannehmlichkeiten, denen man in den heimatlichen Gefilden gefälligst keine Aufmerksamkeit schenken sollte.

»In wenigen Minuten ist die Lektüre der Zeitung beendet, und schon sind meine Finger voll bleifarbener matter Druckerschwärze. Das ist Schweiß, denke ich, der bittere, mühselige Schweiß von ein paar armseligen Bogen Papier, von ängstlichen Redakteuren erzeugt, Bogen, die ganze Ketten von Abteilungen durchlaufen, wo die Schere waltet und Zaudern und Unsicherheit herrschen, bis sie endlich in den schweren Rotationsmaschinen glattgewalzt werden. Wenn man den Daumen am Zeigefinger reibt, fühlt man die Mühsal rinnen, den kaum merklichen Schwamm, der unser Gewissen verkleistert und glattmacht. Die Zensur hat diese Zeitung dermaßen gespült und ausgewunden, dass sie uns nur noch die Hände beschmutzt.« So eindringlich zeichnete der portugiesische Schriftsteller, Dramatiker und Essayist José Cardoso Pires (1925–1998) die Lage in seinem 1968 erschienenen Roman *O delfim*. Grundsätzlich hieß die simple Regel ganz einfach: alle oppositionellen und kritischen Stimmen zum Schweigen bringen, die dem System und seinen Machthabern gefährlich oder bloß unsympathisch schienen. Auch die über alles geliebten Sportzeitungen fielen unter die Zensur, wenn sie Kritik an Schiedsrichterentscheidungen übten. Jede Autorität galt es zu respektieren.

Der Kolonialkrieg, der ab 1961 zu Portugals brennendstem Problem wurde, durfte im Mutterland nicht angeschnitten, geschweige denn diskutiert werden. »Wir sind ein Kranker, der von seinen Gliedmaßen sprechen darf, nur nicht von dem Übel, das ihn zerfrisst, er darf auch keinen Spezialisten konsultieren. Unser einziger Arzt, unsere einzige Arznei ist die Zeit«, kommentierte Raul Rêgo in einem Gespräch mit Curt Meyer-Clason, der sieben Jahre lang (1969–1976) das Goethe-Institut in Lissabon leitete und mehr als nur ein wacher Zeitgenosse war. Souverän führte der deutsche Schriftsteller und Übersetzer die kritischen Geister beider Länder zusammen – nicht immer zum Wohlgefallen der offiziellen Politik.

Als Marcello Caetano Ende 1968 Salazar ablöste, führte er die Diktatur eisern weiter. Die anfänglichen Versprechen der

Öffnung wurden schnell vergessen, und die staatliche Kontrolle spitzte sich sogar noch zu. Die Universitäten gerieten besonders ins Visier der Staatspolizei. Die Menschenrechtsorganisation Amnesty International wurde übrigens gegründet, als der britische Anwalt Peter J. Benenson im Jahr 1961 vom Schicksal zweier portugiesischer Studenten erfuhr, die in einem Lissabonner Lokal mit dem Trinkspruch »auf die Freiheit« anstießen – denunziert von einem anderen Gast, wurden beide zu sieben Jahren Gefängnis verdonnert. Nur wenig später, am 28. Mai 1961, erschien in der britischen Sonntagszeitung *Observer* ein ganzseitiger Artikel mit dem Titel »Die vergessenen Gefangenen«, der weltweite Amnestiegesuche für Menschen ausrief, die – wie in Portugal – wegen ihrer politischen Gesinnung inhaftiert waren. Zeitungen in aller Welt druckten den Artikel nach. Und die Resonanz war überwältigend. In dem von Benenson in London eingerichteten Büro gingen viele tausend Briefe aus aller Herren Länder ein, und eine der einflussreichsten Menschenrechtsorganisationen war geboren.

Der letzte neutrale Hafen:
Helden, Spione und andere Geschichten

»Zauberhaftes Licht war das Letzte,
was wir von Europa sahen, in Trauer versenkt.«
(Alfred Döblin)

Im Juni 1940 sind weite Teile Frankreichs von der deutschen Wehrmacht besetzt. Eine Massenflucht über die Pyrenäen setzt ein. Spanien ist abgeriegelt und Lissabon füllt sich rasch mit Tausenden von Flüchtlingen aus Westeuropa, darunter viele Künstler, Musiker, Schriftsteller und Intellektuelle. Bedeutende Namen sind darunter: Thomas und Heinrich Mann, Alfred Döblin, Ilse Losa Lieblich, Marc Chagall, Max Ernst, Antoine de Saint-Exupéry, Hannah Arendt und viele andere. Sie treffen sich in den bald überfüllten Cafés der Stadt, hoffen auf ein Visum für einen Staat in Übersee und auf ihre Weiterreise. Schließlich ist Lissabon dank des neutralen Hafens mit Schiffsverkehr nach Übersee für viele jüdische Flüchtlinge und politisch Verfolgte das letzte offene Tor zur freien Welt. Zugleich ist die Stadt auch Schauplatz reger politischer Intrigen und von Spionage, wo sich Wege kreuzen und Schicksale entscheiden, wo Flüchtlinge, Spione und politische Polizei aufeinandertreffen.

Die Esplanaden der Pastelaria Suiça oder des Café Nicola am Rossio-Platz, im Herzen der Altstadt, werden von frühmorgens bis in die späten Nachtstunden bevölkert und entwickeln sich zu wichtigen Nachrichtenbörsen der Gestrandeten. Der Besuch dieser Kaffeehäuser wird schnell zur täglichen Routine; dort werden die letzten Neuigkeiten und wichtigsten Informationen ausgetauscht. Außerdem genügt ein Kaffee, um einige Stunden dort sitzen zu können und vielleicht doch das Glück zu haben, einen überlebenswichtigen Hinweis oder gar eine Passage bei einem Schwarzmarkthändler zu ergattern, die sich dort herumtreiben und fette Geschäfte wittern.

Lissabon entwickelt sich im Nu zu einer brodelnden Gerüchteküche und einem gefürchteten Spionagetreffpunkt der Nachrichtendienste – sowohl der Achsenmächte als auch der Alliierten. Auch die Bars und Restaurants an der Avenida da Liberdade, in der Unterstadt oder am Chiado sind maßlos überfüllt, denn sie befinden sich in unmittelbarer Nähe der Konsulate, Reisebüros, Reedereien, Fluggesellschaften und humanitären Hilfsorganisationen. Für viele der namenlosen Zufluchtsuchenden geht es ums bloße Überleben: Unterkünfte und Lebensmittel müssen organisiert, Schiffspassagen, Tickets und Reisepapiere in vielen Fällen erst noch erworben werden.

Salazar duldet die Verfolgten und gibt ihnen die Chance, das bedrohlich gewordene Europa über den Tejo zu verlassen. Aber das neutrale Portugal soll ein Transitland bleiben: Salazar befürchtet sowohl wirtschaftliche als auch soziale Probleme, vor allem aber gesellschaftspolitische Veränderungen. Und er misstraut den Fremden; ihre politischen Überzeugungen sind ihm suspekt. Genau wie die eigene Bevölkerung lässt Portugals Diktator Ausländer und einreisende Exilanten mittels eines ausgedehnten Spitzelnetzes und Denunzianten aus unterschiedlichen Gesellschaftsschichten durchleuchten. Die Fremden sollen den oppositionellen Kreisen des faschistisch geführten Landes möglichst fernbleiben, um jeglichen Austausch politischer Ideen zu verhindern. Um Hitler nicht zu erzürnen, hatte Salazar schon ab November 1939 die Einreisevorschriften verschärfen lassen und den zuständigen Behörden und Konsulaten untersagt, Visa an Juden oder Staatenlose zu vergeben. Ohne ein portugiesisches Transitvisum ist jedoch die Überquerung der Grenze nach Spanien fast unmöglich.

Doch dann tritt Aristides Sousa Mendes (1885–1954) auf den Plan. Der in Bordeaux zuständige portugiesische Generalkonsul folgt seinem Gewissen und trotzt den restriktiven Dienstanweisungen aus Lissabon. Sousa Mendes, der in Anspielung auf den deutschen Unternehmer auch manchmal »portugiesischer Schindler« genannt wird, ermöglicht Tausenden von Flüchtlingen die Einreise nach Portugal. Laut Schätzungen dürfte Sousa Mendes ab 1940 durch seine Zivilcourage rund 30 000 Flüchtlinge vor der Verhaftung und den Konzentrationslagern der Nazis bewahrt haben, ehe ihn Salazar noch im selben Jahr aus dem Dienst abberuft und entlässt. In einem Disziplinarverfahren wird er für schuldig befunden, seine Pension gestrichen und seine Familie gesellschaftlich geächtet. Er stirbt 1954 verarmt und einsam in Lissabon. Erst 1988 (!) wird Sousa Mendes rehabilitiert und zum Nationalhelden erklärt.

Eines der letzten Transitvisa, die Sousa Mendes im Juni 1940 vor seiner Abberufung nach Lissabon ausstellt, rettet auch dem Berliner Journalisten Eugen Tillinger das Leben. »Am Rossio-Platz, im Zentrum der Stadt, hört man kaum ein Wort Portugiesisch. Hingegen vernimmt man so ziemlich sämtliche Sprachen und Idiome, die es gibt, vor allem aber Französisch, Englisch und Deutsch. Doch auch Polnisch, Holländisch und Flämisch klingt einem entgegen. Lissabon ist ausverkauft (…) die Hotels sind überkomplett, man vermietet Badezimmer und legt die Matratzen in den Korridore«, schreibt er einige Monate später in der deutsch-jüdischen Emigrantenzeitung *Aufbau*. Tillinger sollte im Dezember 1940 die Überfahrt in die USA gelingen. Kurz zuvor reisten auch der deutsche Romancier Thomas Mann, seine Frau Katia und Tochter Erika per Schiff aus Lissabon ab.

»Wir haben eine schwache Hoffnung, noch in diesem Monat wegzukommen. Unsere Passagen sind seit langem bezahlt (…), aber um die Plätze findet hier eine wahre Schlacht statt (…) Die ganze Emigration erinnert mich an das alte gute Spiel ›Mensch ärger Dich nicht‹, bei dem man würfelt und je nach dem Resultat unerwartet viele Punkte vor- oder zurückrücken muß, oder gar von vorne anfängt«, schreibt Hannah Arendt im Februar 1941 aus Lissabon an einen Bekannten in London. Drei Monate später erreicht sie mit ihrem Ehemann und ihrer Mutter New York.

Im März 1941 fordert die portugiesische Geheimpolizei die Flüchtlinge auf, das Land innerhalb von 30 Tagen zu verlassen. Verhaftungen werden angedroht. Viele Flüchtlinge haben sich auch regelmäßig und in immer kürzeren Abständen bei der Polizei zu melden. Die Lage ist äußerst angespannt, und hinter ängstlich verkrampften Händen tuscheln sich die Flüchtlinge Geschichten von Gestapo-Agenten zu, die durch die Stadt schleichen. Wie weit der Arm der deutschen Geheimen Staatspolizei reicht, zeigt im Herbst 1941 die Entführung des investigativen deutschen Journalisten, Berthold Jacob, der Hitler schon lange ein Dorn im Auge war. Mitten in der Baixa wird er von Agenten der Gestapo ergriffen und nach Berlin verschleppt. Der Publizist und Mitarbeiter der *Neuen Weltbühne* stirbt 1944 an den Folgen der Haft.

Doch am Tejo tummeln sich nicht nur deutsche Agenten. In Portugals Hauptstadt wimmelt es in den 1940er Jahren regelrecht von Spionen aus allen Ecken der Welt. Und es ist auch die einzige europäische Stadt, in der Agenten der Alliierten und Achsenmächte am hellichten Tage operieren und sich gegenseitig auf die Finger schauen. Sie agieren in den Hotels und Cafés der Innenstadt und auch an der Küste der Lissabonner

Vororte Estoril und Cascais. Vor allem in Estoril gilt die Bar des Hotel Palácio als Treffpunkt internationaler Agenten und wurde aus diesem Grund in Filmen und Büchern verewigt (z. B. in *James Bond 007 – Im Geheimdienst Ihrer Majestät*). Am Tresen jener Hotelbar soll auch einer der wohl berühmtesten Spione der Geschichte, der Brite Harold Adrian »Kim« Philby, ein paar Cocktails geschlürft haben. Nebenbei gab er entscheidende Hinweise für den Bau der Atombombe an Stalin weiter. Laut der Historikerin Irene Pimentel gingen im Hotel Palácio fast tagtäglich weltbekannte Spione ein und aus. Nicht nur der ehemalige Doppelagent Popov (der im Zweiten Weltkrieg zugleich für den deutschen und den britischen Geheimdienst arbeitete), sondern auch der vielleicht wichtigste Agent des Zweiten Weltkriegs: Joan Pujol García, besser bekannt unter seinem Decknamen Garbo. Diesem gelang es jahrelang, die Spanier, den gesamten deutschen Geheimdienst und nicht zuletzt Hitler selbst zu täuschen. Was die deutsche Führung nicht wusste: Pujol war der wichtigste Doppelagent des britischen Geheimdienstes und eines der Asse im Ärmel der Operation Fortitude, dem Täuschungsmanöver der Alliierten, mit dem die Deutschen über den Ort und Zeitpunkt der Landung in der Normandie in die Irre geführt wurden.

Es gibt viele bewegende Schilderungen von Abreisen aus Lissabon vor der Flucht nach Übersee. Eine davon ist in den Lebenserinnerungen Heinrich Manns enthalten, dem zuvor dank eines amerikanischen Journalisten und Mitglieds des Amerikanischen Rettungsnetzwerks mit seiner Ehefrau Nelly und seinem Neffen Golo Mann auf abenteuerlichem Wege die Flucht nach Lissabon gelungen war. Der Deutsche, dem Amerika nie Heimat wird, weiß, dass der Abschied endgültig ist, und erinnert sich beim Verlassen Europas: »Der Blick auf Lissabon zeigte mir den Hafen. Er wird der letzte gewesen sein, wenn Europa zurückbleibt. Er erschien mir unbegreiflich schön. Eine verlorene Geliebte ist nicht schöner. Alles was mir gegeben war, hatte ich an Europa erlebt (…) Überaus leidvoll war dieser Abschied.«

Der Anfang vom Ende – Kolonialkrieg

»Hier im Kerker / die Wut in der Brust vergraben / warte ich geduldig / auf das Sammeln der Wolken / auf das Wehen der Geschichte / Niemand / wird den Regen hemmen.« So lautet das Ende des Gedichts »Hier im Kerker« von Agostinho Neto, dem Führer der angolanischen Befreiungsfront Movimento Popular de Libertação de Angola (MPLA; Volksbewegung zur Befreiung Angolas) und Doktor der Rechte der Universität Porto – geschrieben 1960 im Kerker von Luanda. Und Angolas bekanntester Dichter, der später erster Staatschef seines Landes wurde, sollte Recht behalten: Der unabänderliche Lauf der Zeit erreichte bald auch Portugal, das als letzte Kolonialmacht des 20. Jahrhunderts ausharrte.

Die politische Landkarte Afrikas hatte sich zwischen 1955 und 1962 mit der Gründung von 36 unabhängigen Staaten massiv geändert. Als sich Briten und Franzosen schon mit dem Ende der Kolonialära abgefunden hatten, stürzte sich die erste Entdeckermacht der Neuzeit 1961 unter Salazar in die *Guerra do Ultramar*. Erst nach der Nelkenrevolution 1974 sollte Portugal seine letzten afrikanischen Kolonien in die Unabhängigkeit entlassen.

Die politischen und wirtschaftlichen Beziehungen zu den »Überseeprovinzen« (wie die Diktatur ihre afrikanischen Kolonien gern nannte) verschlechterten sich in den 1960er Jahren zusehends. Der erste Schauplatz des Kolonialkrieges war Angola im Jahr 1961, und das Aufbäumen der übrigen afrikanischen Kolonien war nicht mehr aufzuhalten. Bald folgten Guinea-Bissau (1963) und Mosambik (1964). Die Konflikte weiteten sich aus und entwickelten sich bald zu einem Krieg an verschiedenen Fronten, der sich über 13 lange Jahre (1961–1974) hinziehen und für die Portugiesen zu einem »afrikanischen Vietnam« werden sollte.

Diktator Salazar und sein Nachfolger Marcello Caetano lehnten die Entkolonialisierung kategorisch ab und klammerten sich an die Reste des Imperiums. Aus der Sicht des Regimes

waren die Kolonien schlicht integraler Bestandteil der portugiesischen Nation und hatten sich zu fügen. Koste es, was es wolle:
Man würde alles tun, um den »Brand« zu löschen und seinen
rechtmäßigen Besitz zu behalten. In einer Radioansprache im
Jahr 1963 ließ Salazar dann auch verlauten: »Es sind nicht wir,
die unseren Weg ändern müssen. Es sind die anderen!« Dabei
spielten nicht nur ideologische Gründe und ein ausgedehnter
Nationalstolz eine Hauptrolle, ebenso entscheidend war, dass
die angeschlagene lusitanische Wirtschaft enorm abhängig von
den Kolonien war, die mit über zwei Millionen Quadratkilometern mehr als 23 Mal so groß wie das Mutterland waren.

Den Anstoß für den Aufstand in Angola, Portugals größter
und wichtigster Besitzung in Afrika, gab die Unabhängigkeit
des Nachbarlandes Belgisch-Kongo 1960. Das erste Aufbäumen
der Freiheitskämpfer konnte Portugal mit einer militärischen
Gegenoffensive noch niederschlagen, doch die Befreiungs-
bewegungen erstarkten und verwickelten die Portugiesen in
aufwendige Guerillakämpfe. Die Ereignisse überschlugen sich
nach einem Massaker am 15. März 1961: Kämpfer, die aus dem
Kongo über die Grenzen eingefallen waren, richteten im Norden Angolas ein Blutbad an. Über tausend weiße portugiesische
Siedler und eine unbekannte Anzahl Angolaner, unter ihnen
Frauen und Kinder, wurden brutal ermordet. Salazar sandte
unverzüglich Verstärkung, und der Krieg war nicht mehr zu
stoppen. Unzählige Soldaten des Mutterlandes rückten fortan
an Portugals afrikanische Kampffronten. Massaker an unschul-
digen Zivilisten, Folter, Vergewaltigungen und Napalmangriffe,
die ganze Dörfer auslöschten, waren nur einige der Schandtaten
in Lissabons schmutzigem Krieg.

Obwohl Portugal Gründungsmitglied der NATO war, blieb
Lissabon die Hilfe des Nordatlantikpaktes versagt. Dennoch gab
es einzelne Staaten (wie die Bundesrepublik Deutschland), die
Salazars Diktatur zumindest indirekt unterstützten. Viele der
Fiat-G-91-Jagdbomber, die vor allem am Himmel über Guinea-
Bissau und auch an anderen Kriegsschauplätzen zum Einsatz
kamen, stammten aus einer Lieferung der Bundesrepublik.

Bonn hatte 1966 laut eines Berichts des *Spiegels* vom Mai 1968 dem NATO-Partner 40 Jets dieses Typs »ausschließlich zu Verteidigungszwecken im Rahmen des Nordatlantik-Paktes« verkauft. Die Portugiesen bedankten sich und versprachen hoch und heilig, dass diese nur »innerhalb portugiesischen Territoriums« eingesetzt würden. Das Nachrichtenmagazin bemerkte zu Recht salopp, dass man in Lissabon »freilich« auch die Überseebesitzungen dazu zähle! Auch die Wunden des Kolonialkrieges half Bonn im Bundeswehrlazarett Hamburg-Wandsbek über mehrere Jahre zu heilen: Dort wurden Kolonialsoldaten nachamputiert und mit Prothesen ausgerüstet, denn schwere Bein- und Unterleibsverletzungen gehörten zu den häufigsten Verwundungen der portugiesischen Soldaten – eine Folge der von den »Aufständischen« verlegten Kasten- und Tellerminen.

Die über 13 Jahre dauernde *Guerra do Ultramar* zermürbte die portugiesische Gesellschaft. Die Verschärfung der wirtschaftlichen Probleme, die immensen Kriegskosten und die vielen unmenschlichen Gräueltaten an den einheimischen Zivilbevölkerungen führten vor allem zur Distanzierung der Kirche und der Streitkräfte vom Regime. Auch die Bevölkerung sträubte sich – machtlos – gegen den unsinnigen Kolonialkrieg, der fast einer Million jungen Portugiesen drei, manchmal vier Jahre des Lebens raubte und sie in Blut waten ließ, während ihre Familien von Angst und Sehnsucht aufgefressen wurden.

»Als mich ein Journalist einmal fragte, wie viele Menschen ich umgebracht habe, konnte ich ihm keine Antwort geben, weil viele Menschen in dieselbe Richtung geschossen hatten …«, sagte António Lobo Antunes (geb. 1942) in einem Interview mit María Luisa Blanco aus dem Jahr 2000. Der Mediziner und Schriftsteller, der seit Jahren als Kandidat für den Literaturnobelpreis gehandelt wird, wurde vom Salazar-Regime als Militärarzt in Angola zwangsverpflichtet, wo er von 1971 bis 1973 diente. Über diese Zeit spricht er nicht gern, zu furchtbar sei sie gewesen. Doch er schreibt darüber, immer wieder – und diese Kriegserfahrungen, diese »Reise ins Herz der Finsternis« finden sich dafür umso mehr in seinen Werken wieder.

Zwischen 1961 und 1974 wurden 820 000 Soldaten mobilisiert, davon starben 8831, und etwa 30 000 wurden verletzt. Ende der 1960er Jahre standen über hunderttausend Soldaten in Afrika. 1968 wird unter Marcello Caetano ein neues Wehrdienstgesetz verabschiedet, die Dauer der Wehrpflicht auf vier Jahre erhöht. Um der Diktatur, der Armut, aber auch dem möglichen Einzug eines Familienmitglieds zu entfliehen, wanderten zwischen 1960 und 1974 weit über eine Million Portugiesen aus.

Einige Offiziere erkannten schließlich, dass die Diktatur keine Lösung für den Kolonialkrieg hatte. Trotz der wirtschaftlich desolaten Lage verbuchte man im Mutterland weiterhin im Durchschnitt über 40 Prozent der Staatsausgaben allein für die Armee. Doch umsonst: Spätestens Anfang der 1970er Jahre war für jeden offensichtlich, dass der Kolonialkrieg nicht zu gewinnen war. Die portugiesische Armee musste immer schwerere Verluste hinnehmen, und unter einfachen Soldaten und Unteroffizieren stieg die Unzufriedenheit mit dem Regime. Die oppositionellen Militärs konspirierten, bildeten klandestine Organisationen, um einen Militärputsch zu organisieren und ein sofortiges Ende des Krieges herbeizuführen. Aus dieser Opposition formierte sich die Bewegung der Streitkräfte Movimento das Forças Armadas (MFA, Bewegung der Streitkräfte), welche 1974 die Diktatur stürzen und den Krieg auch tatsächlich beenden sollte. Gesagt, getan: So schnell wie man einmarschiert war, war Portugal wieder draußen und hinterließ die Kolonien in Chaos und Zerstörung.

Besonders in Angola hatte dieser überstürzte Abzug schwerwiegende Folgen. Zählt man das Ausbruchsjahr des Unabhängigkeitskrieges 1961 dazu, sollte Angola (abgesehen von kurzen Unterbrechungen) über die nächsten 41 Jahre (!) nichts anderes als Krieg erleben und somit offiziell die längsten gewaltsamen Auseinandersetzungen auf dem afrikanischen Kontinent. Mit dem Ende der Kolonialherrschaft 1975 setzten, noch während des Abzugs der portugiesischen Truppen, die drei großen, untereinander zerstrittenen angolanischen Unabhängigkeitsbewegungen MPLA, die União Nacional para a Independência

Total de Angola (UNITA; Nationale Union für die völlige Unabhängigkeit Angolas) und die Frente Nacional de Libertação de Angola (FNLA, Nationale Front zur Befreiung Angolas) die bewaffneten Auseinandersetzungen fort. Als eine Unabhängigkeit Angolas nach dem Abzug der Portugiesen absehbar wurde, geriet das zersplitterte Land zwischen die Fronten des Kalten Krieges und wurde (kaum war der Vietnamkrieg beendet) zum Austragungsort des ersten und schwersten Stellvertreterkrieges auf dem afrikanischen Kontinent. Der Kampf zwischen dem Ostblock (Kuba inklusive) und dem Westen (einschließlich des Apartheidregimes in Südafrika) verschärfte den Konflikt zwischen den verfeindeten Unabhängigkeitsbewegungen.

Im November 1975 riefen alle drei Fraktionen unabhängig voneinander ein freies Angola aus – die kommunistische MPLA als Volksrepublik, die antimarxistische UNITA als Sozialistische und die FNLA als Demokratische Republik. Angeheizt vor allem durch von der Sowjetunion unterstützte militärische Eingriffe Kubas auf Seiten der sozialistisch-kommunistischen MPLA sowie durch die vom Westen unterstützten Südafrikaner verschärfte sich die Lage, und es kam, wie es die deutsche *Zeit* betitelte, zum »tausendfachen Töten im Interesse der Großmächte«. Im Jahre 1987, also wenig mehr als ein Jahrzehnt, nachdem die Portugiesen Angola plötzlich verlassen hatten, kam es zur Schlacht um Cuito Cuanavale, die als die größte Kampfhandlung in Afrika seit dem Zweiten Weltkrieg in die Geschichte eingehen sollte (über 20 000 tote Soldaten und Zivilisten).

Nach dem Ende des Kalten Krieges ging der innerangolanische Konflikt um die politische Macht und um den Zugriff auf die wirtschaftlichen Ressourcen des Landes noch ein Jahrzehnt weiter. Erst 2002, mit der Unterzeichnung eines Anhangs zu einem früheren Friedensvertrag, der nicht eingehalten worden war, kehrte in Angola endlich Frieden ein. Die Bilanz: mehr als eine halbe Million getöteter Zivilisten, über vier Millionen Flüchtlinge und ein völlig zerstörtes Land. Millionen von überall verteilten Landminen forderten auch Jahre nach Kriegsende noch Todesopfer und führten zu Verstümmelungen.

Die Aufarbeitung der jüngeren kolonialen Vergangenheit ist in Portugal schwierig und teilweise sehr einseitig geblieben. Sie hat auch sehr spät begonnen, denn in der Heimat wusste man lange nichts von den grauenvollen Taten, die im Namen Portugals während des Kolonialkrieges begangen wurden. Später, als die Beweise kein Leugnen mehr zuließen, verdrängten weite Teile der Bevölkerung die unangenehme Vergangenheit. Auch die offiziellen Aufarbeitungsbemühungen der demokratisch legitimierten Regierungen beschränkten sich vornehmlich auf symbolische Akte und sahen eine kritische Auseinandersetzung mit den Geschehnissen kaum vor. »Wir mögen es, uns selbst als Opfer zu sehen und nicht als Täter«, erklärt der portugiesische Anthropologe Luis Quintais.

Erst verschiedene Dokumentarfilme und persönliche Erfahrungsberichte brachten Dynamik in die Debatte. Vor allem Serien wie »A Guerra« (die der öffentliche Sender RTP zur besten Sendezeit erstmals 2008 ausstrahlte und die regelmäßig mehr als eine Million Portugiesen vor den Fernseher zog), die die Geschehnisse dokumentierten, gaben vielen Portugiesen die Chance, ein Kapitel ihrer jüngeren Vergangenheit neu zu überdenken. Doch trotz allem bleibt bei die Erinnerung teilweise noch immer einseitig. »Nicht nur trauern viele Portugiesen auch heute noch ihrem Leben in den fünf afrikanischen Ländern nach, sondern die meisten verbinden – fast vier Jahrzehnte später – das Wort Entkolonialisierung immer noch mit einem negativen Sinn«, so eine 2013 veröffentlichte Studie der portugiesischen Historikerin Dalila Cabrita Mateus. Und es gibt sogar diejenigen, die immer noch von der »Exzellenz« des portugiesischen Kolonialismus überzeugt sind, schließlich sei dieser verglichen mit anderen Nationen »mild und gut« gewesen und die Beziehungen zu den Afrikanern »besonders«.

Denn anders als andere Kolonialmächte, so wird gern erinnert, sahen die Portugiesen die »Vermischung mit den Einheimischen« seit jeher als etwas Natürliches an und gingen daher relativ viele Mischehen ein. Es wird gern von einem Kolonialismus ohne Rassismus gesprochen, doch auch wenn die offizielle

»Eingeborenenpolitik« auf dem Papier keine Rassendiskriminierung kannte: In der Praxis wurde diese in unterschiedlichem Maße, aber sehr wohl angewandt. Und auch wenn es heute in Portugal keinen sonderlich fruchtbaren Boden für offenen Rassismus gibt, bedeutet dies natürlich nicht, dass dieser nicht existiert, obgleich die Bevölkerung vor allem in Portugals Städten seit jeher aus verschiedenen Ethnien besteht und Lissabon z. B. schon immer als »afrikanische Stadt« gegolten hat. Zum Stadtbild gehören nicht nur afrikanische Musik, afrikanische Diskotheken und afrikanisches Essen, die zweithäufigste gesprochene Sprache in Lissabon soll vor allem dank den Emigranten aus Cabo Verde sogar das *crioulo* (Kreolisch) sein.

Von perfekter Integration kann jedoch keine Rede sein: Lange glaubte man, dass die Integration der vielen Afrikaner, die aus den ehemaligen Kolonien nach Portugal strömten, durch die gemeinsame Sprache und Geschichte praktisch garantiert wäre und sich einfach vollziehen würde. Dieser Mythos von der lusophonen Gemeinschaft hat lange Zeit den Blick für die Notwendigkeit einer aktiven Integrationspolitik getrübt.

Vieles hat sich aber zum Positiven gewendet, und Portugal belegt (zumindest offiziell) im europäischen Vergleich konstant die ersten Ränge. Auch politisch gehört es heute zum guten Ton, die kulturellen Bande zu den Exkolonien und zur gemeinsamen Sprache und Geschichte zu beschwören, obwohl das Verhältnis nicht immer leicht ist und diese Beziehungen teilweise auch heute noch von historischen Animositäten, Vorurteilen und Bitternis geprägt sind. Besonders, weil Portugal sich immer noch gern als »Herr im Salon« aufspielt, was natürlich nicht unbedingt gut ankommt. Denn in der Zwischenzeit (und besonders seit der Krise in Portugal) hat sich das Blatt gewendet: Brasilien – natürlich und schon lange –, aber auch Angola sind Portugal heute wirtschaftlich überlegen. Das wiederum löst Unbehagen und Demut in Lissabon aus.

Für den ehemaligen Gebieter ist es schon seit geraumer Zeit nicht leicht, mit dem erfolgreichen, abgenabelten und auch wirtschaftlich viel selbstbewussteren Brasilien umzugehen.

Auch der Umgang mit dem wirtschaftlich starken und regional immer bedeutenderen Angola ist kompliziert: Nicht nur wandern immer mehr Portugiesen in die afrikanischen Gefilde aus, angolanische Firmen kaufen in Portugal so ziemlich alles auf, was es zu kaufen gibt. Trotz allem bemerkt man eine Verbindung zwischen den ehemaligen Kolonien und dem Mutterland. Aufbauend auf der gemeinsamen Sprache und gestärkt durch kulturelle Verschränkungen, versteht man sich auf eine ganz besondere Art und Weise. Und vor allem weiß man, wie es in den jeweiligen Ländern (zum Guten wie zum Schlechten) abläuft. Als Forum für die Kooperation zwischen Portugal und seinen ehemaligen Kolonien dient heute die Gemeinschaft portugiesischsprachiger Staaten (CPLP).

Eine typisch portugiesische Revolution und das Ungewisse danach

»In dir, oh Stadt, regiert das Volk«, heißt es in einem Lied über eine unscheinbare Kleinstadt im verbrannten Alentejo, hundert Kilometer südlich von Lissabon. Text und Melodie wurden schlagartig bekannt, seine Arrangements sind so einfach wie der Ort, den es besingt. Das wohl populärste Lied Portugals, welches auch heute noch im Chor als Waffe gegen Entbehrung und Ungerechtigkeit ertönt, besingt Grândola, einen kleinen Flecken Erde, wo die lehmigen Straßen so braun sind wie die sonnengegerbten Gesichter der geschundenen und armen Landarbeiter. Arm, aber auch ein Ort der »Brüderlichkeit«, wo man an jeder Ecke einen Freund findet und in allen Gesichtern die Gleichheit geschrieben steht.

　　Das Lied sollte Portugal aber für immer verändern: Als das »Grândola Vila Morena« des legendären linkspolitischen Liedermachers José Afonso am 25. April 1974, genau eine halbe Stunde nach Mitternacht, über den Äther des katholischen Radiosenders Rádio Renascença ertönt, ist die Umwälzung der Geschichte schon im Gange. Die Melodie ruft zur Tat, denn die verbotene Hymne erklingt nicht umsonst. Sie ist ein verabredetes Geheimsignal der Bewegung der Streitkräfte (Movimento das Forças Armadas – MFA) für den Befreiungsschlag gegen eine marode faschistische Diktatur, die das Land schon viel zu lange in ihren Fängen und die Bevölkerung in verordneter Genügsamkeit hält. Es ist die lange Nacht, auf die ein Großteil der Portugiesen gehofft hat, denn sie bringt endlich das Versprechen einer Zukunft mit sich; eine jener langen Nächte, nach denen der Morgen ganz besonders hell heraufziehen sollte.

In revolutionärer Windeseile haben aufständische Einheiten, angeführt von einer Gruppe von jungen Offizieren (Capitães de Abril), Lissabon unter Kontrolle. Fast ohne auf Widerstand zu stoßen besetzen sie Radio- und Fernsehsender, Flughafen, einige Ministerien, Straßen und Brücken. Die Hauptanliegen der revoltierenden Streitkräfte sind nicht bloß die Beendigung eines sinnlosen und blutigen Kolonialkrieges und verbesserte Bedingungen in der Armee, sondern in erster Linie politisch: der Sturz der Diktatur und das Erringen der Freiheit. Endlich sollen die Portugiesen, die seit 1926 keine demokratischen Freiheiten mehr kannten, die Möglichkeit bekommen, politische Parteien und freie Wahlen zu organisieren sowie ein System mit demokratischen Institutionen zu gründen. Die Textpassage der Revolutionshymne »*O Povo é quem mais ordena*« – »Das Volk hat das Sagen« – wird von dem Tag an zum gefeierten Schlachtruf.

Als Hauptziele proklamiert die MFA die drei großen D's: *Democratização* (Demokratisierung), *Descolonização* (Entkolonialisierung) und *Desenvolvimento* (Entwicklung), wobei die Umsetzung des dritten »D« dem rückständigen Land die meisten Schwierigkeiten bereiten wird. Die Verkündung der MFA wird im Radio verlesen, die Mehrheit der Militärs (vor allem Soldaten, untere und mittlere Offiziere) schließt sich sofort den Aufständischen an und verhindert dadurch Blutvergießen. Die MFA übernimmt die Macht und lässt noch am frühen Morgen im Radio ein erstes Kommuniqué an die Bevölkerung verlesen: »Hier spricht das Kommando der Bewegung der Streitkräfte. Wir rufen alle Einwohner Lissabons auf, sich in ihre Häuser zu begeben und dort äußerste Ruhe zu bewahren. Wir hoffen aufrichtig, dass die schweren Stunden, die wir durchleben, durch keinen Unglücksfall getrübt werden. Wir appellieren an Vernunft und Einsicht der übrigen Truppen, damit jeder Zusammenstoß mit den Streitkräften vermieden wird.«

Anstatt in ihren vier Wänden zu bleiben und abzuwarten, stürmt die Bevölkerung spontan auf die Straßen und begleitet die Streitkräfte in einem festlichen, ja euphorischen Freudentanz. Die Nähe des Volkes zum revolutionären Geschehen führt zu kuriosen Bildern von gewaltiger Ausdruckskraft: Männer, Jugendliche, Greise in jubelndem Taumel auf feuerbereiten Panzern, Frauen und Kinder mit erwartungsvollen Gesichtern neben auf dem Boden geduckten und in Kampfstellung gebrachten bewaffneten Soldaten. Die Revolution mag zwar nicht direkt vom portugiesischen Volk ausgegangen sein, aber das Volk ist hautnah mit dabei, es steht wortwörtlich unmittelbar daneben.

Der Regierung Marcello Caetanos bleibt keine Wahl: Sie leistet fast keinen Widerstand; der wankelmütige Regierungschef, der Salazars Nachfolge angetreten hatte, ist sich der Ausweglosigkeit bewusst. Er verschanzt sich mit seinem halben Kabinett im Hauptquartier der Republikanischen Nationalgarde (GNR) am Largo do Carmo, nahe dem Stadtzentrum, das an diesem Nachmittag des 25. April 1974 in den Mittelpunkt des Militärputsches rücken sollte. Auch weitere regierungstreue Gefolgsleute Caetanos verbarrikadierten sich in anderen öffentlichen Gebäuden der Hauptstadt. Während die aufständischen Militärs die Carmo-Kaserne belagern, findet sich trotz der Gefahr einer Schießerei eine riesige Menschenmenge auf dem kleinen Platz mitten in Lissabon, unweit vom schicken Einkaufsviertel Chiado, zusammen. Die Schaulustigen steigen auf Bäume, Telefonzellen und sogar auf die Kampffahrzeuge, um den Abgang des verhassten Caetano besser mitverfolgen zu können.

Gegen 13 Uhr stellen die aufständischen Offiziere Marcello Caetano und Staatspräsident Américo Thomaz, der sich ebenfalls dorthin geflüchtet hat, ein Ultimatum, sich bis 17 Uhr zu ergeben, und drohen, andernfalls das Gebäude zu stürmen.

Nach mehrstündigen Verhandlungen mit dem jungen Hauptmann Salgueiro Maia (der zu einer der Ikonen der Revolution werden wird) willigt Caetano ein, zurückzutreten, falls einem hochrangigen Offizier die Macht übergeben würde, damit diese nicht in die Hände der Volksmassen auf der Straße falle. Man einigt sich auf General Spinola, und Marcello Caetano wird erlaubt, in einem gepanzerten Fahrzeug den Ort zu verlassen. Der Atlantikinsel Madeira folgt das brasilianische Exil, wo Caetano sechs Jahre später stirbt.

Kurz vor 19 Uhr lässt der MFA über den Rundfunk mitteilen, die regierungsloyalen Truppen hätten sich ergeben. Ganz Portugal liegt sich in den Armen, die Bevölkerung in Lissabon feiert die Soldaten. Eine Kellnerin, die von der Arbeit kommt (oder war es doch eine Blumenverkäuferin?), steckt einem Soldaten eine Nelke in den Gewehrlauf – andere einrückende Soldaten werden ebenso begrüßt. Bilder, die um die Welt gehen und der Revolution ihren Namen verliehen: die rote Nelke wird zum Symbol des friedlichen Umsturzes, aber ebenso der Freiheit und ein Sinnbild für die Einheit zwischen Volk und Uniformierten.

Während die Siegesfeier nach der Übergabe der Carmo-Kaserne noch andauert, bewegt sich eine beherzte Menschenmasse zum Hauptsitz der PIDE (der berüchtigten, nach Gestapo-Methoden arbeitenden Geheimpolizei) in der Rua António Maria Cardoso, nur einige Schritte vom bekannten Café A Brasileira entfernt. Wie beim deutschem Vorbild liegen Staatsoper und das Theater São Luís gleich nebenan (das Hauptquartier der Gestapo in der Berliner Prinz-Albrecht-Straße lag ebenfalls fußläufig zum Deutschen Theater). In das Kaffeehaus, wo sich heute Scharen von Touristen neben der Bronzestatue von Dichter Pessoa fotografieren lassen, ging auch Major Silva Pais, die portugiesische Antwort auf Himmler, seine *bica* trinken – am liebsten am Nachmittag, um sich mit offenen Ohren »unters Volk zu mischen«.

Als die aufgebrachte Meute mit dem Ruf »Morte à PIDE« – »Tod der PIDE« das Gebäude der Folterknechte belagert (heute finden sich hier Luxuswohnungen), feuern regimetreue Anhänger auf die unbewaffneten Demonstranten: Vier Menschen sterben, mehrere werden verletzt. Es sollten die einzigen Toten der Nelkenrevolution bleiben.

Schon am nächsten Tag – am 26. April 1974 – wird im Fernsehen das Programm der Junta da Salvação Nacional (Komitee zur Rettung der Nation) vorgetragen. Sie setzt eine von General Spinola geführte provisorische Regierung ein, mit dem Ziel, den Krieg sofort zu beenden und freie Wahlen für eine verfassungsgebende Nationalversammlung binnen eines Jahres vorzubereiten. In weniger als 20 Stunden also stürzte eine Handvoll junger Offiziere mittleren Ranges völlig überraschend eine rückwärtsgewandte faschistoide Diktatur, die Portugal eine halbe Ewigkeit totalitär regiert hatte, und beendete fast ohne Blutvergießen so nebenbei binnen kurzem das älteste und letzte europäische Überseeimperium, das 500-jährige portugiesische Reich. 48 lange Jahre der Verfolgung und Verbannung, der Unterdrückung und Ausbeutung, der Zensur und der Folter gingen zu Ende.

Es kommt zu einer kollektiven Aufbruchstimmung, die sich – wenn überhaupt – nur mit dem Gefühl grenzenloser Freiheit und dem Griff nach den Sternen vergleichen lässt, so auch seinerzeit im Berlin der Wiedervereinigung. Die darauffolgenden Tage, so schildern es diejenigen, die es miterlebt haben, waren unvorstellbar: Im ganzen Land herrschte eine euphorische Stimmung der Freiheit und der Verbrüderung, alles schien machbar. Für einige Kommentatoren und Beobachter war es, als hätte man plötzlich »einen Schnellkochtopf geöffnet«, und der ganze Frust von 50 Jahren und die ganze eingesperrte Seele des Volkes wären auf einmal hinausgesprudelt. Andere beschrieben den Moment als einen »unkontrollierten Ausbruch«, so als würde man »eine Flasche Champagner vor dem Öffnen kräftig schütteln«.

Schnell werden die politischen Häftlinge befreit. Ein unsinniger und blutiger Krieg findet sein Ende, erste Soldaten kehren aus Afrika zurück. Führende Regimegegner, die ins Exil geflohen waren, strömen in den folgenden Tagen nach Portugal zurück. Zu ihnen gehört Mário Soares (geb. 1924), Anführer der ersten Sozialistischen Partei des Landes, die mit Hilfe Willy Brandts 1973 in Deutschland gegründet wurde, und der Kommunisten-Chef Álvaro Cunhal, der 13 Jahre in PIDE-Kerkern verbrachte, bis ihm 1960 die spektakuläre Flucht aus der Haft aus einem jahrhundertealten Fort im Fischerort Peniche gelang, 100 Kilometer von Lissabon entfernt. Jeden Tag gibt es Feste und Demonstrationen, es ist ein »Frühling der politischen Hoffnung«, in dem jeder das Gefühl hat, die Welt mit seinen eigenen Händen verändern und gemeinsam eine bessere Zukunft bauen zu können.

40 Jahre Demokratie

Viele Hoffnungen, die damals keimten, wurden erfüllt – aber genauso viele enttäuscht. Am 25. April 2014 feierte Portugal 40 Jahre Demokratie, und wie jedes Jahr zum Revolutionsjubiläum wurde die Diskussion neu entfacht, was von den Ergebnissen der Nelkenrevolution nachwirkt und inwieweit die Ideale von damals heute sichtbar sind. Dies findet zu einer Zeit statt, da die Erinnerung bei älteren Portugiesen verblasst ist, die jüngeren nur vom Hörensagen wissen, wie es früher war, und die Mehrheit der Portugiesen ihre Freizeit anstatt auf politischen Kundgebungen schon seit langem lieber am Strand, im Café oder gemütlich zu Hause verbringt, aber auch im Kontext einer schwierigen wirtschaftlichen und sozialen Situation, in Zeiten tiefer Einschnitte bei Löhnen und Sozialleistungen, die in den letzten Jahren im Namen des Haushaltsdefizits, der Troika und des Anpassungsprogramms gemacht wurden.

Die Debatte über das Erbe der Revolution bleibt auch 40 Jahre danach noch kontrovers. Der Auftrag von 1974 – die drei großen D's durchzusetzen – wurde nämlich nicht komplett erfüllt: *Democratização* und *Descolonização* sind zwar geschafft, mit der Entwicklung (*Desenvolvimento)* hapert es aber immer noch kräftig.

Auch brachte die ersehnte und unblutige Revolution Freiheit und Selbstbestimmung für das Volk, aber nicht die ursprünglich erhoffte idealistische Erneuerung der Gesellschaft. Passivität, Obrigkeitshörigkeit, Disziplinlosigkeit als Rache an der Autorität, fehlendes Vertrauen in die eigene Fähigkeit, etwas bewegen zu können, schwache Bürgergesellschaft – viele dieser Verhaltensweisen, die die Diktatur schuf, sind nach wie vor hartnäckig präsent. Und obgleich sich der Lebensstandard der Mehrheit der portugiesischen Bevölkerung deutlich verbessert hat, verzeichnet das Land (ganz entgegen den Idealen der Nelkenrevolution) im EU-Vergleich immer noch eine der größten Klüfte zwischen Arm und Reich.

Auch heute noch ist Portugal eng versippt und verflochten: Eine kleine Elite hält die Strippen der Wirtschaft und des Finanzwesens in der Hand, und das öffentliche Leben scheint für viele weiterhin nur eine Durchgangsstation auf dem Weg zu hochbezahlten Stellungen zu sein. Die Konzerne sagen Danke und Amen und nutzen den Einfluss früherer Politiker. Wie zu den düstersten Zeiten Salazars tummeln sich im Portugal des 21. Jahrhunderts frühere Minister in den leitenden Organen vieler privater Großunternehmen. Und trotz einer gewaltigen Privatisierungswelle läuft in Portugal ohne Staat auch heute noch wenig. Die Vetternwirtschaft ist omnipräsent, und Korruptionsprobleme grassieren. Aber vor allem scheinen die Portugiesen endgültig den Glauben an die Politik und das Vertrauen in »die da oben« verloren zu haben. Das muss auch nicht wundern, wenn man den Parteien täglich bei ihren teilweise beschämenden Darbietungen zusehen muss, in diffamierenden Debatten und inhaltslosen Plänkeleien. Es ist eine Politik der ungezählten Pirouetten, die einen Mangel an Prinzipien offenbart: Heute eine Sache verteidigen, morgen – wenn es gerade passt – eine andere, ohne wirklich an das eine oder andere zu glauben. In Portugal scheint die Politik des Öfteren einfach eine nicht enden wollende, tägliche Abfolge von Soundbites zu sein.

Zwischen Nelkenfrühling und heißem Sommer

Portugal war im Aufbruch, doch aus dem milden »Nelkenfrühling« sollte bald schon ein »heißer Sommer« werden. Der Sturz der Diktatur verlief plötzlich, sehr schnell und von einzelnen Zusammenstößen abgesehen friedlich. Doch der Weg zur Demokratie sollte kein Spaziergang sein, sondern eine Berg-und-Tal-Fahrt mit ziemlich heiklen Situationen. Vor allem gingen auch Ängste vor einem Bürgerkrieg um.

Am 1. Mai 1974 feierten in Lissabon weit über 500 000 Menschen die Freiheit und den Beginn der demokratischen Ära. Diese erste freie Maikundgebung war eine Mischung aus Volksfest und politischer Manifestation: In einem Meer aus Transparenten und Blumen sah man erhobene Hände, deren Finger das *Vitória*-Zeichen zeigten, und hörte lang gestaute Emotionen sich entladen: »*O povo unido, jamais será vencido*« – »das vereinte Volk wird niemals besiegt werden«. Viele junge Mitteleuropäer strömten nach Portugal, um Revolutionsambiente zu schnuppern. Hier erschien plötzlich alles möglich.

Nun konnte man lange verborgene Gefühle und Gedanken äußern, zum ersten Mal unbewacht von Geheimpolizei und Zensur. Es war aber auch eine chaotische Zeit, denn damals (wie heute) liegt die »portugiesische Tragödie« darin, dass es viel Konsens *gegen* etwas gibt, *positiver* Konsens aber schwer zu erzielen ist. Alle wollten Demokratie, alle wollten Sozialismus. Täglich fanden politische Kundgebungen statt, die ganze Familie diskutierte über Marx, Lenin, Trotzki, Che und Mao. Nur einigen konnte man sich nicht, und die revolutionäre Energie verpuffte schließlich in Fraktionskämpfen.

Zunächst hatten Militärs das Sagen, mit Antonio Spínola, einem Konservativen, an ihrer Spitze. Doch währte das nicht lange: Die Mehrheit der Offiziere dachte eher links. Spínola unterstützte zwar die geplanten Verstaatlichungen, wehrte sich aber dagegen, die Kolonien in die Unabhängigkeit zu entlassen. Unzufrieden mit dem chaotischen Verlauf der Dinge, dem schwer aufhaltsamen Entkolonialisierungsprozess und seinem ständigen Machtverlust, versuchte der gern mit Monokel im Auge posierende General Spínola zweimal eine rechte Machtübernahme. Beide Male scheiterte er kolossal. Und der Schuss ging derart nach hinten los, dass seine Putschversuche eher weitere Linksrucke zur Folge hatten.

Die unmittelbar nach der Revolution entstandene Junta de Salvação Nacional wurde von einem Revolutionsrat ersetzt, wodurch die Kommunistische Partei um Álvaro Cunhal und andere linksradikale Gruppierungen mehr und mehr Macht bekamen, was in Washington, London, Paris und Bonn die Alarmglocken läuten ließ. Vor allem die USA bangten um die Bündnistreue des NATO-Landes Portugal – mit ihrer auf den Azoren strategisch sehr wichtigen US-Luftwaffenbasis. Innenpolitisch ging es weiter mit Nationalisierungen von Banken und Großindustrien. Unter dem Motto: »Das Land denen, die es bearbeiten!« begann auf den Latifundien des Alentejos eine Agrarreform, die zur Enteignung der Großgrundbesitzer zugunsten der ehemals rechtlosen Landarbeiter führte. Vor allem aber im nördlichen, kleinbäuerlichen Teil des Landes lehnten sich die eher traditionsbewusste Bevölkerung und die Kirche massiv gegen die Neuerungen auf. Die Ausschreitungen wurden immer dramatischer, der politische Diskurs härter und die wirtschaftlichen und sozialen Probleme intensiver. Auf Demonstrationen folgten fast täglich Gegendemonstrationen, und die Krise spitzte sich zu.

Trotz der angespannten Stimmung verliefen die ersten freien Wahlen für eine verfassungsgebende Versammlung – abgehalten am 25. April 1975 – friedlich, ordnungsgemäß und festlich. Schließlich war es für die Mehrheit der Portugiesen das erste Mal, dass sie in Freiheit wählen durften. Die Wahlbeteiligung war erstaunlich hoch (91,7 Prozent), und die moderaten Kräfte gewannen die Oberhand. Die Kommunistische Partei PCP erhielt nur 12 Prozent, und der Westen konnte aufatmen, als sich die siegreichen Sozialisten unter Mário Soares (der sich zunächst als sehr links gegeben hatte) als treu gegenüber dem Westen erwiesen und auf eine gemäßigte Linie umschwenkten.

Die verfassungsgebende Versammlung begann ihre Arbeit. Der neue gemäßigte Kurs entsprach nicht den Wünschen der radikaleren linken Gruppierungen (links von PCP); die Instabilität nahm zu, und die politischen Auseinandersetzungen setzten sich fort. Diese unbeständige Zeit sollte als der »heiße Sommer von 1975« in die Geschichtsbücher eingehen.

Im November 1975 versuchten radikale Gruppierungen einen militärischen Putsch. Doch dieses Vorhaben wurde von moderaten Militärs blitzschnell vereitelt.

Der Sozialist Mário Soares gewann am 25. April 1976 die ersten Parlamentswahlen und bildete im Juli die erste verfassungsmäßige Regierung. Er war es auch, der 1977 den Beitritt zur heutigen EU beantragte. Unterdessen spitzte sich die wirtschaftliche Lage zu: Salazars Goldreserven schmolzen dahin, und die früheren afrikanischen Kolonien, die man zuvor als günstige Rohstoffquelle und privilegierten Absatzmarkt nutzen konnte, brachten kaum einen Escudo mehr ein. Die verlorenen »Überseeprovinzen« bürdeten Portugal zudem die Last von einer Million *Retornados* – weiße Siedler und Afrikaner – auf. Die Währung verfiel, Inflation und Arbeitslosigkeit machten sich breit. Zwischen 1976 und 1986 lösten sich mehrere kurzlebige Regierungen wie Diättrends ab, und das Land musste 1978 und 1983 die Hilfe des Internationalen Währungsfonds in Anspruch nehmen.

Die politische Stabilität kam 1985 mit Cavaco Silva, der sich zehn Jahre lang als Ministerpräsident hielt. Portugal erlebte einen neuen Zyklus, und eine revolutionsmüde Bevölkerung hoffte auf die Modernisierung des Landes und auf die Verbesserung der Lebensbedingungen. Die neue Stabilität und das optimistische politische Klima wurden zum großen Teil durch Europas Finanztransfers und wichtige Auslandsinvestitionen ermöglicht, die ins Land hineinsprudelten. Wenn auch wahr ist, dass Cavaco Silvas Amtszeiten mit den großen wirtschaftlichen und politischen Veränderungen und der Modernisierung des Landes verbunden sind, so ist es unbestreitbar, dass er vielerlei »Verdienste« an Portugals heutiger Lage besitzt. Sei es aufgrund überdimensionierter, aus heutiger Sicht sinnloser Investitionen in die Infrastruktur, durch das Aufblasen des Beamtenapparates, durch schlechtes Management von Industrie, Landwirtschaft und Fischfang, wegen mangelnder Investitionen in die Bildung oder der Verscherbelung von strategischen Bereichen der Wirtschaft. Sein Ziel war, Portugal, koste es, was es wolle, auf europäisch zu trimmen.

Die heute gültige Verfassung wurde am 2. April 1976 mit überwältigender Mehrheit angenommen und die Demokratisierung Portugals somit vollzogen. Die Verfassungsreformen 1982 lösten den Revolutionsrat auf und unterstellten das Militär der Politik; 1989 schufen sie die Grundlagen für eine soziale Marktwirtschaft. Portugal ist eine semipräsidiale parlamentarische Demokratie und wird von vier zentralen Institutionen dominiert: dem Präsidenten, dem Parlament, der Regierung und der Justiz. Das Staatsoberhaupt ist der Präsident, der alle fünf Jahre direkt vom Volk gewählt wird. Er gibt nicht den politischen Kurs vor, seine verfassungsmäßige Stellung ist aber stärker als die des deutschen Bundespräsidenten. Er ist Oberbefehlshaber der Streitkräfte, kann das Parlament auflösen, die Regierung abberufen und vorzeitige Neuwahlen ansetzen. Er besitzt zudem ein begrenztes Vetorecht gegen Parlamentsbeschlüsse. Die Regierung setzt sich zusammen aus dem Premier und dem von ihm zusammengestellten Ministerrat (und Staatssekretären). Die Assembleia da República wird alle vier Jahre vom Volk nach Verhältniswahlrecht gewählt und besteht aus 230 Mitgliedern. Über die Einhaltung der Verfassung wacht das Verfassungsgericht, das aus 13 Richtern besteht.

Viel Staub unterm Teppich:
Zwischen Bruch und Kontinuität

»Frische Luft! Frische Luft herein!«
(Miguel Torga)

Groß waren in Portugal das Entsetzen, das Erstaunen und bei
vielen »Nostalgikern« die klammheimliche Freude, als die portugiesischen Fernsehzuschauer im Jahr 2007 ihren größten
Landsmann aller Zeiten wählten. In Spanien hatte König Juan
Carlos einen ähnlichen Wettbewerb gewonnen, in Großbritannien war die Wahl auf den früheren Premierminister Winston
Churchill gefallen und in Deutschland auf den ersten Bun-
deskanzler, Konrad Adenauer. Und in Portugal? Auf Diktator
António Oliveira Salazar! Einige Landsleute halten ihm zwar
zugute, dass er Portugal im Zweiten Weltkrieg neutral hielt und
es mit Verkäufen von Kriegsmaterial an die Deutschen wie auch
an die Alliierten sogar schaffte, die Tresore mit Gold zu füllen.
Ansonsten aber steht dieser Name für eine 48 Jahre andauernde
Diktatur, für politische Verfolgung und Folter, für das Trauma
von Kolonialkriegen und für eine Rückständigkeit, an der Portugal bis heute krankt.

Dabei hatte das Land nach dem 25. April doch mit Salazar
abgerechnet, mit dem Regime aufgeräumt! Schnell hieß die Brücke über den Tejo nicht mehr *Ponte Salazar,* sondern *Ponte 25 de
Abril.* Anders als in Spanien, wo der 1975 verstorbene Diktator
Franco noch über viele Jahre in den Namen von Straßen und
Plätzen oder gar in Form von Statuen weiterlebte, wurden solche Reminiszenzen in Portugal schnell beseitigt (eine Ausnahme bildet der Geburtsort des Diktators, dort war zuletzt sogar
die Schule noch nach ihm benannt). Nach der Nelkenrevolution
und in den folgenden Jahren wurden Opfer der Diktatur postum
rehabilitiert und Orden an Oppositionelle verliehen. Schadens-
ersatzzahlungen gingen an Geschädigte des autoritären Regimes,
und Nationalfeiertage wurden den neuen Überzeugungen ange-
passt. Der 10. Juni, der vermutliche Todestag des Nationaldich-

ters Luís de Camões (während der Diktatur zeitweise als »Tag der Rasse« bezeichnet), wurde zum »Tag Portugals, Camões und der portugiesischen Gemeinschaften« umgetauft.

Trotzdem: Die Aufarbeitung der Diktatur hat in Portugal kaum oder nur teilweise stattgefunden. Als 1987 mit der absoluten Mehrheit für den sozialdemokratischen Premier Cavaco Silva die politische Stabilität auf lusitanischem Boden einkehrte, war man mit anderen wichtigen Sachen beschäftigt. Und wohl auch etwas abgelenkt und zerstreut von Wirtschaftswachstum, Bauboom, Konsumrausch und dem Modernisierungswahn, der dank der Gelder aus Brüssel einsetzte und in relativ kurzer Zeit nicht nur das Land, sondern auch den Lebensstil der Mehrheit der Portugiesen veränderte. Dass man nach Jahrzehnten des Rückstands und der Genügsamkeit die neuen Möglichkeiten und Versuchungen in vollen Zügen und mitunter auch auf Kosten des kollektiven Gedächtnisses genoss, mag moralisch vielleicht zweifelhaft sein, aber auch verständlich. Und so darf es auch nicht wundern, dass gerade in diesen Jahren die Aufklärung und die Aufarbeitung der Diktatur auf der Strecke blieben und das Thema erst 1992 mit dem Tod von Hauptmann Salgueiro Maia aufkam. Es stellte sich nämlich heraus, dass die damalige Regierung dieser Ikone der Nelkenrevolution eine besondere Pension wegen ehrenvoller Verdienste verweigert hatte.

Als dann im Vorfeld des 20. Jahrestages der Nelkenrevolution 1994 zwei frühere PIDE-Agenten an die Öffentlichkeit traten und einräumten, dass ihnen sehr wohl eine solche Rente zuerkannt worden war, sorgte dies für einen Chor der Empörung. Die Aufarbeitung der Vergangenheit rückte nun halbwegs wieder ins Licht, auch dank des im selben Jahr beschlossenen PIDE-Aktenöffnungsgesetzes, das vorsah, die Archive Salazars und der Staatspolizei zu öffnen und diese Akten dem Nationalarchiv in der Torre do Tombo anzugliedern. Als 1995 die Sozialisten an die Macht gelangten, bekam der mehr als nötige Aufarbeitungsprozess wieder etwas Schub. Endlich wurde auch die jüngere Geschichte in den Schulunterricht eingeführt. Kaum vorstellbar, aber vor wenig mehr als 20 Jahren schien die Zeit in den schulpflichtigen Geschichtsbüchern um 1910, irgendwo bei der Ersten Republik, stehengeblieben zu sein.

Viel mehr als mit der erschwinglich gewordenen Zerstreuung durch Kreditkarten und Handys oder mit dem eventuellen apathischen Desinteresse an der Vergangenheit hat diese kollektive Stille wohl auch mit typisch portugiesischen Eigenschaften zu tun: Konflikte oder direkte Konfrontationen zu vermeiden, weshalb das Interesse an der Aufklärung bestimmter Geschehnisse manchmal nicht unbedingt groß zu sein scheint. Hinzu kommt noch, dass ein Großteil der Portugiesen nach den beschwingten Revolutionsjahren eher resignierte und sich in die Privatsphäre flüchtete. Andererseits, so behaupten einige Stimmen, sei der Übergang in die Demokratie vielleicht zu glatt, zu konfliktlos, zu konfrontationslos verlaufen.

Als entscheidende Faktoren für das mangelnde Interesse an einer Aufarbeitung der Diktatur nennt Andrea Fleschenberg in ihrer Studie zur Vergangenheitsaufklärung in Deutschland und Portugal die relativ geringe Zahl an Opfern (im Vergleich zum Franco-Regime in Spanien) und den friedlichen Verlauf des Systemwechsels. Auch der schleichende Übergang zur Diktatur Salazars habe für die Erinnerungskultur der Portugiesen eine große Rolle gespielt: Das Regime begründete sich nicht auf einem Bürgerkrieg und endete auch nicht mit einem solchen. Es scheint, als sei die einzige Erinnerung an die Diktatur zusammengeschrumpft auf den Tag, an dem alles endete: den 25. April 1974. Eduardo Lourenço, einer der bedeutendsten Literaturwissenschaftler und Essayisten Portugals, beschrieb im Jahre 1997 meisterhaft, dass mit der Revolution das Regime Salazars verschwand, wie eine »Maske, die einem (…) demokratischen Volk und (…) demokratischen Streitkräften übergestülpt war«.

Andererseits, und das ist wohl einer der entscheidendsten Punkte, sei in Portugal vieles einfach beim Alten geblieben, trotz Demokratisierung, Europa und Fortschritt. Zwar gehörten die rechtsautoritären Strukturen der Vergangenheit an, Portugal habe aber seine veraltete Gesellschaftsstruktur ebenso wie einen

Teil der damals geltenden Mentalität mit in die Demokratie genommen. Und bis heute bewahrt. Tatsächlich gilt das öffentliche Leben nicht gerade als leuchtendes Vorbild für Transparenz – und der Gesellschaft fehlt es immer noch an einer Kultur von Verdienst und Verantwortung.

Doch das sprichwörtliche I-Tüpfelchen bildet die Elite des Landes. Die hat sich nämlich trotz Demokratie wenig verändert: Mit der Liberalisierung der Wirtschaft kehrten viele der alten Familien zurück, die auch unter der Diktatur die Wirtschaft in Portugal und den Kolonien kontrollierten. Banken und Großunternehmen, die nach der Nelkenrevolution im »sozialistischem Eifer« verstaatlicht wurden, waren teilweise schnell wieder unter ihrer Kontrolle. Die »famosen sieben Familien« oder deren Nachkommen gehören wieder zu den Reichsten der Reichen und besitzen wichtige Teile der Industrie und des Bankwesens. Auch andere Figuren, die dem früheren Regime nahestanden, schienen bald nach den turbulenten Jahren der Revolution rehabilitiert, sozial integriert und demokratietauglich zu sein. Als Journalisten, Professoren, Unternehmer oder Verantwortliche in Unternehmensräten, ja sogar in den öffentlichen Ämtern und Regierungen: Überall waren diese personifizierten Relikte der Diktatur bald wieder tätig, als sei nichts gewesen.

Bezeichnenderweise wurden die am Unrechtsregime Beteiligten nach 1974 weder angeklagt noch sonstwie zur Verantwortung gezogen. Keinem – ob Verantwortlichem oder Mitläufer – wurde Rechenschaft für die Vergangenheit abverlangt, nicht einmal der politischen Polizei des Faschismus, die mit ihren 20 000 Informanten die Bevölkerung bespitzelte und ungeheuerliche Gräueltaten verübte. Die Justizbeamten, welche die Urteile des Terrorregimes unterschrieben, saßen auch nach der Revolution bald wieder an den Tischen der Gerichtshöfe. Barbieri Cardoso, seines Zeichens Nummer zwei in der Hierarchie der PIDE, durfte trotz einstimmiger Proteste des Parlaments in das Land zurückkehren. Moreira Baptista, dem letzten Minister der politischen Polizei, wurde nicht nur die Rückkehr nach

Portugal erlaubt, nein, er wurde sogar für seine nach der Revolution im Exil verbrachten Jahre entschädigt.

Erst der Zuschauerwettbewerb des staatlichen Fernsehsenders *Os Grandes Portugueses* brachte das Problem der Aufarbeitung der noch so jungen Vergangenheit ans Licht. Da soll noch einer sagen, Fernsehen tauge nichts!

Salazar verwies Persönlichkeiten wie den Seefahrer Vasco da Gama, den Literaturnobelpreisträger José Saramago oder den Expremier und Präsidenten Mário Soares auf die hinteren Plätze. Álvaro Cunhal, der historische Führer der Kommunistischen Partei, belegte mit 19 Prozent Platz zwei, während an dritter Stelle Aristides de Sousa Mendes folgte, der ehemalige portugiesische Konsul in Bordeaux, der Tausende von Juden vor der Deportation in Konzentrationslager rettete. Statt Humanität also Salazar, je nun.

Wie es zu dessen Sieg eigentlich kam, ist nicht eindeutig festzustellen, die Zahlen wurden bei späteren Umfragen relativiert. Das Warum wurde sofort und heftigst diskutiert und analysiert, vom Komplottverdacht bis zur Betrügerei (haben sich da ein paar rechtsextreme Sonderlinge und »Nostalgiker« die Finger am Telefon blutig getippt?) war alles dabei. »Salazar lebt«, sagte der portugiesische Philosoph José Gil kompromisslos und erinnerte daran, dass 50 Jahre Diktatur nicht einfach spurlos vorbeigehen. Irgendjemand, so Gil weiter, finde sich immer, dem Salazar fehle. Denn es gebe eine Liebesbeziehung zu ihm und zum Autoritären im Allgemeinen – und manch einer glaube eben, dass ein »starker Mann« genau das sei, was Portugal brauche.

Lourenço sprach nach Bekanntgabe des Ergebnisses vom »symbolischen Tod der Nelkenrevolution«. Wieder andere Kritiker merkten an, dass es besser gewesen wäre, Salazar von vornherein von der Wahl auszuschließen, wie es vergleichsweise das deutsche ZDF mit Adolf Hitler tat, als in Deutschland »Unsere Besten« gewählt wurden. Andererseits hätte dies auch als Verleugnung der Vergangenheit verstanden werden können.

Der tote Salazar erfreut sich immer noch einer gewissen, beunruhigenden Popularität, und das illustriert, wie trivial die

Portugiesen ihre Vergangenheit beurteilen. War der Militärputsch gegen die Diktatur Salazar/Caetano ein Befreiungsschlag
oder doch der Grund für die heutige Katastrophe? Für viele ist
das noch strittig. Besonders bei der älteren Generation ist teilweise noch eine nostalgische Sehnsucht nach den scheinbar
»sicheren« Verhältnissen der damaligen Diktatur zu bemerken.
»Podíamos viver em ditadura, mas pelo menos vivíamos melhor«,
hört man häufig: »Wir lebten zwar in einer Diktatur, aber wenigstens besser.« Und wie es der Teufel so wollte, fassten Salazars
Anhänger durch die öffentliche Debatte um dessen Sieg neuen
Mut: Äußerst engagiert wollten sie den Bau eines Museums in
Salazars Heimatort Santa Comba Dão durchboxen – und Portugal hatte ein neues Politikum. Als die örtlichen Verantwortli-
chen auch noch ihre Zustimmung gaben, aus dem baufälligen
Geburtshaus Salazars ein Museum mit hauptsächlich persönlichen Objekten zu errichten, war – gelinge gesagt – die Ka-
cke am Dampfen. Demonstrationen, Gegendemonstrationen
und unzählige Diskussionen. Doch wie schon das ursprüngliche hölzerne Entdeckerdenkmal am Tejo-Ufer in Lissabon
1940 von einem Wirbelsturm zerstört wurde, durchkreuzte das
Wetter auch diese Pläne: Die Atlantikstürme, die Anfang 2014
über Portugal fegten, haben das baufällige Geburtshaus Salazars
teilweise zerstört. So schnell wird da also nichts draus. Manche
Sachen passieren eben.

Im Schnelldurchgang nach Europa: Alte Probleme & neue Krise

»Letztlich bleibt das vom Heute, was vom Gestern blieb und vom Morgen bleiben wird: der unstillbare, grenzenlose Wusch immer derselbe und zugleich ein anderer zu sein.«
(Fernando Pessoa)

Mit der Unabhängigkeit der früheren Kolonien 1974/1975 ging ein 500-jähriger Zyklus überseeisch orientierter Politik zu Ende. Portugal kehrte zurück in den »Schoß« der Iberischen Halbinsel und suchte seinen Platz im europäischen Gefüge. Vier Jahrzehnte danach hat Portugal die schwerste Rezession seit den 1970er Jahren hinter sich gelassen. Das Volk ächzt unter Lohnkürzungen, Steuererhöhungen und einer früher unvorstellbar hohen Arbeitslosigkeit. Die Krise der letzten drei Jahre stürzte die Gesellschaft in einen Schockzustand, nahe der Apathie und Resignation. Für Außenstehende springt die Krise aber nicht immer ins Auge, denn in vielen für Besucher sichtbaren Teilen des Alltags scheint das Leben mit einer erstaunlichen Normalität weiterzugehen. Die trendigen Geschäfte sind immer noch gut besucht, die Cafés und Restaurants in Lissabon und anderen großen Städten sind keinesfalls leer – und erst recht nicht die Strandpromenaden bei gutem Wetter. Wer die Krise nicht am eigenen Leib spürt, macht sowieso weiter wie bisher. Dennoch ist die Krise keine Phantasie. Sie ist noch nicht einmal wirklich neu. Als die Regierung im April 2011 die Troika zu Hilfe rief, machte schon das Wort vom zurückliegenden »verlorenen Jahrzehnt« mit überhöhten Haushaltsdefiziten, schwachem Wirtschaftswachstum und steigender Arbeitslosigkeit die Runde. Anders als Spanien und Irland fiel Portugal also nicht aus irgendwelchen Wolken in die Krise. In den letzten Jahren sind Hunderttausende Portugiesen nun verarmt, haben ihre Häuser oder Wohnungen, ihre Autos, ihren Job und ihr Einkommen verloren. Viele sahen sich zur Emigration gezwungen. Das Land krankt weiterhin an alten Problemen, wie der starken Importabhängigkeit, einer gewichtigen Schattenwirtschaft, einer geringen Wettbewerbsfähigkeit und einer hohen Verschuldung von Staat, Unternehmen und privaten Haushalten. Hinzu kommen die Probleme mit einer nicht immer effizienten öffentlichen Verwaltung und einer lahmen Justiz. Viele Portugiesen waren dank leichtfertig vergebener und billiger Kredite gewöhnt, über ihre Verhältnisse zu leben, um dann, wie es die Journalistin Margarida Bon de Sousa in einem Beitrag für die Bundeszentrale für politische Bildung besonders eindrücklich beschrieb, über Nacht in eine schwere Schieflage zu fallen. Besonders die Mittelschicht, die es zu einem gewissen Wohlergehen und angenehmem Lebensstandard gebracht hatte, geriet unter die harte Fuchtel der Krise und rückte näher an die Unterschicht: Tausende von Häusern wechselten in den Besitz der Banken, Eltern mussten Kinder aus Privatschulen nehmen und in staatlichen Schulen anmelden.

Für viele wurde es Tag für Tag schwieriger, ihre alltäglichen Ausgaben und Kreditverpflichtungen zu decken, auch bei den Ausgaben für Gesundheit, Wasser, Elektrizität und Gas, erst recht bei denen für Ferien und Freizeit. Sogar auf der Straße mehrten sich die Indizien für eine wachsende Armut. Man gehe nur in Lissabon die prachtvolle Avenida da Liberdade hoch und runter und beachte die aus Kartons improvisierten Schlafstätten vor den Türen der Banken und Luxusläden.

Dennoch hat sich der sichtbare soziale Absturz vieler Portugiesen nicht so offenbart, wie manche Besucher vielleicht erwarten. Denn die Armut ist oft verschämt; sie wird versteckt. Und viele Notlagen fängt der familiäre Zusammenhalt noch irgendwie ab. Gerade in der Krise funktioniert die lusitanische

Improvisation. Zudem gibt es Suppenküchen, private und öffentliche Wohlfahrtsorganisationen. Vielen Krisenopfern ginge es wohl noch viel schlechter, gäbe es nicht den Banco Alimentar contra a Fome, eine Organisation, die inzwischen über 400 000 Personen unter die Arme greift. Spenden des Einzelhandels in Form von Nahrungsmitteln mit bald ablaufender Haltbarkeitsfrist und EU-Überschüsse werden an Institutionen weitergegeben, die sie ihrerseits an die Konsumenten ausgeben; an zwei Wochenenden in jedem Jahr strömen auch Zigtausende von Helfern in die Supermärkte und bitten die Einkaufenden darum, außer dem eigenen Bedarf auch haltbare Waren für Bedürftige einzukaufen.

Die Boom-Jahre: Zwischen Fortschritt und Beton

»Komm morgen wieder, Wirklichkeit!
Genug für heute, Leute!«
(Fernando Pessoa)

Zwischen Portugals EU-Beitritt 1986 und dem Jahr 2011 hat das Land rund 81 Milliarden Euro Struktur- und Kohäsionsfonds von der EU erhalten, in 25 Jahren also ungefähr neun Millionen Euro pro Tag. Bis Ende 2013 sollte die Gesamtsumme auf circa 96,7 Milliarden Euro steigen. Diese EU-Gelder und die öffentlichen und privaten Zuzahlungen summierten sich auf ein Investitionsvolumen von 156 Milliarden Euro. Das sind etwa 94 Prozent des Bruttoinlandsprodukts von 2012 oder doppelt so viel wie der 78 Milliarden Euro betragende Notkredit, den Portugal 2011 von der Gläubiger-Troika bekommen hat, um den drohenden Staatsbankrott zu vermeiden. Diese Zahlen sind der Studie »25 Anos de Portugal Europeu« (25 Jahre europäisches Portugal, Wirtschaft, Gesellschaft und Strukturfonds) entnommen, deren Hauptschlussfolgerungen Ende März 2013 publiziert wurden, und zeigen (mitten im Troika-Verdruss) die europäische Laufbahn auf, die Portugal seit 1986 absolviert hat.

Dabei rückte die Studie nicht nur die positiven Effekte ins Rampenlicht. Minuziös analysierte sie Fehler bei der Nutzung der EU-Gelder und Fort- und Rückschritte im untersuchten Zeitraum von 25 Jahren. Einer ihrer Autoren resümierte: »Den europäischen Zug zu erwischen, war für Portugal letztlich leichter, als den eigenen Platz in diesem Zug mit immer mehr Fahrgästen zu finden.« Die Frage, ob Portugal die vielen EU-Gelder richtig genutzt hat, drängt sich auf. Manche spontane Antwort aus Gläubigerländern in Mittel- und Nordeuropa greift aber zu kurz. Denn in den letzten vier Jahrzehnten hat Portugal auf politischer, wirtschaftlicher und soziokultureller Ebene einen tiefgreifenden Wandel vollzogen.

Als Portugal 1986 Mitglied der damaligen EWG wurde, wies das Land im Vergleich zu den restlichen Mitgliedsländern eine Menge unerwünschter Superlative auf: Es hatte die niedrigsten Löhne, eine sehr geringe Produktivität in der Industrie, den höchsten prozentualen Anteil der Erwerbstätigen im Agrarsektor, die höchste Analphabetenrate, die schlechteste soziale Absicherung, die höchste Kindersterblichkeit, die niedrigste Lebenserwartung. Dank der EU-Gelder erfuhr Portugal nicht nur eine beschleunigte Modernisierung der Wirtschaft und Gesellschaft. Das Land verbesserte sich in fast allen sozialen Indikatoren und hat in Bereichen wie Bildung oder Gesundheit einen gigantischen Sprung bewältigt. Man braucht sich nur das BIP pro Kopf (in Kaufkraftstandards) von Europa anzuschauen. Während dieses 1986 knapp über der Hälfte (52 Prozent) des EU-Durchschnitts lag, stieg es bis 1995 – also in nicht einmal zehn Jahren – auf beachtliche 70 Prozent. Die Gelder aus Brüssel verbesserten nicht nur die Infrastruktur, sondern auch den Lebensstandard der Bevölkerung. Sie flossen in den Bau oder die Modernisierung von Straßen, Brücken und Autobahnen, Schulen, Häfen, Kläranlagen oder Krankenhäusern. Ausbildungsplätze für über eine Million junger Leute wurden geschaffen. Internationale Konzerne investierten im Land, es entstanden moderne Industrieanlagen vor allem im Großraum Lissabon und in Teilen Nordportugals. Der Tourismus zog an und brachte Devisen. Die

Ausstattungen der Privathaushalte verbesserten sich signifikant. Neben dem eigenen Haus gehörten bald auch Auto, Unterhaltungselektronik, Telefon und Computer immer mehr zum Standardinventar. Nicht zu vergessen ist eine höhere Inanspruchnahme von Dienstleistungen, Freizeitangeboten und Kultur.

Anschluss an den Lebensstandard des europäischen Durchschnitts haben die zehn Millionen Portugiesen dennoch nicht gefunden. Das relative Pro-Kopf-Einkommen verharrt 27 Jahre später immer noch bei drei Vierteln des EU-Mittelwerts. EU-Gelder haben viel bewegt, aber eben nicht genug – und in manchen Bereichen gab es sogar eine Kehrseite, denn auch viele strategische Sektoren, vor allem das produzierende Gewerbe, blieben auf der Strecke.

Nach dem Sturz der Diktatur waren einige der nunmehr verstaatlichten Schlüsselindustrien der Konkurrenz nicht mehr gewachsen (z. B. Großchemie und Stahl). Und auch unter marktwirtschaftlich ausgerichteten Regierungen schien oft eher Ämterwirtschaft zu herrschen. Vor und nach dem Sturz der Diktatur hatten viele ausländische Unternehmen eigene Fabriken in Portugal gegründet. Doch schon bald ging Portugal, trotz der im westeuropäischen Vergleich sehr niedrigen Löhne, nicht mehr als Billiglohnland durch. In einigen mittel- oder osteuropäischen Ländern und auch in Indien oder China waren die Löhne natürlich viel niedriger – und die Produktionsverlagerungen trafen Portugal besonders hart. Nach der Schaffung des EU-Binnenmarktes war auch bald die Produktion in relativ niedrigen Stückzahlen zur Versorgung des heimischen Marktes nicht mehr profitabel. Immer mehr wurde importiert: Maschinen, Ausrüstungen und natürlich ein erschreckend hoher Anteil von dem, was sich die Portugiesen mit ihrem nunmehr verbesserten Verdienst kaufen konnten. Immer stärker bedauerte man in Portugal den Niedergang der heimischen Industrie und die Schließung ausländischer Fabriken (Schuhe, Textilien, Automobil).

Ein Teil der heutigen Probleme besteht wohl auch darin, dass der Wandel mit seinem Tempo und seiner Intensität das Land überrannt hat. Viele Träume vom schnellen Anschluss an westeuropäische Wohlstandsniveaus, aber zu wenig Bewusstsein für die Notwendigkeit, die Grundlagen dafür zu schaffen. So manche herkömmlichen Wirtschaftssektoren – allen voran die Landwirtschaft und die Fischerei – wurden eher sich selbst überlassen als gefördert und zeitgemäß umstrukturiert.

Portugal qualifizierte sich zur allgemeinen Überraschung für die Startgruppe des Euro, ohne aber die Grundlagen für eine langfristige Wettbewerbsfähigkeit geschaffen zu haben. Ein Großteil des EU-Geldes floss dorthin, wo es am schnellsten für wirtschaftliche Impulse sorgte, also in den Ausbau der Infrastruktur. Ein Ausbau des Straßennetzes war nötig, allein schon im Interesse der Wettbewerbsfähigkeit und um die strukturschwachen Regionen im Landesinnern besser zu erschließen. Allzu oft tat man dabei allerdings des Guten zu viel.

Anstatt das anfällige und labile Portugal von Grund auf für die großen Herausforderungen des europäischen Miteinanders und der Globalisierung umzustrukturieren, anstatt vor allem in die produktiven Sektoren der Wirtschaft und vor allem in die Bildung zu investieren, verjubelte man einen großen Teil dieser Fördermittel für große Bauprojekte.

Während Portugal 1986 gerade einmal 200 Kilometer Autobahn zählte, verfügt das kleine Küstenland heute über eines der dichtesten und modernsten Autobahnnetze Europas. Heute kann man vom Norden Portugals bis zum tiefsten Süden in rund sechs Stunden fahren. Von den Stränden der Westküste bis an die spanische Grenze sind es, je nach Route, gar weniger als zwei. Die meist befahrene und auch längste Autobahn Portugals ist die A1, die Lissabon und die nördliche Metropole Porto verbindet. Zwischen Lissabon und Porto gibt es, etwas näher an der Küste, inzwischen eine zweite Autobahnverbindung. Geplant ist gar eine dritte Verbindung (!), weiter landeinwärts. Allein in den ersten fünf Jahren des nationalen strategischen Rahmenplans 2007–2013 wurden mit Mitteln aus dem Europäischen Fonds für regionale Entwicklung mehr als 3000 Kilometer Straße gebaut! Seit 1986 kommt man insgesamt auf sage und schreibe 9468 Kilometer neugebauter Straßenabschnitte

(Autobahnen und andere Haupt- oder Nebenverkehrsstraßen). Genug, um Lissabon mit Neu-Delhi (ja, Indien!) zu verbinden.

Insgesamt soll Portugal, auf die Bevölkerung umgerechnet, vier Mal so viele Autobahn und Straßenkilometer haben, wie Großbritannien und 60 Prozent mehr als Deutschland. Ein wenig übertrieben, könnte man meinen.

Die asphaltierte Annehmlichkeit hat natürlich ihren Preis, der mittels eines ebenso modernen wie teuren Mautsystems eingetrieben wird. Während man grimmig ins Portemonnaie grapscht, tröstet einen nicht einmal der Gedanke, dass die üppige Spende wenigstens der chronisch leeren Staatskasse dienen könnte. Denkste! Denn der typischerweise verantwortungsvolle portugiesische Politiker (egal welcher Farbe) hat es nicht nur mit dem Umfang des Straßennetzes übertrieben, sondern hat sich beim Abschluss einiger Verträge mit den privaten Betreibern regelrecht über den Tisch ziehen lassen. Bau und Betrieb vieler größenwahnsinnigen Asphaltabschnitts wurden vom Staat natürlich zumeist an private Unternehmen vergeben. Ein erstaunlicher Zufall, da doch viele Ex-Minister oder Parteifreunde für solche Unternehmen tätig sind.

Die »Wiederentdeckung« des Meeres

Nach dem Ende des Kolonialreichs 1974/75 musste sich das Land in Richtung Europa umorientieren und sich neu erfinden. Dabei geriet das Meer »aus der Mode«, und sein Potenzial wurde vernachlässigt. Nicht nur leben 75 Prozent der Landesbevölkerung am Küstenstreifen, Festland-Portugal verfügt über eine 832 Kilometer lange Küstenlinie und besitzt eine der größten ausschließlichen Wirtschaftszonen überhaupt: Mit rund 1,7 Millionen Quadratkilometern, was in etwa 17 mal der Fläche des portugiesischen Festlandes entspricht (92 000 km²), ist es die größte Meeres-Wirtschaftszone in Europa und die zehntgrößte der Welt. Portugal befindet sich außerdem dank seiner Randlage geografisch an einer strategisch wichtigen Position.

Umso erstaunlicher ist es also, dass Portugal aus seiner bedeutendsten natürlichen Ressource nur begrenzte Vorteile zieht. Das Land müsse nun, so ist oft zu hören, sich endlich wieder mehr dem flüssigen Element zuwenden. Seit Jahren spricht man von einer »Rückkehr auf das Meer« – aber außer Appellen bewegt sich wenig. Das Thema hält sich hartnäckig, wie die Wellen des Atlantiks, aber der Kahn scheint schon längst abgelegt zu haben. Vor allem was den Schiffsverkehr angeht, so bemängeln viele Spezialisten, habe Portugal seine Chancen verpasst, und das, obwohl die wichtigsten internationalen Seefahrtstraßen (von Waren-, Personen- und Freizeitschifffahrt) tagtäglich direkt an der lusitanischen Küste vorbeiführen. Und was soll man denn erst über die vertanen Chancen in Bereichen wie Wissenschaft und Technik sagen: Am Meeresboden des portugiesischen Hoheitsgebietes schlummern wahrscheinlich nicht nur Bodenschätze, sondern auch unerforschte biologische Ressourcen, für die sich vor allem die Pharmabranche interessiert (die Azoren gelten als eines der reichsten und vielfältigsten natürlichen marinen Laboratorien der Welt).

Aber selbst im Tourismus, bemängeln Kritiker, habe man die Vorteile nicht angemessen ausgeschöpft, vor allem, was einen umweltverträglichen und -freundlichen Qualitätstourismus oder Gesundheitstourismus betrifft. Portugals Atlantikküste gilt zudem als europäisches Surferparadies; die sich dort brechenden Wellen sind weit über die Landesgrenzen hinaus berühmt: Das Land darf sich dank der vier Kilometer langen Küstenlinie um das Fischerdorf Ericeira (50 Kilometer von Lissabon) seit 2011 mit dem Titel des ersten offiziellen Surf-Reservats Europas schmücken. Weltweit wurde diese Auszeichnung nur weitere drei Mal vergeben: an die Strände von Malibu und Santa Cruz (beide im US-Bundesstaat Kalifornien) und an Manly Beach in Australien. Aber Ericeira, zu dessen perfekten Wellen seither Abertausende von Hang-Loose-Enthusiasten pilgern, ist bei weitem nicht der einzige Surfer-Hotspot im Lande: Vor Nazaré, 120 Kilometer nördlich der Hauptstadt, bricht sich an der Praia do Norte die wohl größte Welle der Welt. An genau diesem

Ort ritt der hawaiianische Surfer Garrett McNamara im Januar 2013 den vermutlich größten Wasserberg, der jemals gesurft wurde. Mehr als 30 Meter hoch ragte der Koloss, obwohl sich das mit der offiziellen Bestätigung immer noch etwas hinzieht. Die Brecher, die jeden Winter anrollen, sich gespenstisch auftürmen, um dann, gewaltig wie ein Artilleriegeschoss, auf die Festung vor Nazaré zuzurasen, haben das einstige Fischerdorf von einem Tag auf den anderen weltweit auf die Titelseiten von Magazinen und Tageszeitungen katapultiert. Seit McNamaras Ritt weiß die Welt, wo Nazaré liegt.

Aber Surfen, Chillen und Spaß haben sind, auch wenn es Touristen tun, nun mal nicht so ertragreich wie eine konkrete wirtschaftliche Gesamtnutzung. Und die Konsequenzen der überstürzten und unbedachten wirtschaftlichen Abwendung vom Meer sind überall sichtbar. Besonders im Sektor der Fischerei, der seit Jahrzehnten kriselt: Portugals Fischereiflotte hat seit dem EU-Beitritt drastisch abgenommen und besteht heute vorwiegend aus kleineren Booten. Der größte Teil ist technisch veraltet und kann angesichts knapper Ressourcen und teuren Treibstoffs kaum rentabel arbeiten. Aber auch Frachter veralteten schnell und wurden nicht renoviert oder ersetzt. Die Häfen gelten als wenig effizient, obwohl sich das Land gern als logistische Plattform am Atlantik empfiehlt. Auch die einstmals bedeutende Schiffbauindustrie wurde ihrem schleppenden Tod überlassen: Der letzte große Schiffbaubetrieb wurde unter staatlicher Regie in den Ruin getrieben.

Auch gingen viele wichtige vom Meer abhängige Industrien verloren, wie die einst bekannte Fischkonservenindustrie, die in strukturschwachen Regionen zum Teil wichtigster Arbeitgeber war. Es ist aber besonders die Krise in der Fischerei, die vielen Portugiesen zu schaffen macht. Gerade auf lokaler Ebene spielt diese eine entscheidende Rolle, und viele kleine Küstengemeinden sind immer noch ganz besonders stark auf den Fischfang angewiesen. Heutzutage stellt die Fischerei in Portugal gerade mal 0,6 Prozent der Gesamtarbeitsplätze, und der Anteil am BIP liegt unter einem Prozent. Das durchschnittliche Einkommen in dieser Branche (und ganz besonders unmittelbar im Fischfang selbst) liegt seit Jahren weit unter dem nationalen Durchschnitt. Um das Ruder doch noch herumzureißen und um zu garantieren, dass der Atlantik dem Land in Zukunft mehr Reichtum beschert, hat Portugal 2009 bei den Vereinten Nationen die Unterlagen für eine angestrebte Ausdehnung seiner maritimen Wirtschaftszone über die Grenze von 200 Seemeilen hinaus eingereicht.

Rechtsgrundlage für das Ansinnen ist ein Artikel der Uno-Seerechtskonvention, nach der Küstenstaaten die Ausweitung ihrer Wirtschaftszonen auf bis zu 350 Meilen beantragen können, wenn sie nachweisen, dass der Meeresgrund jenseits der 200 Meilen eine natürliche Verlängerung ihrer Festlandsockel darstellt. Bei einem positiven Entscheid würde die Wirtschaftszone vor dem Festland mit denen der portugiesischen Inseln zusammenwachsen und sich flächenmäßig mehr als verdoppeln. Damit wäre sie fast 42 Mal größer als das Festland, und Portugal würde – ganz im Sinne der alten Seefahrer – zu »97 Prozent aus Meer bestehen«. Ob damit die Probleme gelöst werden, bleibt abzuwarten.

Portugals neue EU-Generation: Ein Bruch mit der Vergangenheit

In Portugal nennt man sie die *geração perdida* oder *geração à rasca* – also die verlorene Generation oder die Generation, die in der Tinte sitzt. In Spanien nennen sie sich *ni-nis*, »Weder-Nochs«, eine Bezeichnung, die vielleicht besser zu verstehen gibt, worum es da genau geht: um junge Menschen nämlich, die weder berufstätig sind noch irgendeine Ausbildung absolvieren. Nicht, weil sie sich so entschieden haben oder es so wollen. Schon die statistisch erfasste (und schockierende) Jugendarbeitslosigkeit in Portugal oder Spanien offenbart, dass dies keine Aussteiger sind. Es handelt sich zum größten Teil um gut ausgebildete junge Menschen, die nach abgeschlossener Hochschule oder Weiterbildung dem Studieren ein erfolgreiches Ende gesetzt haben, denen es aber einfach nicht gelingt, in den Arbeitsmarkt einzutreten. In anderen Ländern ein »natürlicher Übergang«, ist dies in Portugal – wo es laut Eurostat Anfang 2014 für jede offene Stelle 89 Bewerber gab – eine nahezu unüberwindbare Hürde.

Spanien ist mit einer Arbeitslosenquote von 56 Prozent bei Jugendlichen nach Griechenland (um die 60 Prozent) am härtesten von dem Problem betroffen. Gleich danach folgt Portugal, wo im Januar 2014 mehr als ein Drittel (34,7 Prozent) der jungen Leute zwischen 16 und 25 Jahren ohne Job waren. Im Mai 2013 waren es sogar 42,5 Prozent. Viele der Glücklichen, die es doch schaffen, müssen sich mit schlecht bezahlten und prekären Jobs begnügen. In Portugal bedeutet dies, dass man womöglich »auf grüne Quittung« arbeitet (*recibos verdes*), ein im Lande typisches Dokument für Leute, die als Selbständige oder eben Scheinselbständige arbeiten. Mit dieser Quittung bestätigen sie den Erhalt eines Betrages für eine erbrachte Dienstleistung. Über eine Million Portugiesen (Jugendliche und Greise) verdingen sich so. Aber es irrt sich, wer meint, dass das nur für Freiberufler gilt. Nein, solche Zustände sind selbst für »reguläres« Personal in Unternehmen und sogar im öffentlichen Sektor (!) nichts Außergewöhnliches. Zumindest in Portugal nicht. Man geht also einer mehr oder eben auch weniger regelmäßigen Tätigkeit nach, ist aber nirgendwo richtig angestellt, hat keine Garantie für den nächsten Tag, verdient im Allgemeinen schlecht, und die Arbeitgeber gehen auch keinerlei (oder nur bedingt) Vertrags- oder Sozialversicherungsverpflichtungen ein.

Wie hoch der Anteil der Jugendlichen ist, die sich als Scheinselbständige durchschlagen, ist nicht bekannt, genauso wenig wie die Anzahl junger Menschen, die jahrelang als unbezahlte Praktikanten arbeiten, um Erfahrungen zu sammeln – in der Hoffnung, die Chance auf einen Job irgendwo und irgendwann zu verbessern. Auch ist in Portugal die Neigung zum Zeitarbeitsvertrag explodiert, eine Situation, die natürlich nicht nur, aber vor allem auch ambitionierte und talentierte junge Menschen jeglicher Perspektive im Betrieb und jeglicher Sicherheit beraubt. Da sollte es keinen wundern, dass viele junge Portugiesen bis weit über die 30 noch im »Hotel Mama« ausharren und Familien- und Kinderpläne ins Irgendwann verschieben müssen.

Dies ist nicht die erste Generation Jugendlicher Portugals, die von besseren Zeiten träumt und sich fragt, ob diese zu ihr kommen oder ob sie sich dafür fortbewegen muss. Auch in den 1960er Jahren mögen viele Großväter und -mütter heutiger Teens aus der Provinz in die Ballungsräume Lissabons und Portos gezogen sein. Oder in die Vorstädte von Paris, der sowieso »zweitgrößten Stadt Portugals«, was die Bevölkerungszahl angeht (im Großraum Paris leben über 260 000 Portugiesen). Vielleicht aber auch in die Schweiz oder nach Deutschland oder sonstwo ins Ausland, wo heute noch um die fünf Millionen Portugiesen – also die Hälfte der Gesamtbevölkerung – weilen. Und wohin es dank der Krise immer mehr Leute zieht – jüngere und ältere und neuerdings sogar auf Anraten des Regierungschefs.

Weit über 100 000 Portugiesen haben nach offiziellen Angaben 2013 das Land verlassen. Mehr als die Hälfte davon sollen junge Menschen zwischen 20 und 34 Jahren gewesen sein, aber so genau weiß das keiner. Im Jahr 2012 waren es sogar 121 418 Portugiesen, ein trauriger neuer Rekord, der den traurigen Rekord des Vorjahres toppte. Gewiss handelt es sich beim überwiegenden Teil der Auswanderer – wie schon in den 1960er und 1970er Jahren – immer noch um mittellose Menschen mit geringen Qualifikationen, die im Ausland unqualifizierten Tätigkeiten im Bau- oder Gastgewerbe, in der Landwirtschaft oder im Reinigungssektor nachgehen. Jedoch entscheiden sich auch immer mehr junge Menschen mit Hochschulabschlüssen für diesen Weg. Von den 2012 und 2013 in Portugal ausgebildeten Krankenschwestern, die mitunter auch in Deutschland von privaten Arbeitsvermittlern als billige Fachkräfte systematisch angeworben werden, wanderten über ein Drittel aus. Ingenieure, Krankenpfleger, aber auch Ärzte und Informatiker befinden sich »im gleichen Zug«. Sie wandern nach Europa aus, aber auch vermehrt in Portugals ehemalige Kolonien, besonders nach Angola, Brasilien und Mosambik, wo die gemeinsame Sprache und kulturelle Verbindung die Landung nach dem gewagten Sprung etwas abfedert.

Es ist die bei weitem bestausgebildete Generation, die gerade schuldlos ihre Zukunft verpasst. Eine, die in ganz anderen Verhältnissen aufwuchs als ihre Eltern und daher ganz andere Prioritäten und Ansprüche besitzt. Eine Generation, die an Hochschulen studiert hat, welche auch EU-Standards voll gerecht werden und heute sogar andere Europäer anziehen. Eine Generation, die auf Europa blickt und sich mit Europa identifiziert – sich aber dementsprechend auch nicht mit weniger als den EU-Standards zufriedengeben will. Es sind junge Leute, 18, 25 oder 33 Jahre alt, deren Eltern höchstwahrscheinlich im Kindes- oder Jugendalter die Nelkenrevolution erlebt haben, die aber die Geschichten von Dörfern ohne Elektrizität und Leuten ohne Geld für Schuhe nur noch vom Hörensagen kennen. Denn sie sind mit Fernsehen, Mobiltelefon, Internet, Erasmus und Interrail aufgewachsen, nicht in einer Diktatur, sondern in einem Konstrukt namens Europa, wo man gern und viel von Solidarität, Integration, Mobilität und Gleichberechtigung redet.

Sie sind eine Generation, die auch erlebt hat, wie das Emigrationsland Portugal immer mehr Einwanderer aus früheren afrikanischen Kolonien und aus Brasilien, aber auch aus der Ukraine, aus Russland und Rumänien aufgenommen hat. Und sie mag geglaubt haben, dass es schon weiter aufwärts gehen würde – bisher umsonst. Dank des Schengener Abkommens kennt sie keine Grenzkontrollen mehr und weiß, dass Europa nicht mehr an den Pyrenäen endet. Diese neue Generation spricht nicht nur Englisch, sondern oft auch Französisch, seltener Deutsch, aber allemal auch *Portunhol,* die Mischung aus Portugiesisch und Spanisch.

Der sogenannte Braindrain, also der massive Verlust von Know-how, ist in Portugal keine Gefahr, sondern bereits Realität: Das Zehn-Millionen-Land hat laut Rui Machado, Forscher an der Universität von Coimbra, in den letzten Jahren über ein Fünftel seiner qualifizierten Arbeitskräfte verloren. Der Trend verspricht anzuhalten. Es ist eine Generation, die nicht weiß, ob sie den Lebensstandard ihrer Eltern wird halten können, aber auch eine Generation, die, gebeutelt von der Krise, trotz allem gezeigt hat, dass sie bereit ist, für ihre Zukunft zu kämpfen. Denn es war vor allem die »empörte Jugend« Portugals, die u. a. mit der Facebookinitiative »*Que se lixe a Troika*« – »zum Teufel mit der Troika« mobilisierte und zu Protestaktionen, Streiks und Demonstrationen aufrief. Sie war maßgeblich dafür verantwortlich, dass allein in Lissabon im September 2012 und im März 2013 eine halbe Million Menschen auf die Straßen gegangen sind. Auch wenn diese Aktionen bald wieder abebbten, zeigte diese »verlorene« Generation, dass sie nicht nur ein anderes Portugal anstrebt, sondern auch einen Bruch mit der Vergangenheit schaffen will. Und tatsächlich liegt es an ihr, Portugal wieder auf den richtigen und nachhaltigen Pfad zu führen – wenn man sie nur lässt …

Anhang

Ein paar historische Daten, die es sich zu merken lohnt

711 Beginn der muslimisch-arabischen Herrschaft auf der Iberischen Halbinsel

1139 Dom Afonso Henriques I. wird erster König Portugals

1143 Portugal wird eigenständiges Königreich

1385 Schlacht von Aljubarrota, bei der Portugal seine Unabhängigkeit gegenüber Kastilien sichert

1497–1499 Erste Indienfahrt Vasco da Gamas

1500 Pedro Álvares Cabral entdeckt Brasilien

1578 Vernichtende Niederlage Dom Sebastiãos in der Schlacht von Alcácer-Quibir (Nordafrika) wird zum nationalen Trauma

1580 Das Herrscherhaus Avis stirbt aus; die spanischen Könige regieren Portugal in Personalunion

1. Dezember 1640 Wiederherstellung der Unabhängigkeit

1. November 1755 Erdbeben zerstört große Teile Lissabons

1820–1821 Liberale Revolution, Portugal bekommt eine erste Verfassung

1822 Brasilien erklärt seine Unabhängigkeit

5. Oktober 1910 Ausrufung der Republik

1926 Militärputsch beendet die Erste Republik und bereitet Weg für Salazars diktatorischen Estado Novo vor

1932 António Salazar wird Ministerpräsident

1961 Angola wird erster Schauplatz des Portugiesischen Kolonialkrieges

1968 Unfall Salazars; Marcello Caetano übernimmt Regierung

25. April 1974 Nelkenrevolution gegen die autoritäre Regierung; in der Folge erlangen auch die Kolonien ihre Unabhängigkeit

1. Januar 1986 Portugal wird Mitglied der Europäischen Gemeinschaft

Basisdaten Portugal

Landesname: República Portuguesa (Portugiesische Republik)

Lage: Portugals Festland liegt am Westrand der Iberischen Halbinsel. Seine größte Ausdehnung beträgt 560 km (Nord-Süd) bzw. 218 km (Ost-West). Es hat eine 1215 km lange Landesgrenze zu Spanien und eine Atlantikküste von 832 km.

Fläche: 92 094 km², einschließlich der beiden Inselgruppen Madeira (801 km²) und Azoren (2322 km²). Höchster Berg ist der Pico (2351 m) auf der gleichnamigen Azoren-Insel.

Bevölkerung: 10,5 Mio. Einwohner, davon rund 4 Prozent legal niedergelassene Ausländer. Rund 5 Mio. Portugiesen leben im Ausland.

Bevölkerungsdichte: 115 Einwohner pro km²; zum Vergleich Deutschland: 226 Einwohner pro km²

Geburtenrate: 8,5 Geburten pro 1000 Einwohner (2012); zum Vergleich: EU-Durchschnitt 10,4; Deutschland 8,4.

Amtssprache: Portugiesisch

Religion: Annähernd 90 Prozent der Bevölkerung sind Katholiken; Kirche und Staat sind seit 1911 getrennt.

Staatsform/Regierungsform: Semipräsidiale parlamentarische Demokratie

Hauptstadt: Lisboa (Lissabon), ca. 550 000 Einwohner

Verwaltungsstruktur des Landes: Das Festland wird zentralistisch regiert und ist in 18 *distritos* unterteilt. Einen Sonderstatus genießen nur die Azoren und Madeira als autonome Regionen.

Bruttoinlandsprodukt (BIP, 2013): 165,7 Mrd. €; zum Vergleich Deutschland: 2735,8 Mrd. €, EU-Gesamt: 13 163 Mrd. €

Pro-Kopf-Einkommen (2013, kaufkraftgewichtet): 19 100 €, 76 Prozent des EU-Durchschnitts, zum Vergleich Deutschland: 20 621 €.

BIP-Entstehung (2013): Dienstleistungen 74,4 Prozent, Industrie, Bau, Energie, Wasser 23,1 Prozent, Land-, Forst- und Fischwirtschaft 2,4 Prozent

Verschuldung: 123,6 % des BIP, zum Vergleich Deutschland: 81,9 %, Euro-Zone-Gesamt: 90,6 % (2012)

Erwerbslosigkeit: 16,3 %; zum Vergleich Deutschland: 5,1 %, EU: 10,7 % (2013)

Inflationsrate: 0,3 %, zum Vergleich: Deutschland: 1,5 %, EU: 0,9 % (2013)

Flagge: Sie existiert in ihrem jetzigen Aussehen seit 1911. Grün bedeutet Hoffnung, Rot symbolisiert Kampfgeist.

Quellen: Instituto Nacional de Estatística; Statistisches Bundesamt; Agentur für Investitionen und Außenhandel Portugals (AICEP)

Distrikte Portugals

1 Lissabon
2 Leiria
3 Santarém
4 Setúbal
5 Beja
6 Faro
7 Évora
8 Portalegre
9 Castelo Branco
10 Guarda
11 Coimbra
12 Aveiro
13 Viseu
14 Bragança
15 Vila Real
16 Porto
17 Braga
18 Viana do Castelo

SPANIEN

Minho
Viana do Castelo
18
Bragança
Braga 17
Guimarães
15
Vila Real
14
Porto 16
Douro
Vila Nova de Gaia
13
Viseu
10
Aveiro 12
Serra de Estrela (1991m)
Guarda
11
Coimbra
Serra de Estrela
9
2
Castelo Branco
Leiria
Tejo
Portalegre
Santarém 3
8
SPANIEN
1
Cascais
Estoril
Lissabon
7
Setúbal
Évora
Atlantischer Ozean
4
Alentejo
Beja
Sines
Guadiana
5
6
Portimão Algarve
Lagos
Sagres
Faro
Golf von Cádiz

N

0   100 km

Corvo
Flores
Graciosa
São Jorge   Terceira
Faial
Ponta do Pico   Pico
(2351m)   São Miguel
Azoren
Ponta Delgada
Santa Maria
Madeira

0   200 km

Porto Santo
Madeira
Ilhas Desertas
Funchal

0   40 km

Literatur

Andrade, Eugénio: Pequeno formato, Fundação do Eugénio de Andrade, Porto 1997

Alegre, Manuel: Obra Poética, vol. II – Atlântico, Lisboa 1989

Barrento, João: Nelken und Immortellen. Portugiesische Literatur der Gegenwart, Berlin 1999

Blanco, María Luisa: Gespräche mit António Lobo Antunes, München 2003

Enzensberger, Hans Magnus: Portugiesische Grübeleien, in: Ach Europa! Wahrnehmungen aus sieben Ländern, Frankfurt am Main 1989

Fernandes, Ferreira/Ferreira, João: Frases que Fizeram a História de Portugal, Lisboa 2006

Ferreira, João: Histórias Rocambolescas da História de Portugal, Lisboa 2010

Gil, José: Portugal Hoje. O Medo de Existir, Lisboa 2004

Hatton, Barry: Os Portugueses. A história moderna de Portugal, Lisboa 2011

Kollert, Günter: Der Gesang des Meeres. Die portugiesischen Entdeckungsfahrten als Mythos der Neuzeit, Ostfildern 1997

Lourenço, Eduardo: O Labirinto da Saudade. Psicanálise Mítica do Destino Português, Lisboa 1982

Lourenço, Eduardo: Portugal como Destino. Dramaturgia cultural portuguesa, Lisboa 1999

Martins, Oliveira: Portugal nos Mares, Lisboa 1994

Meyer-Clason, Curt: Portugiesische Tagebücher (1969–1976), Bergisch Gladbach 1987

Meyer-Clason, Curt (Hrsg.): Portugiesische Lyrik des 20. Jahrhunderts, München 1993

Nickel, Eckhart: Gebrauchsanweisung für Portugal, München 2001

Oliveira Marques, A. H. de: Geschichte Portugals und des portugiesischen Weltreichs, Stuttgart 2001

Pessoa, Fernando: Dokumente zur Person und ausgewählte Briefe, Frankfurt am Main 1992

Ribeiro de Meneses, Filipe: Salazar. Uma Biografia Política, Lisboa 2010

Santos, Boaventura S.: 11/1992 (Onze Teses por Ocasião de mais uma Descoberta de Portugal), in Via Latina, nº 21, Coimbra 1990, S. 1 f.

Santos, Boaventura S: Pela Mão de Alice. O Social e o Político na Pós-Modernida. 2. Auflage Porto 1994

Saraiva, José Hermano: Portugal. A Companion History, Manchester 1997

Simões, João Gaspar: 1903–1987 – Fernando Pessoa: Ensaio interpretativo da sua vida e da sua obra, Lisboa 2011

Tabucchi, Antonio: Wer war Fernando Pessoa? München, Wien 1992

Torga, Miguel: Portugal. 3. Auflage, Coimbra 1967

Wulf, Kirsten: Anders Reisen: Portugal, Reinbek 1995

Zink, Rui: Hotel Lusitano. Aus dem Portugiesischen von Martin Amanshauser, Deuticke, Wien-München 1998

Andere Quellen

Especial »25 Anos de Portugal Europeu«, in: Diário de Notícias N°52 748 –
13 Setembro 2013
Grande Reportagem: »O que se passa com Portugal« Revista Mensal 2ª Série
n°132, Março 2002
http://arquivopessoa.net

Nützliche Links

Kultur

http://www.gulbenkian.pt/Institucional/en/Homepage
(Stiftung Calouste Gulbenkian)
http://www.serralves.pt/en/ (Fundação Serralves)
http://www.ccb.pt/sites/ccb/en-EN/Pages/default.aspx
(Centro Cultural de Belém)
http://www.clpic.uni-hamburg.de/de/portugal-land-und-kultur/literatur/
histria-da-literaturaliteraturgeschichte (guter Überblick über Portugals
Literaturgeschichte und wichtigste Autoren [13–20 Jh.]; auf Deutsch)
http://www.agendalx.pt/ (Kulturagenda Lissabon)

Institutionelles & Tourismus

http://www.portugal.gov.pt/en.aspx
(Portal der portugiesischen Regierung; auch auf Englisch)
http://www.botschaftportugal.de
(Portugiesische Botschaft in Berlin)
http://www.botschaft-wien.com/portugiesische.html
(Portugiesische Botschaft in Wien)
http://www.botschaft-bern.com/portugiesische.html
(Portugiesische Botschaft in Bern)
http://www.visitportugal.com/de; und: http://www.turismodeportugal.pt/
english/TurismodeportugalIP/Pages/TurismodePortugalIP.aspx
(Internetauftritt der Tourismusbehörde)
http://www.portugalglobal.pt/EN/Pages/Index.aspx (staatliche Agentur
für Investitionen und Außenhandel Portugals [AICEP])
http://www.eu-info.de/arbeiten-europa/arbeiten-in-der-eu/
arbeiten-portugal/ (Informationen der EU zum Arbeiten und zur
Jobsuche in Portugal)
http://www.cplp.org/
(Gemeinschaft portugiesischsprachiger Staaten [CPLP])

http://www.pousadas.pt/historic-hotels-portugal/de/pages/home.aspx
(Homepage der historischen *Pousadas de Portugal* (»Herbergen«);
auch auf Deutsch)
http://www.viniportugal.pt/en/HomePage
(ViniPortugal – Übersicht über portugiesische Weine)
http://www.icnf.pt/portal/icnf/contact/ap
(Überblick über die wichtigsten Naturschutzgebiete Portugals)
http://www.pordata.pt/en/Home
(PORDATA – Hervorragende Datenbank über Portugal; auch Englisch)
http://www.clpic.uni-hamburg.de/de/portugal-land-und-kultur/meios-
de-comunicao-socialmedien/ (Überblick über portugiesische Medien)

Dank

Ich danke meiner großartigen Familie und Clara für die Unterstützung und ihr Verständnis. Ein besonderer Dank geht an Christian Sadel und Thomas Fischer (*NZZ*-Korrespondent und wahrhafter Portugalkenner) fürs kluge Gegenlesen, wegweisende Hinweise und vor allem für ihre Geduld. Ohne Euch wäre dieses Buch niemals entstanden! Obrigado! Danke auch an João Andrade Costa (für die Inspiration) – und natürlich an dieses einmalige Land und seine wundervollen Menschen.